U0930342

YOU'RE IN CHARGE-NOW WHAT?

[美] 托马斯·内夫 詹姆斯·西特林 著
陈志斌 译

中国社会科学出版社

图书在版编目（CIP）数据

新领导上任100天/（美）托马斯·内夫，詹姆斯·西特林著；陈志斌译．—北京：中国社会科学出版社，2009.12

ISBN 978-7-5004-8278-9

Ⅰ.①新… Ⅱ.①托…②詹…③陈… Ⅲ.①企业领导学—通俗读物 Ⅳ.①F272.91-49

中国版本图书馆CIP数据核字（2009）第186268号

You're in Charge-Now What? by Thomas J. Neff & James M. Citrin.

版权贸易合同登记号　图字：01-2005-3707

策　　划　路卫军
责任编辑　王　茵
责任校对　王雪梅
封面设计　九品轩
技术编辑　王炳图

出版发行　中国社会科学出版社
社　　址　北京鼓楼西大街甲158号　　邮　编　100720
电　　话　010-84029450（邮购）
网　　址　http：//www.csspw.cn
经　　销　新华书店
印刷装订　三河君旺印装厂
版　　次　2009年12月第1版　　印　次　2009年12月第1次印刷
开　　本　710×960　1/16
印　　张　18.5　　插　页　2
字　　数　310千字
定　　价　39.00元

凡购买中国社会科学出版社图书，如有质量问题请与本社发行部联系调换

目　录

导　言

不久前，在康涅狄格州的新迦南，我们的朋友马特·曼尼利（Matt Mannelly）坐在一家邓金·唐纳兹（Dunkin’Donuts）（邓金·唐纳兹：世界上著名的快餐连锁集团，在美国随处可见其出售炸面包圈和咖啡等食品的快餐店。——译者注）的桌子边，在一张纸上草草地写着什么。当时，我们正排着队，我们很想知道他找工作的事情进展得怎么样了。当我们坐到他所在的桌子以后，他告诉了我们一个非常令人振奋的消息，就在前一天的晚上，他刚刚谈成了一项协议，他将履任肯诺达里（Cannondale）自行车公司（肯诺达里自行车公司是高性能自行车及自行车运动服装的全球领导厂商。——译者注）的总裁。

向他表示我们真诚的祝贺之后，我们问他什么时候到任。“**两小时**以后。”他回答说。

因为马特·曼尼利几乎没时间为他的新职位做准备，所以，他很想听听我们近三年来的研究成果，我们这个项目研究了一百个最佳和最糟的领导职位转换案例，其中还包括了新领导者如何到任伊始就能确保旗开得胜的重要经验。尽管他凭感觉知道，那天早上稍晚些的时候，他会以独到的方式展现自己的积极形象，不过，马特·曼尼利还没有形成如何表现自己的清晰思路。所以，我们建议他可以考虑以下几个重要的方面：

- 你会最先见到谁？你会和他说些什么？
- 你的总裁任命如何对内、对外发布？
- 你是不是为员工和公司管理团队准备好了正式的就职演说？

- 你反复检查过与公司董事会会面的议程了吗?

这些细节常常被人忽略，如果你准备不充分，那么，你就会给公司董事会——聘用你的人——留下你对工作缺乏系统性和条理性的印象。我们还告诉马特·曼尼利，当他全神贯注表述自己思想的时候，他遇到的经理们很可能会听到和看到与他表述的内容很不相同的东西。“他们会玩味你的每句话，会观察你的每个动作和每个神态，以确定你是不是值得他们尊重。”我们告诉他，“他们还会想，‘这个新总裁的到来对我是好事呢还是坏事?’”我们还建议他，在他最初与他人交流和沟通的时候，他应该设法告知他人他接受这个职位的理由，告诉他人他个人的和专业的背景，告诉他人他对公司管理团队和员工的期望，说出自己对公司竞争地位的估测以及对公司未来的展望。这些问题都是他应该在上任的第一天之前就准备好的。

事实上，马特·曼尼利对有些问题已经仔细考虑过了，不过，有些问题是他根本没有认真想过的，在我们交谈以前，至少有两个潜在的问题是他没有意识到的，所以，一边喝着咖啡一边吃着油炸面包圈，在接下来的一个小时，我们又和他谈到了很多卓越的商界领导者在领导职位转化过程中大获成功和一败涂地的案例，我们详细谈到的案例之一就是保罗·普雷斯勒。

☆ ☆ ☆

2002 年 9 月 26 日，当盖普服饰公司（Gap Inc.）宣布保罗·S. 普雷斯勒（Paul S. Pressler）——迪斯尼乐园及度假区公司的董事会主席——将履任公司首席执行官的时候，公司上下人心惶惶。人们想：“这个家伙是谁？他了解零售、时尚和服装业吗？他来了以后会干些什么?”

作为首席执行官，保罗·普雷斯勒面临着严峻的挑战，他受命开创一个良好的局面，为公司的长期成功打下坚实的基础。作为世界上最大的服装零售商，拥有“香蕉共和国”（Banana Republic）、“老海军”（Old Navy）等知名品牌的盖普服饰公司正在流失客户，连续 29 个月，公司的销售额持续下降。利润蒸发得无影无踪，而债务则持续而稳定地快速增长，情势可危。员工人心涣散，士气低落到极点。

但是，在保罗·普雷斯勒上任的第一个 100 天以及接下来的两年中，他找到了将公司的运营拉回到正常轨道的“组合武器”，那就是将交流、决策和行动整合到一起，使其成为盖普服饰公司加速复兴的动力。保罗·普雷斯勒到任伊始所采取的策略以及实施那些策略的过程贯穿在本书的全部内容中：做好学习、倾听的充分准备，设定得当的发展预期，解读企业文化，建立相互信赖，率先垂范，为公司的发展设定正确的方向以及高效的沟通。事实上，他的行动遵循了以下八个关键步骤：

1. 在上任前的“倒计时时期”，他就已经准备充分了。宣布对他的任命和他正式上任之前的三个星期中，保罗·普雷斯勒和盖普服饰公司的前经理们进行了广泛的交流，而且还和证券分析家及股东进行了多次沟通。之后，他带着装满公司所有战略文件的行李，带着他收集到的公司运营历史资料，去夏威夷待了一周。在夏威夷期间，他每天都带着公司的大捆报告和资料去海边翻阅，让自己完全沉浸在对公司财务状况和公司战略规划的了解和把握中。到他即将履职的时候，他已经完全弄清了公司所面临的挑战是什么，同时，他也制定出了如何应对那些挑战的初步方略（此外，他还意识到，塞满“阿玛尼”套装的衣柜要给他上班穿的“盖普”牌牛仔裤留出地方）。“你永远也不会有足够的准备时间。”保罗·普雷斯勒说。不过，他随后又说：“我觉得，再多的准备时间也不能保证我把最初的工作干得更好。”另外，他还和他的家庭“达成协议”，那就是他到旧金山履任之初，他妻子和孩子们先留在加利福尼亚南部的家里，孩子们在原来的学校再上几个月的学，这样，保罗·普雷斯勒就可以避免必须同时处理“双份的动荡”了。

2. 设定了得当的预期和目标，并使其在各个层次统一起来。走马上任之初，保罗·普雷斯勒并不是挥舞着激进的财务目标和公司发展目标的“大棒”摇唇鼓舌，他也没有信誓旦旦地做出任何以后可能化为泡影的过度承诺，相反，对下属经理，对员工以及对董事会，保罗·普雷斯勒通过异常专注的倾听，通过将自己以及公司的预期和目标以人们都能理解并认同的方式进行良好的沟通，将所有人的预期都统一起来。事实上，保罗·普雷斯勒的这个行动本身与他设定的特定预期和目标同样重要。他和公司的50位高级经理都进行了一对一的访谈，他向他们每个人都提出了六个经过深思熟虑的问题，以便了解他们对企业的认识，征询他们的建议，同时搜集他们的新思路，并据此判断浮出水面的新议题。保罗·普雷斯勒和盖普服饰公司的信息部门还创建了一个“网络日志”，公司所有的员工都可以自如浏览，“网络日志”上载有他所有的行动和他了解到的情况。所以，“大家认为，我在谈到公司的发展方向、公司的愿景和即将付诸的行动之前，确实是全身心地投入其中了，而且确实愿意倾听。”保罗·普雷斯勒说，“这些举措让人们如释重负。更重要的是，大家对我了解情况的全程了如指掌，从而，那些未曾受到足够赏识的员工开始认识到了自己的重要性。在我听到足够的意见之前，我不会轻易做出任何许诺，也不会启动任何变革行动。”

3. 构建自己的管理团队。就如何变革高层管理团队的事宜，保罗·普雷斯勒做了周密的计划和审慎的安排，他上任以后的早期工作，主要集中于将领导集体建设成一个真正的管理团队。保罗·普雷斯勒进入公司大约一个月以后，他开始与一家公司外的管理顾问公司定期举行会议。“我们讨论公司的优势和劣势所在，我们会谈到公司所处的竞争地位，我们还谈到我们面临的挑战。”他说。“我把与公司 50 位高层经理访谈得到的所有信息都反馈给他们，他们会就我提供的信息进行去粗取精、去伪存真的处理。”就是在那段时间，他向管理顾问机构阐述了自己对公司根本需要的观察结果，他将这类需要称为“授权给公司的中坚力量”。最后，这种会议演变成每两周一次的例行会晤，会议的内容也更务实、更有目的性，会议关注的主要议题是公司的日常运作。保罗·普雷斯勒在公司的高管层进行了几项特别的变革，其中，最引人注目的是他将在迪斯尼工作的一位搭档聘任为公司的首席财务官。

4. 精心制定公司的战略议程。保罗·普雷斯勒认识到，在他上任的第一个 100 天内就制定出完善的公司战略是欠成熟的行为，即便他真的制定出了公司的发展战略，也可能是个漏洞百出的错误战略。但是，他还认识到，在一个拥有 165000 名员工的大型公司内开展工作，他需要找到一条为公司设定发展方向并能激发大家热情的途径。所以，凭借上任前“倒计时准备期”的埋头钻研，凭借上任伊始便开始的专注倾听，他制定出了一个“战略性的议程”，这个议程为公司的运营设定了某些根本性的原则，为企业制定了发展的基本目标。这个议程的核心在于利用客户对公司的见解和客户的有关数据来驱动公司的发展，议程要求对盖普服饰公司的核心客户再度予以重点关注，同时，该议程还将所有员工的注意力引导到公司的整体目标上来，议程致力于提高公司的物流水平、改善库存管理系统，以期降低成本，并形成良好的现金流，此外，这个议程还要将公司转化成所有人都有归属感并愿意为其工作的企业。虽然这些主题已经很精确、具体了，但是，它们同时也足够宽泛，因此，公司的各个部门都可以按照自己的理解来贯彻执行。保罗·普雷斯勒上任一年以后，他才最终制定出了详尽的公司发展战略。

5. 开始重建公司文化。因为保罗·普雷斯勒对公司的预期不温不火、恰到好处，因为他的管理团体开始像一个真正的团队一样开展工作，同时手中又把握着公司的发展方向，这样，保罗·普雷斯勒就可以着手重建盖普服饰公司的企业文化了。事实上，虽然他已经制订了由八个关键部分构成的上任后第一个 100 天的工作计划，不过，他并没有按照计划上排定的顺序来处理企业文化建设的议题，而是从上任的第一天就**开始**进行公司文化的重建了，此后的 100 天以及接下来的另一个 100 天，他又将文化重建的成果进一步发扬光大。他与公司 50 位高级经理的访谈，他创建的新颖的“网络日志”沟通渠道，他对领导团队的构建，他真情流露的乐观和活力四射的精神风貌，最重要的是，他积极倾听的行为，都彰显出他力图复兴并强化“行动导向型、敢于授权和充满激情”的公司文化的愿望。经过一段时间的努力，保罗·普雷斯勒成功地将盖普服饰公司从“从上型到下型”的“以企业产品为中心”的企业文化，重建成更趋“团队导向型”的文化形态，这个新的文化形态植根于对客户的研究、对市场的关注和高效的企业运作。

6. 和老板建立了一种高效的工作关系。以管理团队和企业的员工为背景，凭借他的直言不讳，凭借他出色的沟通能力，凭借他有条不紊的系统性工作方法和乐于倾听的行为，保罗·普雷斯勒为与公司董事会的密切协作搭建了良好的舞台。盖普服饰公司历史上只聘用过两位首席执行官，第一次担纲首席执行官职位的保罗·普雷斯勒，没有伪装成善于与董事会打交道的行家里手，作为一个“新手”，他不会让人心存戒备的坦诚是董事会最欣赏的地方。董事会为有这样一个良好开端——合作双方坦率和相互尊重——而欢欣鼓舞。“后来，当我向董事会阐述公司战略的时候，他们都全神贯注、情绪高昂。”保罗·普雷斯勒说。

7. 异常出色的沟通。保罗·普雷斯勒的高效沟通，除了得益于他出色的倾听、学习、提出问题和综合信息的能力之外，沟通交流的形式也显示了他的创造力。因为保罗·普雷斯勒开设了“网络日志”，或者称为“在线日记”，所以，公司上下会逐渐熟悉、了解他，他的行为也会“暴露”在公司所有员工面前。他创建的这种沟通方式还传达出他坚持什么样的原则以及看重什么事情的有关信息。网站聚集了一批“拥趸”，网管会追踪保罗·普雷斯勒的行踪，会跟踪他对公司商店的视察过程，会将保罗·普雷斯勒与商店经理、销售人员和客户的互动信息刊载出来，而且还为员工表达自己的感想建立了互动机制。从上任伊始，保罗·普雷斯勒就向人们展示了这样的形象：他是一个"活生生"的人，一个有幽默感的人，一个充满激情的人，一个愿意倾听、愿意学习的人，而且对盖普服饰公司最重要的支持者——客户——的关注几近狂热。"我在任期的第一个 100 天的行为发出了一个明确的信号：在我们讨论公司发展战略或者做出任何重大决策之前，我会悉心倾听。因为我让大家看到，我有一个非常清晰的沟通计划，而且这个沟通计划可以提高我的时间效率，所以，我在公司内得到了广泛的支持。"

8. **坚决抵御很多新领导者都会面临的强大诱惑。**在果敢坚定地加速公司变革、为公司设定大胆的愿景等方面，保罗·普雷斯勒感觉到了来自公司内部和公司以外的强大压力。但是，他认识到，这些议题是充满诱惑的圈套。他不想把自己美化成救世主，他也不想让自己无所不知、无所不能，不过，他保持对数据和信息激流——任何新上任的领导者都会得到的数据和信息激流——的开放态度。他依然固守倾听和学习调研的日程，始终如一地与管理团队协同工作，还是经常深入到销售场所和产品库房，一如既往地向管理团队和公司员工自如表述自己的新发现、想法和理念。

"上任的第一个 100 天是至关重要的。"保罗·普雷斯勒总结他在盖普服饰公司走马上任的经历时说，"因为在此期间，你确立了自己将如何运营公司的基调，你所在的组织会评价你的每一步行动，会玩味你说的每一句话，无论是你说出来的，还是隐藏在心底的。我不知道在上任的第一个 100 天'摔倒'是不是会造成灾难性的后果，不过，如果你错失了开始的良机，将来你要用很长的时间才能修正自己的错误。"

不只是第一个 100 天

无论你从事的职业是什么，无论你在管理层中处于什么地位，无论你是供职于一家大型企业集团，还是在一家小企业工作，无论你是在一个非营利性组织内工作，还是自雇业者，在你职业生涯的全程中，你总会经历到许多次的"第一个 100 天"。现在，有 35 年职业经历的专业人士，平均从事过六、七个不同的工作。公司内，一个"官运亨通"的经理人每两年半或者三年就会换一份工作，这还不算其他的重要工作转换——比如，担纲重要项目的领导角色以及承担额外的职责。这还是假设你始终在同一个公司内工作的情况，而长期在一家公司工作的情形现在越来越少见了。我们的研究结果显示，现在，拥有10年工作经验的专业人士平均在4家公司工作过，在他们职业生涯的以后阶段，他们的履历表上还将填充在另外六家公司工作的经历。

随着公司持续进行严酷的“成本管理”和“效率管理”变革，“裁员”已经成了公司惯用的手段，所以，频繁更换工作看起来大有愈演愈烈之势。连续不断的组织再造严重削弱了员工对组织的忠诚度，从而在事实上造成这样一种情形——员工持续扩展自己职业经历的行为渐趋流行，而且公司变革的行为也是对员工“跳槽”的“变相鼓励”。

每一次担纲新的领导角色都要求领导者本人适时调整自己，以适应不同组织的企业文化、运行程序、激励体系和管理风格。每一次工作环境的转换都需要领导者对新环境做出反应，都需要领导者开拓出崭新的局面。因此，无论是你，还是其他尚无固定职位的人，以后的数年中都将面临很多个“第一个100天”。

通用电气公司的董事会主席和首席执行官杰弗里·R. 伊梅尔特（Jeffrey R. Immelt）对此深有同感。“在通用电气公司工作期间，我不但遇到了很多‘第一个100天’，”杰夫·伊梅尔特说，他在通用电气公司的21年职业经历中，曾经从事过八种不同的工作，“即使在我任职首席执行官以后，我还不断遇到很多‘第一个100天’！”经过让人筋疲力尽、心力交瘁的三方角逐以后，杰夫·伊梅尔特从富有传奇色彩的通用电气公司首席执行官杰克·韦尔奇手中如愿接过了帅印，2001年9月7日真正坐上公司头把交椅之前，他当了8个月的“学徒”。他上任四天以后，世界就发生了动荡，“我有处理全球恐怖主义给公司带来的问题的‘第一个100天’；有在全球斡旋、对话并与政府打交道的‘第一个100天’，而这类问题是企业从未遇到过的；有被任命为首席执行官的‘第一个100天’；有行使首席执行官职责的‘第一个100天’……我想，每一个经理人和每一个首席执行官都会碰到很多‘第一个100天’，因为这就是世界的现状，我们就生活在这样的世界中。”

无论你现在所处的领导职位是高是低，走马上任的第一个100天都是一扇你独有的“机会之窗”，同时，你也不可避免地要面临危机四伏的情境。之所以说这个阶段对新领导而言是个机会，是基于这样的事实：领导职位的转换是一个最缺乏确定性的阶段，从情理上说，所有的可能性都存在，所有的变革都可能实现。作为一个新领导者，你“天然”地享有可以对一切提出疑问的优势。“我想，这个时期给了你提出愚蠢问题的机会。”美泰玩具有限公司（Mattel）的首席执行官罗伯特·埃克特（Robert Eckert）说，他走马上任的第一个 100 天的经历确实可圈可点。

机会还来自这样的事实：人们**盼望**一位新领导者能对组织实施变革。在上任以后的最初三个月内，你做出的决策不太可能受到质疑和责难，无论是来自组织内部的还是来自组织以外的质询和公然对抗，因为人们都怀有这样的假设和预期：你当然会做些与众不同的事情。这个时期是你的“蜜月”，在这个时期内，你的权威和你享有的行动自由来自于对你的任命，而不是源于你扮演新角色所取得的成果。

但是，因为你被“推到了前台”，那么，你做出的决策以及你如何做出决策的过程将为自己贴上是轻率鲁莽还是目的明确、是果敢坚决还是优柔寡断的标签。你采取的行动、你与谁商议公司运营事宜、你管理决策出台过程的方式以及你的观点，则把自己划入到了不同类别：是胸襟开阔还是独裁专制，是公允合理还是随心所欲，是富有远见卓识还是谨小慎微，是持有开放态度的倾听者还是任人唯亲的狭隘领导者。你给他人留下的印象和你发出的信号则既可能激发人们的忠诚，也可能造成员工“作壁上观”的冷漠，甚至可能激起人们对你的反抗。

时代华纳的董事会主席和首席执行官理查德·帕森斯将上任伊始的时期比喻为“速凝水泥”。当水泥还没有凝固的时候，你可以将其任意塑造，你可以将其塑造成坚固基础的形态，这个基础会为你接下来的另一个 100 天以及其后的工作提供保障和支持，但是，一旦水泥凝固了，那么，修正任何错误的时间成本、精力成本和资金成本都将大大增加。

“第一个 100 天”出自何处？

“第一个 100 天”作为一个非常重要的概念提出，可以追溯到富兰克林·德拉诺·罗斯福第一次任美国总统期间［罗斯福：美国第三十二任总统，他是唯一一位连任三届（1936 年、1940 年和 1944 年）的美国总统。——译者注]。[①] 那是 1933 年 3 月，整个国家都处在深重的危机中，“大萧条”给经济造成了重创，几乎所有的银行都倒闭了，每四个人中就有一个人失业，人们对自由资本主义能否存续下去疑虑重重。

富兰克林·罗斯福总统入驻总统办公室的前三个月，他起草并敦促国会通过了一项内容广泛的改革计划，该项计划旨在恢复工业和农业产业的发展，降低失业率，帮助那些失去土地和家园的苦难人群，同时，罗斯福总统还进行了机构改革，他的改革力度尤其从田纳西流域水利工程管理局（the Tennessee Valley Authority）的建立中体现出来。小阿瑟·施莱辛格（Arthur M. Schlesinger Jr.）在其《罗斯福时代：新政的到来》（*The Age of Roosevelt: The Coming of the New Deal*）的著作中说，在他的第一个 100 天中，“罗斯福总统向国会提交了 15 项法案，敦促了 15 项重大法案的通过，发表了 10 次演讲，每周召开两次新闻发布会和内阁会议，会晤了很多外国元首，发起了一个国际性会议，而且还要做出国内政策和外交政策的所有重大决策，在此期间，罗斯福总统从未表露出恐惧和慌乱，甚至连脾气都没发过。”

罗斯福总统在其就职演说中宣称：“除了恐惧本身，我们无所畏惧！”他就职以后的 100 天内，美国人民就看到了复苏的希望，对复苏充满了信心，为国家事务是由卓越的人来管理而深感欣慰。罗斯福总统在最初三个月内提出的议程，不但奠定了他任职期间的公共政策基础，它们的影响也贯穿了 20 世纪的其余时间。他完成新议程的速度也成了衡量总统执政能力的标准——后来的每个美国总统都会据此受到公众的评价，看看他们做得是比罗斯福总统更胜一筹还是稍逊风骚。

今天，“罗斯福时代”过去 70 多年以后，这个特殊时期——“第一个 100 天”——已经完全深深地融入到了我们流行的文化中。如果你在雅虎网站上搜索“第一个 100 天”（“The First Hundred Days”），你会得到 89600 个搜索结果！

---

① 位于纽约海德公园的罗斯福图书馆档案管理人马克·罗诺维奇（Mark Ronovitech）认为，“第一个 100 天”这一概念可能出自拿破仑，1815 年，当拿破仑描述自己从流放地厄尔巴岛（Elba）（厄尔巴岛：意大利的一个岛屿，位于第勒尼安海，在意大利半岛和科西嘉岛之间，拿破仑·波拿巴的第一次放逐地。——译者注）流放 100 天后返回时提出了这一概念。但是，毋庸置疑的是，从罗斯福总统 1933 年的“新政”开始，这一概念才广为流传开来。

艰难的新环境

当代企业运营工作的压力始于首席执行官层次，并且逐级向下“灌注”，因此，在一个组织内部，所有层次的领导者都会经历越来越多的“第一个 100 天”。哈佛商学院迈克尔·沃特金斯（Michael Watkins）教授的研究结果显示，单单是在“《财富》500 强”的企业中，每年就发生**五十多万个**管理职位转换。即使新任命的领导者是在组织内工作了很长时间的“内部人士”，他或她受命开创新局面的压力也并不见得更小，他们感受到的压力同样令人畏惧。

不久前，公司首席执行官们的“宽松度”正在遭受大幅度的削减。以前，只要他们愿意，只要他们功成名就，他们就可以心安理得地待在企业中，但是，这种情形现在已经变了。

所有的领导者，无论他们是否备受拥戴，无论他们是否信心百倍，但是，比起他们的“前辈”——以前的领导者——来，他们都更“不堪一击”。现在，新首席执行官们很明白，他们必须向董事会和股东证明自己的能力，同时，他们还很清楚，要想证明自己的能力，他们并没有多少时间。在这种紧张的环境中，他们所犯的错误会被看得很重，向他们“发难”的时间也更早，所以他们快速进入角色而且尽快开创出新局面的紧迫感也就更强烈。

让我们一起来看看有关首席执行官每年更迭情况的研究成果吧，这些调研结果来自颇有影响力的博思·艾伦·汉密尔顿咨询公司（Booz Allen Hamilton）。在 2002 年和 2003 年，因为表现不尽如人意而被解聘的首席执行官数量是 1995 年的三到四倍。调查报告的作者无奈地总结道：“在某些时刻，被迫离职看起来就像盘桓在首席执行官头上的苦难阴云，这种潜在的威胁大大削弱了他或她履行职责的能力。”

“内部人士”——从组织内部得到升迁的领导者——也没有多少“本土作战”的优势。据加利福尼亚大学设在欧文（Irvine）的管理学院教授玛格丽特·维尔斯马（Margarethe Wiersema）的研究，20 年前，“《财富》500 强”中只有不到 15% 的企业从公司以外聘用首席执行官，今天，这一数字已经接近 40% 了。“公司从外部聘用继任被解职的首席执行官的比例高达 61%，这一比例远远高于从公司外聘任继任退休首席执行官职位的数量。”她写道。

在当代的工作环境中，无人能从剧烈动荡带来的强烈影响中幸免逃脱。

但是，通过到任之后的“第一个 100 天”以及接踵而至的“很多个 100 天”的良好表现，通过上任伊始便迅速开创崭新局面的卓越表现，你依然可以取得最大限度的成功，这就是本书诉求的终极目标。

我们这项研究的依据

我们这个项目主要研究一百多个最显赫的领导职位的转换过程，这些领导职位的转换大都发生在过去的五年间。我们对 50 多位最近三年来被聘任为首席执行官的高层领导者进行了深入的访谈，我们还和很多董事会成员、分公司总裁、人力资源总经理和担任其他职务的领导者进行了广泛而深入的交流，此外，我们还研究了 70 多个间接资料，这些资料包括报刊文章、书籍和专题研究成果。具体说来：

- 我们研究的首席执行官范围极为广泛，从诸如吉列公司和宝洁公司这类声名显赫的跨国集团的首席执行官，到担纲影像新星公司（Imaginova）和网上工程技术搜索引擎公司（GlobalSpec）这类新兴公司的领导者，此外，我们还研究了在很多重要的教育机构和非营利组织供职的首席执行官，比如，哈佛大学、美国奥林匹克运动委员会和美国外展训练协会（Outward Bound）的领导者。
- 我们访谈的领导者包括从较低职位被提拔到大型企业首席执行官职位的人，比如，通用电气公司和美国联合包裹运送服务公司（UPS）的首席执行官，也包括从公司以外聘用的首席执行官，比如，玩具制造商美泰公司、美国电话电报公司和 3M 公司执掌帅印的领导者。
- 我们曾经与那些在公司处于危急关头“空降”到组织中的领导者们进行过广泛的交流，比如，泰科国际公司（Tyco International）、美国在线和阿德菲亚传播公司（Adelphia）的首席执行官，同时，我们也访谈过那些有幸继承了繁荣、稳定组织的首席执行官，比如，安进公司（Amgen）（安进公司成立于 1980 年，目前为全球最大的生物技术公司。——译者注）和直觉公司（Intuit）（直觉公司是著名的个人财务软件的出版商。——译者注）的领导者。

- 我们详细研究过这样的案例——物色继任首席执行官人选计划了几年之久，比如，恒康保险公司（John Hancock）（也译为约翰·汉考克保险公司）；我们也研究过只用几星期的时间就“顺手抓来”首席执行官的情形，比如，家得宝公司（也译为家庭仓储公司、家居货栈）（The Home Depot）和雅虎公司！
- 我们仔细评估过走马上任“第一个100天”的表现就卓越不凡的首席执行官，比如，金考公司（Kinko's）和雅芳公司（Avon）的领导者；当然，我们也研究了那些任期被戏剧性中断的领导者，比如，福特公司和贝塔斯曼公司（Bertelsmann）的首席执行官。
- 我们曾经采访过诸如朗讯科技公司（Lucent）、惠普公司、波音公司和摩托罗拉公司等组织的董事会和首席执行官聘任委员会，我们从他们那里了解到了他们对首席执行官成败的认识，因为他们作为“老板的老板”参与并见证了首席执行官聘任的全过程。
- 我们还曾经与那些受到继任首席执行官最直接影响的其他领导者——分公司总裁、职能部门经理和人力资源管理部门领导者——进行过深入交流。

适用于首席执行官和所有层次的新领导者

我们从研究中得出的结论并不只适用于首席执行官，确实，在任何公司内，首席执行官的职位与其他职位都迥然相异，不过，公司中的其他职位会和某种形式的支持系统与信息系统一起，为首席执行官的工作提供支持，通常，在公司中，往往不止一个人对这些支持系统和信息系统的运作了如指掌。对组织必须完成的目标而言，首席执行官扮演的是做出重要和重大决策的最高领导者角色。“人们就是这样认为的，大家觉得，首席执行官就是做出最终决策的人，而且在绝大多数时间里，要肩负做出正确决策的重大责任。”福特汽车公司的前首席执行官雅克·纳瑟尔（Jacques Nasser）说，他是经历了很多坎坷以后才认识到这一点的。

然而，因为任何领导职位承负责任的情形都很相似，所以，我们的研究成果对所有层次的领导者而言都是适用的。卢·普拉特（Lew Platt）对此深有同感，“履行职责的过程适用于任何职位的人。”这位惠普公司前首席执行官和波音公司的现任董事会主席说。“除了付出更多的时间以外，除了你不得不牺牲大部分个人生活以外，除了每个人都关注着你的所作所为以外，首席执行官的工作与其他领导者的工作实在没有什么不同。虽然你与组织中的其他经理情形会不一样，不过，行使职责的机制几乎完全一样。”

尽管本书的内容并不只是特别针对新上任的首席执行官的，而且也不是专为他们写作的，不过，我们之所以将注意力集中于首席执行官，是出于以下两个理由。首先，他们在其职业生涯中都有很多非常成功的“第一个100天”经历。比如，罗伯特·纳德利（Robert Nardelli）在2000年任职家得宝公司首席执行官之前，曾经先后在通用电气公司11个不同的高级领导职位上工作过。再有，美国奥林匹克运动委员会前领导者诺曼·布莱克（Norman Blake）和美国外展训练协会的总裁约翰·里德（John Read），他们在供职于非营利性组织之前，也都曾经在不同的公司有过担任首席执行官职位的经历。

其次，来自首席执行官职位转换期间的经验和教训，完全可以直接推演到几乎所有的新领导角色更替过程中。无论是你将接手一份新专业工作还是即将任职项目经理，无论你是新上任的部门经理还是担纲分公司总裁或者走马上任首席执行官一职，上任伊始的良好开端都是同样重要的，这一点丝毫不奇怪。尽管与其他领导角色比较起来，首席执行官的职位有其特定的行为准则，不过，绝大部分必要的职责履行程序——比如，设定组织预期、展现组织愿景、建立管理程序、确定组织需要优先处理的议题、构建管理团队以及在最初的项目运营上的卓越表现——完全适用于所有的新领导角色。

1976—1988年间，当罗恩·丹尼尔（Ron Daniel）还在麦肯锡管理咨询公司（McKinsey & Company）任股东的时候，曾经给公司的新员工写过一份题为“成为一个合作者”的备忘录，许多年过去了，他当时提出的建议依然令人难忘，他写道：“你们需要认识到在这个机构拥有一个良好开端的必要性。你们介入的最初几项任务是至关重要的，借助最初的案例研究和处理，你们可以为自己确立在组织内的感召力，通过杰出的表现，你们可以很快在你们的部门甚至在公司范围内赢得声誉。”（我们在本书的“附录”部分收录了罗恩·丹尼尔的这个备忘录。）

这样做确实非常重要，因为当你承担新的领导职责时，就像家具制造商赫尔曼·米勒公司（Herman Miller）的前首席执行官和《领导是一门艺术》

(*Leadership Is an Art*)的作者马克斯·德普雷(Max DePree)谈到的，你会处于一种“暂时的无知”状态。即使你认为自己在执掌帅印之前已经很了解这家公司——或者很了解这个部门或者这个分公司——你也需要三思。正如通用电气公司的杰夫·伊梅尔特回忆到的，“到我被任命为公司首席执行官的时候，我在这个公司已经工作了21年，可当我接手首席执行官的工作时，公司的很多情况还是让我感到震惊。”

对于那些来自公司以外的首席执行官来说，他们对新公司的认知断层更深、更大。“任何初到一个新环境的人，通常都要面临这样的情形：他们要在自己了解最少的环境中做最多的工作。或许，在此之前，你有过其他经验，或许，你很聪明，并且对工作如何开展富有洞见，但是，你对自己运营的公司确实所知甚少，而与此同时，你还要让企业顺畅地运转起来。”美国在线的董事会主席和首席执行官乔纳森·米勒(Jonathan F. Miller)说，他就是公司外聘来的领导者。

所有这一切都需要你持有更适当的态度，而且需要你在自己到任的“第一个100天”中更好地制定议程。“**议程**这个词很贴切——它不是计划，也不是战略。”杰夫·伊梅尔特强调说。“议程是你的主张，是你需要关注的领域。”那么，什么是正确的态度取向呢？那就是：“祝贺你！祝贺你得到了这份工作，现在，你必须得名副其实了！”ABC 娱乐电视集团(ABC Entertainment)的前首席执行官和雅虎新任首席执行官劳埃德·布朗(Lloyd Braun)说。你需要通过向他人伸出援助之手，通过倾听他人，通过有助于他人的工作，而且通过向他人表明你是这个职位的理想人选来获得支持和拥戴。

时间也是一个非常稀缺的资源，比你想象的还要宝贵。比如说，一个新领导者每周工作6天，每天工作14个小时，那么，他或她上任以后的“第一个100天”也不过只有1200个小时可资利用。因为新领导者要尽可能多地将时间花在了解公司状况、学习新知识、倾听他人意见、建立关系以及做出决策等方面，所以，他们实在不敢浪费哪怕一个小时的时间。到任的最初阶段，他们会遭到“电话的密集攻击”，会接到大量的演讲请求，会从充满渴望的员工、供应商、推销商和管理咨询顾问公司收到成百上千封电子邮件，这些邮件内容各异，不过大都是想在领导者们上任之初的“手忙脚乱”期间向他们示好，以期获得新领导者的青睐，从而建立起合作关系，获得某种好处或者某些特权等。所以，新领导者们需要全神贯注于重要的议题，否则，他们可能就会陷入处理琐事的泥沼不能自拔，而那些小事对组织的长期运营可能并没有什么重要影响。因此，你需要制定一个议程，从而确保上任之初的工作有条不紊，同时，将你的议程与他人清楚地沟通还有助于企业在正确的轨道上顺畅前进。

本书的目标

本书旨在为你和与你协同工作的人提供制订议程和计划的所有帮助，借助大量的实例，我们将为你展示在“第一个100天”的冲刺中如何调适自己的心理、情感和体能状态；我们将阐述塑造“速干水泥”形态的基本步骤；我们将探索如何开始评估和构建你的管理团队；我们将为你展示如何制定自己的战略议程。此外，本书还详述了如何评价组织的企业文化，并提出了如何启动重建企业文化行动的方略；同时，我们也论述了如何与你的老板或者董事会以及组织外的机构建立富有成效的工作关系；我们在本书中讨论了为什么说在领导者上任的早期以及其后的时间里，沟通成效的好坏是领导者最核心的议题之一。最后，但同样重要的，我们还详尽描述了新领导者最容易陷入其中的圈套是什么，以及如何避免让自己囿于其中。

虽然上任以后的“第一个100天”常常是危机四伏、险象环生的时期，不过我们应该认识到，这个时期不过是“长途跋涉的第一步”。成功的领导者深知，他们必须学会将新官上任100天的激情和冲动导引到“马拉松”的全程中，凭借持久的耐力确保最终取得优异的成绩。你上任后的“第一个100天”是个“检验期”，此间，人们会特别关注你做什么以及不做什么，在此期间，你自己也将检测自己的局限性，并挣脱自己局限性的束缚，同时，你也会判断你周边的人的欠缺，并帮助他们完善自己。

为了将上任后的“第一个100天”置于适当的背景中论述，我们创编了下面的金字塔图形表，并将开拓新局面的“八点计划”罗列其中。我们将在以后章节的讨论中使其明晰起来，你将看到我们提出的一系列你可以遵循的行动步骤，你可以据此一层一层地垒造你自己的“金字塔”，并取得“第一个100天”的全面成功。遵循我们的建议，你将为自己取得长期的成功赢取最大的可能性。

我们希望，我们的论述能加速你学习的进程，并减少你的紧张和焦灼——这种情绪是所有新领导者无一可以幸免逃脱的。领导者扮演的重要角色之一就是充当认清现实的智者，这是衡量领导力亘古不变的重要法则，你上任后的“第一个 100 天”，既需要你在新现实中应用你的管理精粹，也需要展示你的管理风格。

好了，让我们一起为你的出发开始准备吧！

第一个 100 天金字塔

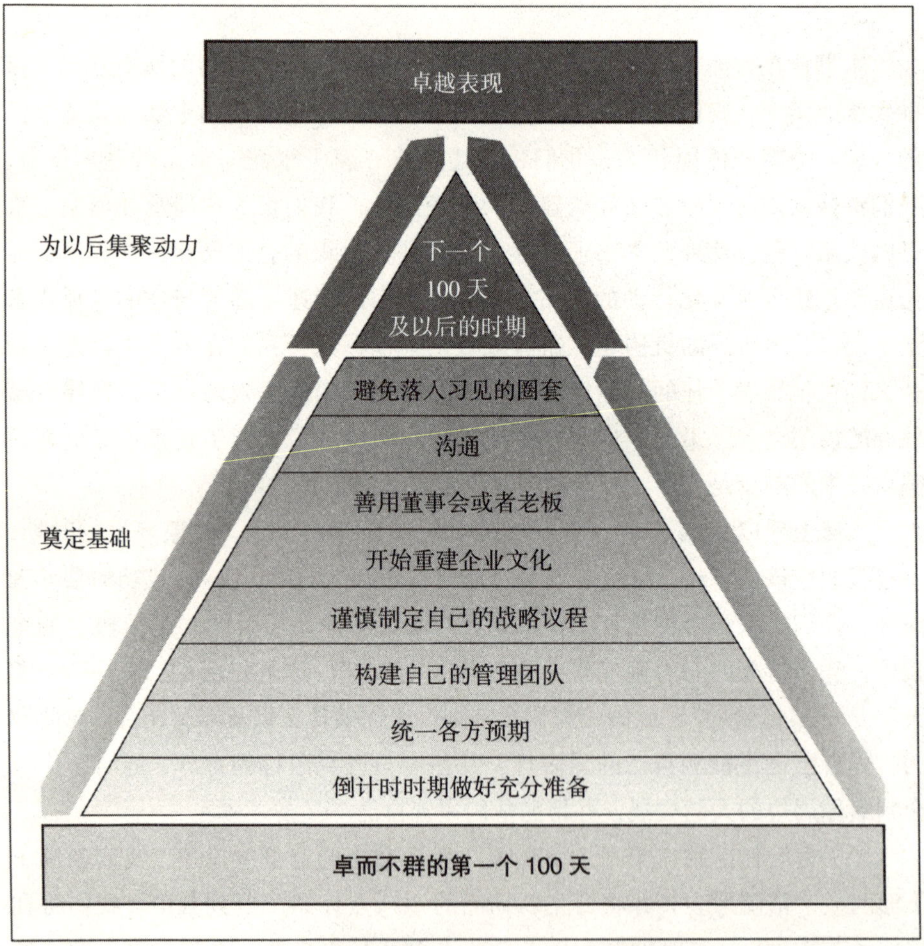

卓越表现

为以后集聚动力

下一个
100 天
及以后的时期

避免落入习见的圈套

沟通

善用董事会或者老板

奠定基础

开始重建企业文化

谨慎制定自己的战略议程

构建自己的管理团队

统一各方预期

倒计时时期做好充分准备

卓而不群的第一个 100 天

第一章

倒计时准备期
——到起点之前你就要做好准备

比赛从什么时候开始？是在起跑线上，当你等待发令员的枪响时，做最后一次深呼吸的时候吗？是比赛的前一天，当你参加完开幕式，满脑子都是即将来临的比赛的时候吗？还是几个星期或者几个月以前，当你为确保比赛胜利而训练的时候？

带着“战略过程”走上新职位

走向新领导职位前的倒计时准备期各有不同，他们需要提前做什么样的准备，取决于他们是从组织内部升迁到新职位的还是从组织以外聘用的，取决于他们即将就职的公司是处于危急时刻还是运营稳定，取决于他们是风风火火地就职新职位还是有从容的时间做充分准备。

但是，所有领导者上任之前的倒计时准备时期都有一个共同的目标，那就是：尽可能多地了解他们即将进入的新世界，以便找到最佳的切入途径。为达到这样的目标，互联网安全机构保安公司（Securify）的首席执行官戴夫·彼得施密特（Dave Peterschmidt）说：“你不要想拿着已经制定完成的企业战略计划走上新领导职位，而应该做好领导实施一个战略**过程**的准备。”戴夫·彼得施密特还曾在互联网先锋企业英克托米公司（Inktomi）和赛贝思公司（Sybase）分别任职过首席执行官和首席运营官。

上任前的倒计时准备期是一个需要考虑多方面问题的时期，是一个“多维度”的过程。你需要理清思路，需要全神贯注，以便辨析新环境中的挑战和机遇；你需要确认谁是重要的拥护者，并开始着手与他们结成同盟，同时建立起新的工作关系；你需要努力摈除先入之见，同时，从那些对公司真正富有洞见的人身上获取有价值的信息；你需要依托自己的能力和经验仔细考虑需要完成的工作；你需要考量那些即将进入你管理团队的经理们的特长，并估测最可能出现漏洞的环节在什么地方。与此同时，你还要为自己生活的重大转变做好精神上的充分准备，而且采取必要的措施安排好家庭生活，以便在你不在家的那段时期，让家庭成员的生活依然保持正常状态。

提前准备的好处

如今，几乎每个人都知道，兰斯·阿姆斯特朗（Lance Armstrong）是环法自行车赛创纪录的六连冠得主，人们也都知道环法自行车赛是世界上最让人筋疲力尽的比赛之一。他的成功不单单基于他卓尔不群的运动技能、超乎寻常的心肺功能，也不单单归因于他征服癌症的英雄气概所激发出的强烈获胜欲望，他的胜利还因为他为比赛投入了大量时间和精力。在他的自传《重返艳阳下》（*It's Not About the Bike*）中，阿姆斯特朗谈到了建设得力团队、了解赛道、确保自己和后勤队伍完成了恰当的训练、调整到了良好的竞技状态以及确保取得最终胜利的精良装备的重要性。他几乎记住了全程长达 2106 英里的赛道的全部情况，仔细研究了风向、天气情况和气温的变化对骑行每一个弯道和每一段直道可能产生的影响。

任何严谨的运动员都不会在没有提前准备的情况下就贸然冲向赛场。当你即将上任一个富有挑战性的管理职位时，你也应该像运动员即将参赛一样。事实上，你面临的也是一场赛场上的角逐。在发令枪响**以前**，如果你不够敏捷，如果你没有将竞技状态调整到巅峰，那么，你无疑将错失先机，并大大削弱你获取奖牌的机会。

“上任前的倒计时准备期为你取得最大限度的成功奠定了基础。”美国维京移动通讯公司（Virgin Mobile USA）的首席执行官丹·舒尔曼（Dan Schulman）说，“你真正开始履行职责之前的数天对你未来的成功极其重要。其实，你开始在新职位上实施行动计划的第一天并不是‘第一天’，在那之前，你应该一直在积极备战。"

正确支配时间

新领导者面临的最大挑战之一，就是确定并保持正确的优先工作顺序，你在倒计时准备期的目标之一，就是策划你要优先处理的事务，而不是开始工作时让各种事务牵着你的鼻子走。

我们假设你每周平均工作 6 天，每天平均工作 14 个小时，那么，你上任的第一个 100 天不过只有区区 1204 个小时的工作时间。你应该如何配置如此稀缺的时间资源和精力资源来取得最大限度的成效呢？你将重点关注什么领域的工作？你可以把什么事务暂时搁置一边？有效计划可以帮助你明智地支配你的宝贵时间。

我们在研究过程中，曾经问过很多领导者，他们到任伊始会把什么工作置于首要地位。他们列出的五项首要工作是：

1. 获取信息；
2. 确认公司面临的挑战；
3. 建立自己的威信并获得员工的信赖；
4. 评估高级管理团队；
5. 调动自己的激情。

尽管以上五个方面都很重要（我们在随后的章节还要针对每一个方面进行详解），不过，最后一点常常被人忽略。新领导者经常是迫不及待"跳上舞台"扮演新角色，总想意气风发地马上开展工作，他们常常让自己的个人生活听命于"自动导航系统"的指引，然而，坚实的情感基础和心理基础在很大程度上是完成其他目标的前提条件，因为如果他们没有为即将来临的艰难时期和心理与情感即将受到严峻挑战的时期做好充分的自身准备的话，他们将一事无成。心理学家认为，如果你不"关闭"你以前的心理状态，你就不可能真正开辟生活的新篇章。在准备倾听、学习和履行领导职责之前，人们需要处在一种"关闭的状态"中，人们只要能意识到这一点，并且遵从在扮演新角色之前需要某些“空闲时间”的常识的指引，就将有助于他们做好自身准备。

基于以上五项需要优先考虑的工作，我们推演出了十个指导原则，这些原则将有助于你充分利用上任前的倒计时准备期（请见本章结尾处的“小结”部分）。这些指导原则涵盖了如何从信息洪流中筛选有价值的信息，到如何研判最重要议题；论述了如何制定获得人们拥戴的战略，到如何确保自己保持最佳体能、精神状态和心理状态以迎接即将到来的挑战等各个方面。

做好学习的准备

为适应新职位做好自身准备，需要你明了公司是如何运作的，需要了解组织的既往情况，需要展望公司的发展方向，需要弄清楚管理团队是如何运行的，此外，还需要你找到自身能力在组织中的最佳切入点——所有这些过程都需要你以令人惊异的效率学习、把握。正如通用电气公司的杰夫·伊梅尔特指出的：“基于你已经了解的情况开展工作，远远算不上你真正把握了职责的精髓，你的工作才能取决于你以多快的速度学习，取决于你对新环境的适应速度。”

杰夫·伊梅尔特在通用电气公司的同事、现任职家得宝公司首席执行官的罗伯特·纳德利补充说，“你必须让自己全身心地投入到”追求效率的过程中。上任前的倒计时准备期为你提供了更深入、细致地研判组织情况的机会。

吉姆·基尔茨（Jim Kilts）——吉列公司 70 年来第一位从公司以外聘用的首席执行官——从他接到任命到 2001 年 2 月到任之前，有 6 个星期的准备时间。那时候，市场表现一度出类拔萃的“锋速 3”（Mach3）剃须刀、金霸王电池和欧乐 B 牙刷，连续 14 个季度大量流失利润，产品销售和赢利水平五年来表现平平，吉列公司 2/3 的产品在不断失去市场份额，同时，吉列公司股票的市值在 1997—2000 年间减少了 30%，投资者对曾经受到热烈追捧的该公司股票渐渐失去了投资兴趣。

在上任前的倒计时准备期，吉姆·基尔茨与精心组建的团队一起对公司进行了一轮完全彻底的调查，团队成员来自吉姆·基尔茨最近担纲首席执行官的纳贝斯克公司（Nabisco），他们是纳贝斯克公司战略部门和公共事务部门的领导者，此外，团队还包括一位金融专家和几位金融分析家，吉姆·基尔茨此前的几年曾经与他们进行过深入的交流。他们搜集了很多公开信息——比如，公司过去的年度报告、华尔街的研究资料、商业出版物和行业研究报告等。“我们想以吉列公司竞争对手的角度来研判它。”吉姆·基尔茨回忆道。

对吉姆·基尔茨来说，在听到吉列公司的自我评价之前，了解业界对公司运营状况的观点和评价是非常重要的：“在我研究公司的内部报告之前，我想搜集外界研判吉列公司的所有关键信息。”

之后，他将准备工作继续深入地做下去。吉姆·基尔茨在首席执行官办公室露面之前，他和吉列公司的销售人员巡游了很多地方，他考察了产品销售商店的情况，调查了公司仓库，而且视察了生产厂。他和供应商进行了交流，研读了消费者反馈报告，收集了董事会成员的意见和建议，并且和零售商进行了广泛接触。这就是他探查吉列公司经营状况每况愈下原因的方式。

为了完成每季度的销售量，吉列公司的销售部门通常采用一种业界称之为“折扣批发”的销售方式：公司为客户提供大幅度的价格折扣，改换产品包装，总之，为填满客户的库存“无所不用其极”。尽管“折扣批发”在业界并不是非法行为，不过，这种销售方式并不是可持续的发展战略，因为这种销售行为是对公司未来利益的透支，同时，人为降低了产品的价值。主导的零售商——销售吉列公司产品的连锁机构——很清楚，公司迫切地想完成季度销售目标，因此，他们学会了用这种方式与吉列公司打交道——他们只需要等到每个季度的最后一星期订货，就可以得到尽可能高的价格折扣。

吉列公司发现，自己已经深深陷入了每况愈下的泥潭中。吉姆·基尔茨在一本公司小册子上以“逃离在劫难逃的恶性循环”为题撰文指出，企业之所以陷入困境往往是因为设定了过于激进的经营目标，比如，不切实际的销售增长目标。随后，公司为了完成这些目标，会做出错误的决策，而错误的决策将导致进一步的损失，损失又会导致更蹩脚决策的出台。失控的支出和居高不下的企业管理费用，是吉列公司“在劫难逃恶性循环”的元凶之一，吉列公司在业界已经成了运转速度最快的“花钱机器”，同时也是应收款回收速度最慢的企业。因为公司必要财务管理程序的缺失和糟糕的信息系统，公司产品的销售结果并不是每天汇总，甚至也不是每周汇总一次，只是在季度末清点一次。

吉姆·基尔茨等到自己的调查研究告一段落以后，他才与吉列公司内的有关人士进行了交流。“我曾经和公司的首席财务官和在任的首席执行官共进晚餐。"他回忆道，"我们没谈公司运营的细节问题，而只谈到了人们对公司的感觉——也就是公司人员的问题，因为这样的信息你不可能从公司以外的渠道获得。那是我到任之前与公司内的领导者唯一的一次会谈。"

当到任的时间终于到来的时候，吉姆·基尔茨像一阵暴风雨一样，出其不意地来到了公司。"我到任以后的第一次董事会是在我到公司两天以后召开的。会议进行了不到一小时，他们就了解了我的管理哲学，还有我对公司状况的分析。"他们还听到了吉姆·基尔茨疗救公司疾患的计划，听到了他和团队在 6 个星期以前集体讨论通过的公司发展战略。

大部分人上任之前，都不能像吉姆·基尔茨那样，拥有长达 6 个星期的从容准备时间，也不会像他一样有一个专业团队帮助他快速研判即将供职的公司。此外，将制定完善的行动纲领带到新职位上去的行为也潜藏着很多风险（你的行动纲领可能是错误的；即便你是对的，你也可能得不到他人的认同）。但是，在吉姆·基尔茨上任的例子中，他已经向企业发展战略中灌注了足够多的前期调研成果、自信和足够充裕的时间。吉姆·基尔茨的上任过程带给我们的重要启示就是，倒计时准备期的关键所在，就是要尽可能充分利用此间所有的时间资源、信息资源和其他资源。

学徒

对于那些从组织内"按部就班"地升迁到首席执行官职位的人来说，他们在走马上任之前，或许拥有令人钦羡的先天优势：他们可以在领导职位转换期间充当前任领导的学徒。

经过完全透明公开的继任角逐之后，2000 年感恩节的周末，杰夫·伊梅尔特成了从世界上最成功的首席执行官杰克·韦尔奇手中接过帅印的新领导者。"我们都是'踉踉跄跄地冲过角逐终点线'的。"在谈到这场"竞赛"中的另外两个候选人——以前的同事吉姆·麦克纳尼（Jim McNerney）（现任 3M 公司首席执行官）和鲍勃·纳德利——时，杰夫·伊梅尔特说。这场继任角逐让杰夫·伊梅尔特筋疲力尽、心力交瘁，因为他必须要同时负责运营通用电气医疗系统公司。想到离 1 月 1 日继任杰克·韦尔奇的职位只有一个月的准备时间，杰夫·伊梅尔特不觉失笑，因为他接替的可是杰克·韦尔奇。

“我心里根本没谱儿。”杰夫·伊梅尔特回忆说，“在我成为候选人之前，我只参加过一次董事会议。”

为了弥补自己的不足，杰夫·伊梅尔特开始跟随杰克·韦尔奇“学徒”，历时8个月。“我的任命一公布，杰克·韦尔奇就放手让我管理公司，并在一旁指导我的工作。这些辅导过程就是与他一起进晚餐，还有就是与这位世界上最了解通用电气公司的人交流。”

杰夫·伊梅尔特利用这8个月的时间与客户、员工和投资者会面，“每天，每一天，”他说，“我都花费大量的时间用于了解我尚一无所知的领域，那段时间，我要熟悉企业文化，了解公司员工，理解公司的价值取向，我要弄清楚什么方面需要改变，什么方面要延续以前的状况。我确实需要那么一段时间，因为公司是一个非常庞大的组织。那段时间让我在很多事务的处理上获取了杰克·韦尔奇的智慧，那是些我一直想向他讨教，但总是没有合适的机会请教的事务。此外，那段‘学徒’时期还让我再度焕发出了工作激情，充满了活力，而且仔细思考了我要和公司一起走向何方。后来，当他准备退休的时候，我已经做好了‘出发’的准备”。

谈到他的“学徒期”，杰夫·伊梅尔特总结说：“那就像是一场比赛中的助跑阶段。”

与聪敏的观察家会面

其他新领导者也都谈到过相似的经历，他们都曾经想从前任那里得到建议、引导、引见和教诲，甚至让前任将自己引见给重要的客户、股东、有助于企业运营的业界领袖和其他机构。这种“学徒”式职位转换的好处在于，通过弄清即将履行职责的“舞步节奏”，即将上任的领导者可以顺畅地接过前任的工作。

在成为包裹投递巨人美国联合包裹运送服务公司的首席执行官以前，迈克尔·埃斯丘（Mike Eskew）有近一年的准备时间。他在谈到自己的“培训期”时说，那是他和即将卸职的首席执行官吉姆·凯利（Jim Kelly）之间的合作期。他们一起制订了很多计划，以确保迈克尔·埃斯丘可以顺利度过职位转换的过渡期。“我在华盛顿特区花费了很多时间，和那些政府公共事务机构的人交流，以便弄清谁是关键的立法者；我和很多客户进行了广泛的接触，以便让他们知道我是谁；我认为，在成为首席执行官之前，拜访董事会的每一位成员很重要，这样可以了解他们的思想，弄清楚他们关切的问题是什么，同时，向他们讨教。一年之前，我被任命为公司董事会副主席，所以，人们觉得我会顺理成章地成为首席执行官，因为他们知道，我的任命已经'有铺垫在先'，因此，我成为公司首席执行官，任何人都不会感到意外。"

在医疗产品生产商百特国际公司（Baxter International），新任首席执行官哈里·詹森·克雷默（Harry Jansen Kraemer）和即将离任的首席执行官弗农·劳克斯（Vernon Loucks）建立的富有成效的伙伴关系确保了职位的顺利转换。克雷默在公司中已经工作了 16 年，他曾经担任公司总裁一职一年，此前，他还曾经任职首席财务官近 5 年的时间。弗农·劳克斯想在两个阶段带哈里·詹森·克雷默这个"徒弟"，其一是克雷默上任首席执行官一职之前的阶段，另一个是一年以后克雷默成为公司董事会主席之前的时期。

"我在成为公司首席执行官以前，我 99.9% 的时间都花在了公司内部。"哈里·詹森·克雷默解释说，"成了公司的首席执行官，意味着我必须去学习公司以外的很多东西——也就是提高扩展视野的能力，意味着我要花费大量的时间拜访国会议员，了解有关卫生保健的立法动议，从而判明政策走向。我上任之初，弗农马上就把我引见给了不同的群体。他带我去过几次华盛顿，他带我参加'商业圆桌会议'（Business Roundtable），带我拜见卫生保健领导理事会（Healthcare Leadership Council）成员，他还告诉我应该结识哪些关键人物。他在百特国际公司已经工作了 35 年，期间，担纲首席执行官一职长达 20 年，所以，他认识所有的人。他告诉我：'哈里，我给你介绍些非常有价值的联系人，我想，你要花很多时间和他们联络，所以，我按照你的情况把他们分门别类，以便于你和他们交流。'他还罗列出了在他退休之前应该完成的工作名录，当然，我工作的全程都得到了他尽心竭力的教导。"

尽管在弗农·劳克斯悉心言传身教的帮助下，哈里·詹森·克雷默上任之初便开创了可圈可点的新局面，可他没能持续改善公司的现金流状况。随后的几个月，公司赢利水平差强人意，公司股票价格持续走低，再加上前景暗淡的赢利预期，2004 年 1 月，哈里·詹森·克雷默辞去了百特国际公司首席执行官职务。

起草“百日议程”

有了搜集到的重要信息，形成了对公司的研判结论，接下来，你就可以将精力集中于上任前倒计时准备期最“具体有形”的工作了：那就是起草一个“百日议程”。“毋庸置疑，草拟一份清晰明了的议程、罗列出工作的要旨是至关重要的，但是，很多人常常忽视了这一点，着实让我吃惊。”杰夫·伊梅尔特评论道。**议程**是个恰当的词汇，因为你对公司还没有足够的见地，所以，上任前，你还不能精确制订出详细的企业发展计划，也不能制定出富有深刻内涵的企业战略，但是，你对自己的信念、对你将全神贯注处理的重大议题以及对自己即将付诸行动所需的组织架构当然应该有清楚的思路。

鲍勃·埃克特在上任美泰玩具有限公司首席执行官一职之前的几天，他将上任后第一个100天的工作目标记录下来。其实，鲍勃·埃克特的议程并不十分特别，不过就是在很多情形中都可以见到的那种简洁直白而且言之有物的文件。

> 我罗列出了五个我认为很重要的支持者群体，同时就每个“盟友”群体制订了要完成的目标以及完成目标的计划。这五个“盟友”是：(1) 高管层；(2) 员工；(3) 客户；(4) 投资者；(5) 董事会。比如，我想在普通员工身上完成的目标是：引起他们的注意，同时，启动与他们的对话，我想通过每天在自助餐厅吃午饭的时候，以及在办公楼转转的时候达到这一目的。对高管层而言，我的目标是让他们全身心地投入到企业运营中去，让他们展示自己的综合领导能力，并让他们开始辨析组织的运营断层和组织需求。我计划召集一次为期两天的非正式会议，用以讨论企业的重要议题并建立同事之情，我想在上任后的两周内完成这项工作。
>
> 我的行动计划包括三个组成部分，我确信，这样的行动计划将把美泰公司的运营拉回到正常的轨道上来：品牌建设、削减成本、培养人才。我把这些议题写在了一张纸上，每过几天就查阅一下，以防忘记。

鲍勃·埃克特的倒计时准备期

旨在在美泰玩具有限公司旗开得胜

当你即将进入一个新行业或者新领域的时候，你怎么才能做到不打无准备之仗呢？以下九条建议会对你大有裨益。

1. **拜访客户。**不需要与客户做过于频密的接触，你就可以了解到他人是如何评价企业状况的。
2. **观察消费者。**对消费产品制造商和零售商而言，在卖场花费的时间将给你带来巨大的收获。
3. **与退休员工交流。**退休员工比任何人都更了解企业的状况和公司的企业文化。
4. **广泛阅读。**互联网让人可以轻易地找到某些不知名的书籍和文章。过去几年任何分析家所写的所有文章我都要阅读。我浏览期刊杂志的时候发现了一本书——《玩具战》（*Toy Wars*），这是一本主要描述孩之宝玩具公司（Hasbro）（美国第二大玩具制造商——译者注）的书，但是，我发现，其中有关美泰玩具有限公司的见解对我大有帮助。
5. **向导师请教。**尽管他或她并不一定很了解你所在的企业，不过，对你需要提高什么能力、应该具备什么才能，你的导师当然会有客观的判断。
6. **给朋友打电话。**我更想从几位朋友那里得到有关的信息和建议，而不是与怀揣“谁想成为百万富翁”秘笈的来访者交流。
7. **每一次对话都做记录。**当你以后有时间坐下来反思时，你记录的对话要点会有助于你判明新工作的迷局，有助于你摆脱对企业和行业判断的困惑。
8. **为上任后的第一个 100 天写下目标。**你想把什么带到新公司中去？你以前工作的什么知识和经验可以移植到新公司中去？你需要快速学习什么东西？你怎么去学习？
9. **面向未来。**永远都要向前看，而不要被基于自己以前工作经验的判断——“本应该 ……”、“如果……就……”、“可能……”——所束缚。

当你成为候选人的时候

我们为写作本书而访谈的许多领导者都为他们上任后第一个 100 天的工作制定了议程：有些领导者在接到任命以后的倒计时准备期制定议程，有些领导者则在自己成为最终候选人的时候就开始制定“百日议程”。事实上，我们有时候建议聘任委员会或者负责新领导者聘任工作的经理，可以让两个或者三个最终候选者每人提交一份他们上任后第一个 100 天的工作议程，以此作为新领导者选聘最后过程的一个环节。如果操作得当，这个过程不但可以帮助聘任委员会确定理想的新领导者人选，而且还有助于加速领导者以最快的速度进入新角色的过程。我们在本书“附录”中收录了一个非常优秀的“第一个 100 天计划”，该计划就是金考公司首席执行官加里·库辛（Gary Kusin）在作为领导者候选人期间制定的。

关于愿景

对一位新领导者来说，明确表述公司的愿景到底有多大必要呢？

商界和媒体的很多人都对位高权重领导者的愿景宣言充满迷恋之情，而有些人则对其价值嗤之以鼻。在领导职位转换的过程中，公司员工总是迫切地想知道企业发展的未来方向，总是急切地想弄清楚企业的未来对他们意味着什么，这一点并不难理解。与此相似的，客户、供应商和投资者也都想知道，他们是不是需要调整自己的计划。但是，在上任前倒计时的准备期——甚至在上任以后的第一个 100 天内——就拟定愿景宣言，可能不单单是欠妥的行为，而且也纯粹是浪费时间。**对新领导者而言，最迫切的问题通常是他或她能不能赢得信任，他或她的立场是什么，以及他或她需要付诸什么样的“战术性”行动和采取什么样的管理措施。**所以，上任伊始就讨论“我们五年以后要走向何方”，确实显得不够诚恳，而且也为时尚早。

所以，新领导者需要在为组织设定方向和在保持工作务实两方面之间掌握完美的平衡。

"'**愿景**'这个词经常被误用，而且人们对这个词的理解常常存有歧义。"美国维京移动通讯公司的丹·舒尔曼指出。"你应该明确自己要创建什么，应该准确地研判组织的目标和目的是什么。在维京移动通讯公司，我们从一开始就很清楚，我们并不是要创建一家拥有五十万用户、赢利水平不错的企业，我们一开始就试图打造出一家价值数十亿美元的公司。弄清企业目标的内容和'边界'，将有助于所有决策——从投资到人员再到企业体制建设等的决策——的做出。当我们为完成企业目标做出第二阶段和第三阶段的决策时，弄清我们的长期目标是什么确实非常重要。"

在上任前的倒计时准备期，保罗·普雷斯勒最初曾经很想为盖普服饰公司制定企业愿景，在夏威夷为自己的新职位悉心准备期间，他还把这项工作写进了他"需要思考的事项"目录中，但是，他后来认识到，上任之初，制定愿景的工作毕竟算不上很重要的事务。作为倒计时准备"课程"的一部分，保罗·普雷斯勒研读了《谁说大象不能跳舞?》，那是路易·郭士纳领导 IBM 公司大打翻身仗的第一手资料。路易·郭士纳在他首次新闻发布会上的言论引发了一场论战，他宣称："对我什么时候为 IBM 公司推出一个企业愿景的问题，各方有很多揣测，不过，我想对你们说的是，就现在而言，IBM 公司最后的需要才是企业愿景。"他接着对目瞪口呆的众人说（后来，他们似乎对郭士纳的演讲只能回忆起这一段），IBM 公司需要的"是为公司的所有机构制定一系列非常务实的、以市场为导向的而且是高效的战略——改善企业在市场中的表现并为股东创造价值的战略"（有关郭士纳的更多传奇故事我们在第三章和第四章还会讲到）。

保罗·普雷斯勒说："路易·郭士纳的那段演讲让我备受鼓舞，而且我可以更有信心地对他人说，我们不必立刻制定企业愿景。路易·郭士纳的经历让我确信，当我走马上任时，完全可以暂时不需要企业愿景。"

所以，保罗·普雷斯勒准备上任时没有制定企业愿景，代之以为自己作为首席执行官行使职责的第一个 100 天构想出的工作议程。议程的中枢就是与盖普服饰公司的 50 位高层经理进行一对一的会晤，会晤中，他要向每一位经理提出同样的五个问题：

- 你想让盖普服饰公司保留什么？为什么？
- 你希望我做些什么？

- 你对我可能采取的什么行动很关切？
- 你对我可能**不**采取的什么行动很关切？
- 你确认客户需求的最重要的工具是什么？

保罗·普雷斯勒认识到，向经理们提出这些问题可以同时完成三个目标，那就是：（1）与每一位经理建立起相互信任的基础；（2）帮助自己对每一位重要的经理进行评估；（3）集思广益，推进公司战略的制定。

正如后来的结果所表明的，对这些问题的回答还促进了盖普服饰公司在规划产品线时做出的重大调整。更重要的，保罗·普雷斯勒在上任倒计时准备期构想的这个“问答环节”，让他“弄清了组织文化的精髓是什么，有了这个前提，那么，确认组织的哪些方面需要变革，哪些方面需要保留就是轻而易举的事了”。

估测你需要了解的东西

上任前的倒计时准备期不但对你了解组织的运行情况是个绝好的机会，而且也是研判你自己能力的理想时期。**对迎接你已经判明的挑战而言，你有必要的学识和必要的人际网络吗？坦白地说，这是你的成功所系。当你发现自己的认知漏洞和断层时，不要犹豫，去请求他人的帮助吧！**

2000 年 5 月，当安妮·穆尔卡希（Anne Mulcahy）被聘任为施乐公司（Xerox）的总裁和未来首席执行官的时候（她于 2001 年 8 月正式成了公司的首席执行官，2002 年 1 月任职公司董事会主席），她在公司内已经建立了良好的声誉，在成为公司人力资源部门的领导者和前首席执行官保罗·阿莱尔（Paul Allaire）的“高参”之前，安妮·穆尔卡希在施乐公司的 24 年工作经历中，有 16 年是在销售部门工作的。她是第一个承认她的工作经历并不是潜在首席执行官应有的经历的人，她没有工商管理硕士文凭，也从来没有进入过公司董事会。在《财富》杂志的一篇文章中（2002 年 6 月 23 日），安妮·穆尔卡希写道：“我从没想过自己会成为施乐公司的首席执行官，我也从来没有为成为施乐公司的首席执行官而刻意做过任何准备。这项任命让所有人都大吃一惊，包括我自己。”

考虑到施乐公司正在走向衰败——2000 年，施乐公司有 171 亿美元的债务，但只有 1.54 亿美元的现金，公司的股票从每股 63.69 美元跌至每股 4.43 美元，此外，公司产品的市场份额流失得就像 11 月的橡树一样风起叶落——安妮·穆尔卡希很清楚，她必须快速获得对公司财务状况的敏锐判断力，所以，她请公司的财务分析经理给她开设“资产负债表速成课程”，他教安妮·穆尔卡希如何分析债务结构，如何了解存货动态，如何判断税收和资金流向对企业的影响，安妮·穆尔卡希弄清了企业运营的什么环节可以增加现金收入，弄清了她的每个决策如何对施乐公司 300 亿美元的资产负债表产生影响。每天晚上，安妮·穆尔卡希都把一大摞学习材料带回家，周末的所有时间也都用来钻研财务分析理论。“让财务经理给首席执行官上课，确实有些不同寻常。”安妮·穆尔卡希回忆说，“不过，公司当时的状况容不得我顾及面子、假充内行。”

与此相似的，2001 年 5 月，当特里·塞梅尔（Terry Semel）成为在互联网业居于优势地位的雅虎公司的首席执行官之前，他已经有了令人钦羡的职业经历，他将时代华纳兄弟公司（Warner Bros.）——价值 8.5 亿美元的公司——从一个收入来源单一而且只在一个国家运营的企业，打造成了价值 115 亿美元的业界巨头，公司最终成为在娱乐业和消费品领域进行多元化经营的高速发展的组织，而且运营范围也扩展到了 55 个国家。尽管雅虎公司当时的状况与特里·塞梅尔就职时代华纳兄弟公司时的情形惊人的相似——雅虎公司游移在进退维谷的十字路口，公司迫切需要构建某些核心能力，需要在多渠道取得赢利增长目标的战略——不过，特里·塞梅尔还欠缺一个非常重要的背景：对互联网业的认知和在互联网界的从业经验。如果没有雅虎公司创始人及领袖杨致远的启蒙和帮助，特里·塞梅尔对雅虎公司的再造就是不可想象的。特里·塞梅尔正式走马上任之前，杨致远就互联网的运行模式和雅虎公司在业界的地位给特里·塞梅尔的热忱启蒙和耐心指导，对特里·塞梅尔产生了积极的影响，加之特里·塞梅尔对这位富有传奇色彩的创业者的认同和合作渴望，确保了两人真诚合作关系的确立。

当加里·库辛继任金考公司首席执行官职位时，他认识到，他需要的不是一位老师，而是一个合作伙伴。“当我仔细研读公司资料的时候，我发现了很多相互矛盾的数据，在对公司运营得失的判断过程中，我发现了很多相互冲突的观点。我觉得，我必须把这一切都弄清楚，要想把公司的状况清晰地拆解开，要想摆脱那些矛盾的纠缠，要想真正了解公司，要想了解对企业非常重要的各种各样的人的第一手资料，找一个我信任的人来做这项工作是很重要的。”

加里·库辛的求助对象是丹·康纳斯（Dan Connors），丹·康纳斯是拜恩公司（Bain）的前顾问，他领导了加里·库辛任职的前一家公司的战略规划项目。加里·库辛之所以要丹·康纳斯来金考公司做这项工作是出于这样的考虑：“我之所以要他来，理由很简单，我想让他来领导公司的战略规划项目，与此同时，我可以将精力投入到更快、更深入地处理其他迫切的问题上。”

建立一个由资深人士构成的顾问委员会

不管你把他称为“顾问”，还是“心腹知己”，你都应该找一个这样的人充当你的“幕僚”。在你上任前倒计时的准备期，甚至在你上任后的第一个100天，或早或晚，你总会碰到令人大吃一惊的事，而且，它们对你来说往往并不是惊喜。

这也正是你为什么需要找一个能和你深入交流、能洞悉你所面临的挑战、能当你的一面镜子对你的欠缺提出忠告，同时又对你的兴趣所在了然于胸的人的原因。心腹知己是领导者的秘密武器，上任前的倒计时准备期，就是你考虑这种人选的恰当时机。对很多人来说，这样的角色是由配偶或者公司以外的朋友来扮演的，人力资源部门的领导者也常常能够扮演这样的角色（而且一个优秀的人力资源经理也乐于充当高管层的顾问）。一个心腹知己也许是一位企业管理顾问，也可能是一位银行家，还可能是一位经理人培训教练。对于从组织以外聘用来的首席执行官来说，他或她的“幕僚”常常是首席执行官选聘委员会的成员，甚至可能就是领导首席执行官选聘项目的顾问。

只找一位心腹知己对新领导者而言并不是铁定的法则，有些商界领导者会组建一个松散型的顾问班底，在新领导者做出重大决策期间，这种班底为他或她充当“幕僚”的角色。

斯科特·佛兰德斯（Scott Flanders）在30岁的时候就成了价值达10亿美元的哥伦比亚出版公司（Columbia House）的首席执行官，哥伦比亚出版公司是全球最大的音乐制品、录像产品和DVD直销商。斯科特·佛兰德斯早期曾经在一家企业做过税收会计，后来，他从出版界迅速崛起，成了麦克米伦出版公司（Macmillan Publishing Company）的总裁，随后，被哥伦比亚出版公司聘任为首席执行官以前，他还创建了一家名为 Telstreet 的互联网机构。经年的职业生涯，使斯科特·佛兰德斯有机会培育了一个自己的“智囊团”，十多年来，他与这个智囊团一直保持着密切合作。他的顾问团体包括他的几位前老板，包括一家大型公司的人力资源部门主管，还有他与之合作了近 20 年的一位企业管理顾问。斯科特·佛兰德斯在面临抉择的当口都会依靠顾问班底的判断，包括他在是否接受哥伦比亚出版公司加盟邀请一事上，也听从了智囊团的建议。那时候，哥伦比亚出版公司还是索尼公司和时代华纳唱片公司（Warner Music）的合资企业，此外，就是否融资购入哥伦比亚出版公司全部股份、如何组建已经完成私有化的公司董事会等事宜，斯科特·佛兰德斯都采纳了智囊团的建议［2002 年年中，通过黑石集团（Blackstone Group）策划的债权买断方式，哥伦比亚出版公司完成了私有化改造］。

选取“幕僚”虽然并不是什么新潮流，不过，这种方式的价值依然不容小视。著名的激励专家和作家拿破仑·希尔（Napoleon Hill）早在 20 世纪 30 年代，就在他《思考致富》［也译为《思考与财富圣经》（*Think and Grow Rich*）］的著作中讨论过“智囊团”的概念。拿破仑·希尔曾经在实业家安德鲁·卡内基（Andrew Carnegie）的晚年与其密切合作过 20 年，拿破仑·希尔认为，安德鲁·卡内基成功的重要因素之一，就是他创建了一个由他信赖的人组成的顾问小组，这个顾问小组是他重要的支持群体，按照拿破仑·希尔的说法，这个智囊团的作用就是帮助你就某些重大议题得出研判结论，就是向你提出质询，同时，为你提供支持。

在你上任前的倒计时准备期以及上任之后的日子里，如果有一个顾问群体或者一个心腹知己可以帮助你致力于处理重大商务议题，同时帮助你调适面临挑战时的情感状态和心理状态，当然可以让你获益匪浅。我们了解的很多最成功的商界领导者取得的显赫成功，都得益于一个由才能卓著的人构成的顾问群体为领导者投注的智慧和支持。

为自己的个人生活求得支持

准备承担新的领导职务不单单自己要做好充分准备，你还需要仔细考虑你职业生涯的新阶段对家庭和其他始终支持你的人所带来的影响。你要让他们明白，而且还要让他们认同你为履行新职责都需要具备什么样的必要条件，这个过程通常需要你把握精巧的平衡艺术，需要你认识到，一段时间之内，所有的既有秩序都会被彻底打乱，需要他们，当然，也需要你，付出更多的努力来适应这些剧烈变化，直到你建立起新的稳定秩序为止。

当原摩托罗拉的总裁埃德·布林（Ed Breen）决定接受巨大的挑战——再造饱受丑闻困扰的价值达360亿美元的泰科国际公司——的时候，他和三个还是少年的孩子坐下来，对他们说："爸爸要去新兵训练营了。"

埃德·布林专注于现在的工作以及全身心地投身于以往的工作，都需要家庭为此承担必要的义务，他的家庭对此已经习以为常了，此前，他曾经任职通用仪器公司（General Instrument Corporation）的首席执行官。但是，埃德·布林断定，在泰科国际公司的工作将会比他以往的任何工作都要艰难得多。"我对家里人说，我们周末的时候会在一起过，不过，你们可别指望在平时看到我。"埃德·布林回忆道。即便如此，他还是经常食言。"谁也不能把自己从家庭生活中割裂开来。"

作为一个领导者，你需要习惯于林林总总的满足履行职责的各种需要，但是，你的家庭在你的职责天平中常常是最没有分量的，这是不言而喻的。你的职位越高，达成事业和家庭之间的平衡越需要精妙的平衡术。

在你上任的第一个100天期间，这种情形尤其明显，因为上任之初，工作的难度要更大，要求也更高。2002年1月，当帕特里夏·鲁索（又译为陆思博，Patricia Russo）从亨利·沙赫特（Henry Schacht）手中接管麻烦重重的朗讯科技公司任职首席执行官的时候，她要确保她的家庭也为此做好了充分准备。"我告诉我丈夫和孩子们，他们要清楚，我要做的是一份每周工作7天、每天工作24小时的工作。我并不是说我要把所有的时间都用来工作，我的意思是说，你要在任何时间都能'招之即来'，做这样的工作，需要你时刻保持'临战状态'。"

尽可能达成平衡

具有讽刺意味的是，因为新领导职位的工作常常繁重不堪、让人筋疲力尽，所以，你反倒给家庭带来了一点“意外好处”——那就是他们可以在你不在的时候任意安置自己的家庭，尤其是在你走马上任之初完全埋头于公司事务的时候。从而，你也可以借此机会长时间不受任何“干扰”地工作，你可以经常和新同事共进晚餐，你可以把会开到很晚，以期更深入地了解他们，并建立你们之间的相互信任，同时，你还可以利用晚上的时间将白天获得的信息、想法进一步玩味、消化。

对于那些需要到居住地以外地区任职的首席执行官而言，他们的家庭晚几个月搬到他们的任职地并不一定是坏事。“如果公司明天就要你上任，可你的孩子们的这个学期并不是也在明天结束，或者你在任职地还没有把家庭安置好，那么，家庭晚几个月迁到你的任职地，可以让你在此期间不受‘干扰’地投入新工作，尽管这种家庭分离之苦让人觉得并不好受。”丹·柯沛敏（Dan Kerpelman）解释说，他在15年的时间里搬了13次家。“同样重要的，因为减少了对家庭日常事务的责任，可以让你将注意力全部集中于新工作上，时间因素对你很重要，因为你可以在上任之初最关键的几天将那些时间全部用于制定议程。”然而，丹·柯沛敏最近一次安家的过程实在太艰难了些。丹·柯沛敏在被聘任为位于纽约罗切斯特（Rochester）的柯达公司医疗影像系统公司（Health Imaging Group）的总裁之前，作为负责运营通用电气医疗系统公司X射线诊断设备的总经理，一直在法国巴黎，由于工作的需要，他被迫离开自己的家庭有近一年的时间，在此期间，丹·柯沛敏一有机会就回家看看。“出于商务原因，我要经常做全球旅行，这意味着我可以经常在周末的时候与家人团聚。”

新技术手段也对丹·柯沛敏与家人的联络大有助益，他和家庭经常通过私人电子邮件联系，而且还经常用发送手机短信的方式保持和家人的即时联络。

在非周末时间，因为不必和家人在一起而节约出来的时间让丹·柯沛敏可以以极快的节奏工作，从而让他在柯达公司有了一个可圈可点的开端。然而，因为家庭团聚时间的一拖再拖，因为不能每天见到妻子，因为不能参加孩子在学校的足球赛和演出活动，也给丹·柯沛敏造成了情感上的缺憾，这一点并不难理解。“我一直很想念他们。”他回忆说。他们的家庭终于在纽约的罗切斯特团聚的时候，丹·柯沛敏已经很自然地成了柯达公司高管层的核心成员，也有能力构建工作与家庭之间的和谐与平衡了。

虽然丹·柯沛敏与家庭被大西洋分割开来的经历有些特别，不过，即使是在常规情况下，新职位的要求也会让你兼顾工作和家庭的努力充满艰辛。丹·舒尔曼的前一个工作——任职 Priceline. com 首席执行官——在通勤上每天就要消耗长达 4 个小时的时间，就是那段经历让他体会到了这种切肤之痛。“最初六个月，我每天四点半就要起床，晚上九点才能回到家里，不过这并不是什么问题，因为我还处于‘新官上任’的兴奋期。”他说，“但是，那段时期过去以后，那种情形实在是种折磨，你不可能永远处于兴奋状态。”

你还需要记住，是**你**因为新职位而亢奋，是**你**为此焕发出了激情，虽然你的配偶和家人能够理解你的激动心情和投入到新工作中的专注状态，但是，他们却需要忍受你不在家的生活，需要忍受你对家人的“心不在焉”。你的新职位对你的要求越高，你给配偶和家人造成的困难也就越多。“这对你的婚姻可是一场严峻的考验。”凯文·夏尔（Kevin Sharer）警告说，他自己的婚姻就在他成为安进公司首席执行官不久后破裂了。

这也是为什么当加里·库辛与金考公司签订了聘任合同以后，想“离家出走”几个月时要求得到家庭允许的缘由。埃德·布林补充说：“如果你不能求得他们的认同，那么，你几乎不可能处理好你所承受的压力，这时候，你就得在保证必要的工作顺利进行的同时，也处理好家庭问题了。”

2003 年 6 月，卡米·达纳威（Cammie Dunaway）受邀任职雅虎公司市场总监，负责领导公司在全球范围的品牌建设和促进公司产品销售的市场策划工作，就是那时候，她发现了处理与家庭分离问题的另一个方法。作为一个拥有近 20 年市场运作丰富经验的经理人，卡米·达纳威最近的 13 年都花在了菲多利公司（Frito-lay），负责监督管理立体脆（Doritos）、Chee-tos、乐事（Lay’s）、拉费尔（Ruffles）以及罗得高德脆饼干（Rold Gold Pretzels）等知名品牌。她和丈夫以及他们 5 岁的儿子在达拉斯生活得非常幸福，当她接受了雅虎公司的聘任邀约时，他们都知道，他们得搬到加利福尼亚北部去了。但是，他们并没有立刻举家搬迁，而是让卡米·达纳威先行一步，自己先走 60 天，她说，她先行独自来到雅虎公司所在地对她打开工作局面是至关重要的一个行动。"我对紧张的职业生活和健康幸福的家庭生活之间应该达成完美和谐的信念笃信不疑，尤其是当你有一个 5 岁的孩子的时候。"卡米·达纳威说。"但是，如果你在一个新行业的新企业刚刚上任市场总监一职，那么，前两个月的时间可不是用来求得完美和谐的时期。"她补充说。一旦你站稳了脚跟，开始和各方建立了良好的关系，而且确定了需要优先处理的事务，那么，随后你就应该把家庭的所有问题打理清楚了。

接受一个全新的高级领导职位任命时，无论是否涉及家庭安置问题，求得家人支持的关键都是要在工作和家庭之间达成尽可能的平衡，达到这一目的的最佳途径，就是找到一种既可以全神贯注于紧张的工作任务，又不至于因为推迟履行家庭职责而感到愧疚的方法。

这种方法会带来两个好处。首先，对工作而言，你可以将就此赢得的宝贵时间用于消化、吸收你获得的大量信息，可以让你以更像"私交"的方式了解起到关键作用的经理，不过，在通常情况下，通过这种方式——发生在办公室以外的非正式交流方式——对企业战略性信息和人员的了解，并不能取代从工作时间召集的正式会议上得到的信息。其次，就家庭而言，这种处理方式可以保持领导者家庭的持续稳定。除了开始一项新工作所感受到的压力以外，你还要卖掉以前的住房，再买一所新住宅，要搬到一个全新的社区生活，要离开以前的朋友，还要结交新朋友，而且还要为孩子们找新学校，并引导他们适应在新环境中的学习生活，如果所有这些事情都在同一时间完成，可想而知，你承负的压力会有多大。所以，如果你可以把自己的新工作先行安顿好，稍后再安置家庭并接着承担你对家庭的日常义务，那么，他们也就可以和你一起开始一个崭新的生活了。

为竞赛做体能上的充分准备

看到一位曾经身材健美、充满活力的朋友在做了一段高强度的新工作以后，变得面容憔悴、无精打采，而且贪吃暴食，世界上大概没有什么比这种变化更让人沮丧的了。现在这个时代，工作可以榨干你所有的业余时间，除非你强力抵抗。你上任以后的第一个 100 天中，当你凭借"新官上任"的热情确立自己的地位时，当你就如何管理新组织苦思冥想的时候，当你在需要优先处理的关键议题上取得进展的时候，当你勤勉工作以期给人以鲜明的第一印象的时候，对体力的透支问题尤其严重，因此，在履行新职责的早期，你很容易就会不由自主地完全沉浸在艰难的工作中，从而将保持良好体能的事情抛诸脑后。但是，为避免一拖再拖，或者等到下一年的"新年决心"以后才开始注重体能问题，你需要在你上任前的倒计时准备期就开始锻炼。

丹·舒尔曼是赛门铁克软件公司（Symantec）的董事会成员，赛门铁克是一家互联网安全软件公司，公司的首席执行官约翰·汤普森（John W. Thompson）印在自己的T恤衫上的两句话让丹·舒尔曼觉得非常贴切。T恤衫的后面写着，**"这是今年最重要的一个季度"**，前面的文字是，**"永远如此"**。"确实，"丹·舒尔曼说，"这是一个没有终点的竞赛。"

这也正是你为什么要为这场竞赛保持良好竞技状态的原因，要想保持良好的竞技状态，你不单单要保持心态的平和，也不单单要在工作与家庭间达成和谐与平衡，你还要确保自己有足够的体能和耐力，能让你在上任后第一个100天的"巅峰时刻"每天表现优异。"你必须照顾好自己，否则，你的'竞技状态'会出现灾难性的急剧下滑。"美国在线的主席和首席执行官乔纳森·米勒告诫说。

去办公室处理公司事务之前，乔纳森·米勒每天早晨都要练习空手道。有些人每天定时在班霸（Stair Master）跑步机上锻炼。丹·斯通（Dan Stone）参加了白血病和淋巴瘤社团（The Leukemia &Lymphoma Society，世界上最大的民间健康组织，致力于白血病的研究、教育以及为病人提供服务的事业。——译者注）的训练项目，这是一个训练耐力的项目，同时，该项目也为社团募集资金，此外，他在成为空间控股公司（Space Holdings，现在的影像新星公司）首席执行官之前，还曾经参加过"一百英里自行车赛"，空间控股公司是在空间技术传媒领域居于领先地位的公司，旗下包括网站：Space. com，行业报纸《太空新闻》（*Space News*）和软件开发企业多星之夜公司（也译为星夜软件公司，Starry Night）。成为首席执行官以后，他继续参加以前的训练项目，6个月以后，完成了他的第二个自行车"世纪之旅"，骑自行车已经构成了他工作能力的一部分。"开始的时候，我的脑子里有一大堆问题，骑行了10英里以后，我就解决了很多难题，而且比起我端坐办公室来，骑车的时候想出来的解决方案要更有创造力。"他说："那可是缓解我工作压力的好方法。"

在这个真正的"马拉松比赛"中，第一个100天就是全速起跑的阶段，新领导者参加的这场竞赛会有很多个第一个 100 天，预先了解到这一点，可以让你在上任前的倒计时准备阶段就开始例行的锻炼。

当新领导者回首他们履行新职责的早期时，他们经常谈到的就是他们当时并没有做好心理上和体能上的准备，所以，利用上任前的倒计时准备期在你个人的“银行账户”中多储蓄些体能是非常重要的，这样，在即将来临的艰难时期，你和你的家庭就可以取用你的丰富“储备”了。

登上极顶

我们迄今谈到的所有内容适用于任何层次的领导者，其中的基本原则是相同的，不管你是第一次走上管理职位还是登上了组织领导职位的最高层。“你遴选人员的方式，你激励人们的策略，以及你制定战略议程的方法，对任何层次的领导者而言，这些过程实际上都是一回事儿。”惠普公司前首席执行官、波音公司董事会现任主席卢·普雷特说。回首他所从事的第一份管理工作——在惠普公司管理一个负责维修的部门——他回忆道：“坦率地说，作为首席执行官，我用于激励他人的方式以及促使他们尽职尽责的技巧，与我当年在那个维修队使用的方式和技巧没有什么不同。”

但是，当你管理的人数成倍增长时，你就进入了一个管理的“新地带”，当你在组织中的职位升至最高，管理的人员更趋多样化时，你所面临的挑战、局面的复杂性和你的预期都会呈几何级数般放大。

成了首席执行官，就意味着你所处理的系列议题与任何其他职位的人所处理的议题无论是从数量上还是从重要性上都会有所不同，大部分人认为，首席执行官的工作只是其他管理工作合乎逻辑的升级，是对其他管理技巧的提升，福特汽车公司的前首席执行官雅克·纳瑟尔说：“不过，情况远不止于此，担纲首席执行官是职业生活经历的重大改变。”

> 作为首席执行官，责任感和最终决策的做出过程与其他领导职位有天壤之别，对于企业需要完成什么目标而言，首席执行官受到的压力强度极大，是的，就是这种感觉，因为这个职位就是做出决策的地方，就是承担着总要做出正确决策责任的职位。

安妮·穆尔卡希是在施乐公司最惨淡的时期被提拔为首席执行官的。“半夜醒来，想到公司96000名员工和退休人员，想到如果公司运营出现了偏差会产生什么后果，没有任何其他事情让我如此惊恐不已了。”她在发表在《财富》杂志的文章中写道。

运输业巨头施奈德公司（Schneider National）的首席执行官克利斯·洛夫格兰（Chris Lofgren）对此深有同感。“行使首席执行官职责的感觉在最初的一两个月给我的触动最为强烈，其他的感觉都没有这个感觉来的那么强烈，之所以有那种感觉，就是因为我们认识到：离任的首席执行官丹·施奈德（Dan Schneider）花费了数十年的心血建设了这个公司，作为领导团队，当我们将企业交给他人时，我们必须确保我们移交给他人的企业像我们接手时的状况一样好，对此，我们承担着巨大的责任。”

当你管理一个分公司、一个部门或者一个项目的时候，在你面临做出重大决策的时刻，你总可以向你的上级求助，或者索性把决策权交给他或她，通常，你不必非成为那个说“不”的人不可。但是，作为首席执行官，你再也找不到“代你受过”的人了。“第一次，你不再有一个可以向其求助并且可以与其坦诚交流的老板。”卢·普雷特说，“所有的人都注视着你，因为现在，你是这个组织的头领了。”

这就是在组织中当一个分公司经理与担当公司首席执行官之间的最大区别。人们的每一个念头、每一个怨言都要上报给你，无论它们是关于公司的，是关于你个人的，还是关于你的个人生活的，那是他人对你的作为可以任意评论、攻击但不会受到禁止的一段时期，所以，这也是你在上任前的倒计时准备期需要留意的一个方面。

内部人士的优势与劣势

如果你是从组织内部被提拔为首席执行官的，是不是意味着你上任前的倒计时准备期和随之而来的上任后的第一个100天会更轻松呢？我们的答案是：既是，也不是。

如果你是得到了统御权的“内部人士”，那么，你对公司切近的了解和对企业文化的认知可以让你迅速“进入角色”。因为你很清楚企业是如何运作的，你知道谁在保持企业的运行，你还知道，你按哪个“按钮”可以促进他们的工作，另外，你可以清楚地确定组织中的麻烦所在以及是谁造成的那些问题。此外，你还拥有可以信赖的由公司内人士构成的支持群体，你可以倚重他们的建议，从而让企业的运行更顺畅。这些“重要资产”都是新领导者需要“投资”、需要构建的。

但是，“内部人士”的特有优势会被两个主要的劣势所削弱。首先，你对企业的观察、审视很可能不会像“外来者”那么清晰，不会像他们一样形成新鲜的研判结论。对企业运营状况由来已久的习惯性认识，可能让你对某些效率低下的运作程序以及人们习以为常的错误视而不见，甚至在你还没认识到这一点的时候，你就可能已经陷入了“我们总是这么干的”的圈套，而这种习惯性的认识会大大削弱你另辟蹊径的可能性。与此相反，如果你是个“外来者”，或者你来自其他行业，那么，你就可以提出一些“愚蠢的”问题——结果表明，所谓的“愚蠢”问题最终可能常常并不真的愚蠢。提出这些问题，可以让你得到没有经过任何雕琢和矫饰的答案，从而可以让你以全新的角度研判企业的情况。

让我们以通用电气公司的高层经理戴夫·卡尔霍恩（Dave Calhoun）为例来说明这个问题。戴夫·卡尔霍恩在通用电气公司 25 年的职业生涯中，曾经担任过价值都达到数十亿美元的五个不同公司的首席执行官：通用电气塑料公司亚洲事业部（GE Plastics Asia）、通用电气运输公司（GE Transportation）、通用电气照明系统公司（GE Lighting）、通用电气雇主再保险公司（GE Employers Reinsurance）以及价值 110 亿美元的通用电气飞机发动机公司（GE Aircraft Engines）。戴夫·卡尔霍恩告诉我们：“如果你进入的是一个新行业的新公司，那么，你就天然地拥有提出‘最愚蠢’问题的权利，而且你还会得到**最佳**答案。”他说，“你先要倾听，之后，才能据此付诸行动。如果你能很好地坚持这一原则，你就能对企业产生真正积极的影响。”这种策略早就成了戴夫·卡尔霍恩在接手新企业时屡试不爽的“惯用技术”，因为他深信，这种策略是可供一位新领导者采用的最佳策略，它不但可以让新领导者迅速“进入角色”，而且还可以将领导职位的转换当做改善企业运营的重要契机。就如何将这种策略付诸应用，戴夫·卡尔霍恩给我们讲了一个很有说服力的实例。“在通用电气公司全力向服务领域扩展期间，我们航空设备公司也在全球范围内建设了很多维修厂，在维修厂的设施上投资了数百万美元，可我们的业务常常与我们最好客户的业务产生冲突，因为他们自己维修设备。对此，我提出了一个显然是‘傻乎乎’的问题，‘我们为什么还要建维修厂？我们的客户不是已经有维修厂了吗？’之后，我又提出了一个深层次的问题，‘我们为什么不和他们联合呢？因为他们有人力，我们有技术，就像我们在铁路行业所做的那样。’后来，我们将资金更多地投向了技术开发，同时减少设施、设备的投资，最终，我们和客户得到了双赢的结果。”

企业的“内部人士”升迁到最高领导职位的另一个劣势是，如果他们想将企业“推倒重来”，想进行剧烈的变革，他们通常都不会得到多少认同。从企业内部提拔首席执行官的事实本身，可能就意味着企业并不想为公司的发展设定新的方向，或许，这也正是从企业内部提拔领导者的切实原因。但是，变革总是与领导职位的更迭相伴而来的，无论新领导者来自什么地方。对从组织内部升迁到顶级职位的领导者而言，他们可能会发现，他们不得不面临这样的挑战：他们必须采取的措施会与组织一贯形成的信念背道而驰，与他们的同事对他们的期望相背。人们对新领导者的预期和揣测会将微小的变革看成天翻地覆的变化，如果新领导者必须采用某些激进的手段推进企业变革的话，他们会发现，他们的变革行动实施起来要更艰难。再有，他们针对企业运营出台的决策可能将个人之间的关系弄得很紧张，尤其是那些出于为同事考虑和为企业利益考虑而出台的措施需要你多年的同事改换工作的时候。

“外来者”在一个新组织中担纲领导职位所面临的机遇和挑战则完全不同。聘用“外来者”本身就表明，企业的变革已经开始了。虽然聘用“外来者”并不意味着组织会就此接受变革，也不意味着实施变革的难度会更小，不过，“外来者”通常天然地享有和组织共度“蜜月期”的好处，这期间，人们会对你加速企业变革的策略和文化重建的努力持宽容态度。

尽管你在其他公司的工作为自己赢得了声誉（尤其当你是一位声名显赫的首席执行官的时候），但是，在新组织内，你依然是个“陌生人”，所以，你也面临着再次树立自己威信的艰巨任务。毫无疑问，新组织中的每个人都会在“Google”上搜索有关你的信息，人们会就你是不是能与新组织相融、是不是会受到组织制度的排斥以及是不是会遭到组织的排拒做出自己精确的判断。作为一个“外来者”，你承担着帮助员工认识、了解你的艰巨任务，所以，你必须仔细考虑在上任之初如何向他们伸出友善的手，必须考虑你在这个过程中要投入多长时间。最后但同样重要的，你必须在组织内找到你可以信赖并可以依靠的人，同时，你还要考虑，你可以将谁纳入到对你的工作提供支持的群体中来。

内部人士如何像外来者那样思考

2000 年 12 月，当艾伦·莱西（Alan Lacy）被聘任为零售业巨头西尔斯公司（Sears）首席执行官的时候，这位西尔斯公司的前首席财务官，同时也是在西尔斯公司工作了 6 年的“老兵”，非常担心自己长期置身于组织中所形成的褊狭观念会不会给自己的工作带来负面影响。作为内部继任者，你可以更好地把握快速实施变革的机会，因为你了解企业的现状，因为你知道组织是如何运行的，比起那些从组织外聘用的领导者来，这样的前提有助于你更快地完成变革行动。但是，你还要对自己提出质疑，“如果我来自组织以外，那么，我着手处理的事情会有什么不同吗？让我投入时间和精力的事务会有什么不同吗？”

> 当我得到这份工作以后，我觉得，我必须立刻自觉地做两件事情。我知道，我应该充分利用我对企业的认识优势，从而让那些我熟悉的领域加快进步步伐，可是，因为我还**没有**深入介入过公司的核心领域——我在公司的 6 年中，除了运营公司的核心业务外，我做过几乎所有的其他工作——而且我看到，人们对公司核心业务的不足只是做些肤浅的修修补补，所以，我需要花些时间制定出真正务实的战略。

为此，艾伦·莱西花费了大量的时间。他被聘任为首席执行官是在 2000 年的 12 月，不过，到 2001 年 10 月 1 日，他才正式走马上任。在这么充裕的上任前的倒计时准备期中，他组建了一个由公司内部人士构成的团队，他还把公司外的一位管理咨询顾问引入到团队中来。“我们闭门工作了 9 个月，期间，我们研读公司数据，为公司寻找正确的运营措施，到 2001 年 7 月，我们制订出了一个计划。”

他给那些从公司内部升迁到首席执行官职位的新领导者们的建议是：“首先，你应该先把自己当做组织的‘外来者’；其次，找一位外部人士来研判企业，因为他或她可以为你提供‘第三方’的观点，可以得出自己的独立判断，可以自己获取调查结果，而所有这些可能与你头脑中业已形成的判断或者与你已经掌握了的信息大相径庭。”

完善倒计时准备期的工作

为新职位做准备的过程因人而异，也因具体情况的不同而不同，不过，这一时期也有其共性，那就是在这一时期你需要为自己上任以后的深入学习和树立威信的过程创造条件，从而让自己以最高效率和最充足的干劲开始新工作。

“加里在上任前的倒计时准备期得到的成果是，他弄清了自己在金考公司将要面对的困难是什么。”乔治·塔姆克（George Tamke）回忆道，乔治·塔姆克是私有证券公司克莱顿（Claytong，Dubilier & Rice）的合伙人，当他的证券公司持有金考公司的大部分股票时，他还是金考公司的董事会主席。“如果你聘任的首席执行官根本不知道他或她将要面对的挑战是什么，如果有一天早晨醒来，他或她对自己自言自语：‘哦！天啊！我都干了些什么?!’这简直太可怕了，世界上最糟糕的事情也莫过于此了。这就像是一个蹩脚的购并案，你需要花费大量的时间和精力来修正购并的错误。”回想起来，尽管有很多棘手的事情需要处理，不过，上任前的倒计时准备期确实给了加里·库辛深入思考并得出研判结论的机会，而且最终制定出了处理问题的方案。

上任前的倒计时准备期也是确认“需要马上着手”的最重要工作的时期，是寻找处理相关事务所需资源和人员的时期；上任前的倒计时准备期还是处理好家庭安置问题的时期，以便在一个特定的时期内，你可以尽可能不受“干扰”地投入工作，以便你可以全神贯注于手头的工作；上任前的倒计时准备期也是你为迎接即将面临的挑战做好心理上和体能上准备的时期，你将应对的挑战常常比你想象的更令人畏缩，尤其是当你在组织处于危难时刻走马上任时。

得当地处理所有这些事务，你上任后第一个 100 天大获成功的可能性就会大大提高。但是，丹·舒尔曼最后告诫说：“上任前的倒计时准备期即使硕果累累，也并不能保证你一定就能旗开得胜，接下来，你要面对的是真正的挑战，而且是很多挑战!”

小 结

充分利用上任前倒计时准备期的指导原则

1. 高效的计划有助于你精明地支配上任后第一个100天的宝贵时间（大约1200小时）。
2. 做好学习的准备。利用公开信息和可以获取的公司内部计划、文件，评估公司的战略、竞争地位和财务状况。
3. 与你可能找到的聪敏观察家——员工、朋友、客户、供应商和证券分析家——会晤，并获取他们的看法。
4. 不要迫使自己带着完善的企业战略走向新领导职位，因为你的战略可能是错误的，可能是不完善的，而且也缺乏他人的认同。相反，你应该将所有的信息浓缩成四五个上任后需要讨论并重点关注的重要议题或重要领域。
5. 当你成为首席执行官候选人的时候，你要拟定一个“百日计划”，这么做有助于你在职位竞争中胜出，此外，这样的计划还可以修正你的预期，可以让你迅速“进入状态”（本书的“附录”部分收录了两个这样的计划）。
6. 确定你想向重要的经理和员工提出什么样的问题、向谁提出问题以及什么时候提出问题，你可以设计五六个这类问题，而且你可以向所有的人提出相同的问题，这么做有助于你与他人建立起相互信任，同时可以加快确认关键议题和重大事项的过程。
7. 客观评估你的学识和能力，对那些需要专业训练和专业知识的领域，评估自己的经验缺失和认知断层。
8. 利用上任前的倒计时准备期奠定与老板、董事会和未来同事建立关系的基础，保持善于接受的开放心态。
9. 为即将到来的紧张阶段做好家庭上的准备，如果你需要重新安置家庭，你可以考虑让他们比你晚几个星期甚至几个月迁移到你的新工作地，这样，你就可以完全投入到新角色中了，同时也可以最大限度地减少家庭成员的焦虑和动荡。

10. 为即将到来的紧张时期做好体能上的准备，不要拖延，不要忽视你的健康，你需要进行常规性的健身、锻炼。

第二章

第一步
——统一预期

新领导者要想上任伊始便有一个良好的开端，设定得当的预期是最重要的事情之一，也是最容易被忽略、最容易处理不当的环节。

无论你是来自组织以外，还是从企业内部升迁到领导职位，只要你开始在新领导职位上履行职责，你都需要对你将面临的所有事情设定预期：你需要优先处理的事务、管理团队建设、企业文化建设、公司的产品和服务的质量、公司的竞争地位、公司的品牌、公司的运作程序和公司做出决策的风格等。这些预期有助于你制定自己的工作议程，有助于引导你的思路，而且有助于你衡量自己第一个100天的工作是否获得了成功。

你或许没有意识到，不过，你并不是唯一怀有某些预期的人，你上任之初的几个星期会完成什么目标以及如何完成那些目标，每一个受到你到任影响的人都会有自己的期望和判断，无论他们的期望和判断是清楚明确的还是下意识的。

如果这些不同的预期不能统一起来，那么，你就会陷入争吵、焦虑和紧张之中，而这常常会把你引向失败的歧途。如果你坚持按照歧义频出的“地图”走下去，那么，你就不能完成自己的目标。在理想情况下，在你成为领导者候选人期间，你应该有机会就组织面临的重大议题与负责组织首脑聘任的经理或者董事会达成共识。“甚至在你接受新职位之前，你就应该与有关方面找到共同点。”3M公司首席执行官吉姆·麦克纳尼建议说，“这样，你在上任的早期就可以取得更大的工作进展。”

拥抱新世界

充分利用上任前的倒计时准备期，有助于勾画你即将驰骋其中的疆域的边界，有助于你在地图上标注潜在危险的所在。很可能你已经制定出了如何落脚的策略，已经有了你将如何在那一片疆土驰骋的计策，但是，请记住：你的地图尽管非常详尽，可你的地图大都是基于二手信息描绘的，大都是对你即将面临的工作的推演。就像克里斯多佛·哥伦布、刘易斯（Lewis）和克拉克（Clark）（刘易斯和克拉克，美国探险家。——译者注）以及其他勇敢无畏的航海探险家一样，他们并不知道什么样的大陆会从远处的地平线浮现出来，也不知道他们究竟会发现什么样的新世界。

好了，接下来，是你驶入现实“水域”的时候了，是你判断自己期望中的“地图”与现实世界是不是吻合的时候了。这个过程听起来再简单不过了，但是，你会发现，你还要跨越很多“断层”。在你成为新领导者候选人期间，或者在你上任前的倒计时准备期阶段，你或许没有足够的时间和机会为自己以后的工作奠定基础，尤其当你进入组织的时候恰逢组织处于危难之中时。你与之交流的人可能并不像你预想的那样，愿意将自己的议程告诉你。而你一旦走马上任，你期望的支持往往变成了“烫手山芋”。所以，当你真的开始履行职责的时候，你的预期很可能与你面对的现实相去甚远。因为预期与现实的偏离，因为预期本身的错误，很多领导职位的转换过程被搞得混乱不堪。所以，在新领导者上任伊始阶段，我们怎么强调将各方预期统一、协调起来的重要性都不过分。求得所有人对公司重大议题和需要优先处理的事务的认同，是构建坚实的“第一个 100 天金字塔”的基础，也是确保你未来成功的基础。

不过当你开始着手开展工作的时候，你可能还有一个需要做出重新判断的时期，此间，你可以就自己对成功的预期、自己想达到什么目标以及如何完成目标、如何运作企业、企业的运营系统是否适当、企业的财务状况是否良好、企业的运行是否与你之前的研究结果相一致、谁可以为你提供帮助、谁会诋毁你以及如何区分这两类人、你设想的需要马上给予注意的问题、如何处理那些问题以及需要花费多少时间来处理等等再度评估。

这些评估需要你的特别见地，需要你的真知灼见，需要你有足够的耐心，最重要的，还需要你的谦逊，需要你承认自己可能并没有自己想象的那么聪敏。《读者文摘》的首席执行官汤姆·里德（Tom Ryder）将新领导者的共同感觉一语道破："我走马上任了，我想，我很清楚问题都出在哪儿，我很清楚我要做什么，可结果表明，我完全错了。"

引导他人对你的期望

你的名声会先于你到达你将任职的组织。对变革充满恐惧和紧张情绪的人会倾向于特别关注你职业经历的某个方面，并将其夸大。1992年，西尔斯公司的员工给即将到任的首席执行官，也是纽约零售业的"宿将"阿瑟·马利尼兹（Arthur Marinez）起了一个外号——"从塞克斯第五大道集团（Saks）来的板斧"；家得宝公司的员工担心，他们的新头领——通用电气公司的"老兵"鲍勃·纳德利，会把自己的企业文化"通用电气化"，会剥夺他们的乐趣，会把他们变成一群围着橙色围裙的机器人。

如果你来自组织以外，那么，在你召集的第一次会议上，很多人不可避免地会想，"我和她一样聪明，那么，她到底有什么我不具备的东西呢？"此外，你还可以认定，**所有的人**都会琢磨："这个新老板会对我有好处吗？还是我得滚蛋？"透过自己由先入之见、期望和个人利益构成的组合"镜片"来解读这个世界是人之常情，尽管"镜片"的组合会不时变化，不过，第一个"镜片"总是引导人们寻找这些最原始问题的答案：这个人是谁？他为什么得到了这个职位？这对我意味着什么？

从组织内提拔上来的新领导者也一样会面临类似的困境，即便你是顺理成章的继任者，你依然需要从上任的第一天开始，重建自己的威信。

不但你的同事和员工会对你密切关注，你的老板（或者董事会，如果你是首席执行官的话）也想验证他们当初的选择是不是正确。你的客户和供应商也会对你给他们带来的影响表示关切，你的知名度和在业界的美誉度也会影响到外界对你及公司的态度取向，如果你任职上市公司的首脑，那么，资本市场则会用股票价格变动的特定方式向你投下赞成票或反对票。

3M公司股价变化的情形，是人们对公司首脑预期所产生的强大力量的完美例证。2000 年的大部分时间里，3M 公司的股价一直在 80 美元到 90 美元的区间震荡，每天的交易量也保持在乏善可陈的一两百万股的水平。2000 年 12 月 5 日，3M 公司对外公布，吉姆·麦克纳尼被任命为公司的董事会主席和首席执行官，吉姆·麦克纳尼显赫的声名、过人的胆略、高超的领导才能、在通用电气公司首席执行官遴选过程中成为最有望获胜的“决赛选手”之一的事实，使这个任命给股票市场带来了强烈的震撼，公司股票价格飙升至 119 美元，交易量也大幅度上升到 1450 万股，12 月 29 日，公司股价更是飙升到 52 周来的最高点 122.94 美元。

那是人们对新领导者“信任投票”令人难忘的一幕，毋庸置疑，那也是令人钦羡的一幕，但是，公司股价的剧烈变化既表明了人们的期望的力量有多么强大，也是你为什么必须要引导人们的期望的警示信号。你的每一次演讲、每一个行动和每一个决策都会被人“明察秋毫”，人们会对你的行为仔细检视以期发现潜在的后果，所以，你在新世界履行职责伊始，不但要对自己传达出的信息多加留意，而且还要对你信息的“潜台词”密切注意。

你需要努力为自己设定适当的预期，此外，你还要努力为那些与你协同工作的人设定适当的预期，而且还要将这些期望与企业的现实联系起来，与企业的产品、人员和企业运作过程联系起来，与它们对企业财务状况的影响联系起来。

请允许我做个自我介绍

谁？什么？哪儿？为什么？如何？是所有记者和侦探频频使用的五个根本性问题，它们也是隐藏在每个领导职位转换过程背后的问题，无论领导者是在组织处于危机阶段进入的，还是水到渠成地继任领导职位的。所以，当你升任到一个新领导职位时，这些问题构成你自我介绍的“要旨”并不奇怪。

- 我是谁？
- 我从哪儿来？
- 我为什么会来这儿？
- 我想完成什么目标？

- 我想怎么完成目标？

回答这些问题的方式有很多，可以是在向全体员工介绍自己的大会上，还可以通过公开的演讲，也可以通过新领导者与关系密切的伙伴的联谊活动来回答上述问题，比如，与部门经理、高级经理或者高管层的交流、联谊活动。

作为美泰公司的首席执行官，当被问及上任后第一个 100 天的最好和最坏感受时，鲍勃·埃克特回忆道："最让我激动的是我上任后的第一个小时，当我在公司的自助餐厅向七百名左右员工演讲的时候。"那天早晨的早些时候，他在申领员工出入证的时候，已经感受了一次员工对他的友善态度：他随随便便地走进保卫室，坐在一个高凳上拍出入证上的数字照片，保卫人员让他笑一笑。现在，接下来，是他与其他佩戴着出入证的员工交流的时候了。鲍勃·埃克特在美泰公司工作了 18 个月以后，《哈佛商业评论》的一篇题为《领导力开始的地方》的文章，谈到了鲍勃·埃克特在美泰公司的经历：

> "我做自我介绍时戴着无线麦克风，我走下了讲台，直接走向了听众，在他们中间，我讲了我申领出入证的故事。"他回忆道，"有五分钟的时间，我一直在打趣那个取证过程：高凳子、照相机、喊'茄子'、我在照片上的样子还有塑料出入证等等。尽管我当时还没有意识到，不过我大讲特讲'出入证'的故事本身确实是我的到来给公司带来了某些变化的鲜明例证。另外，这个事情也向员工表明，我已经向公司的惯例'低头'了，出入证还让我重新明确了自己的身份——这是我从'做食品的'向'做玩具的'迈出的第一步。"
>
> 之后，埃克特简要地介绍了处理公司重大事务的议程。"我传达出来的信息就像妈妈做苹果派的过程那么简单。我说，在我的任期内，我要全力解决好三个重大议题：构建品牌、削减成本以及培训员工。当我接着解释员工培训计划的设想时，人们都睁大了眼睛，我当时并不知道，那是多年来首席执行官第一次谈到帮助员工扩展职业生涯的重要性，第一次谈到要嘉奖他们的优异表现。"
>
> 埃克特后来开始回答员工提出的很多问题。"从他们提出的问题我知道，他们和我的价值观是一样的，就是从那时候开始，我认识到，他们都是我的伙伴。"

埃克特补充说："作为一个新来的人，我知道，每次和美泰公司的员工接触都有造成紧张局面的潜在可能，我想，我有责任尽可能减少那些紧张局面的发生。我吃惊地发现，只要我认识到我对公司员工和企业文化尚缺乏了解，也就是当我让员工当我的'老板'的时候，他们总会给我的管理工作带来真正的帮助。"

杰夫·伊梅尔特在通用电气公司的自我介绍

2001 年 9 月，当杰夫·伊梅尔特成为通用电气公司历史上第七位首席执行官的时候，以上五个根本性的问题也在他令人难忘的自我介绍中体现出来。经历了历史上最公开的领导职位转换过程以后，他在位于纽约克劳顿韦尔（Crotonville）的公司培训中心向员工发表就职演讲时说：

> 当我接手公司的时候，我们处理问题的优先次序反映了我的背景和领导哲学。我是在通用电气公司的大家庭里长大的，我父亲在通用电气公司的航空发动机企业工作了 40 年，我在通用电气公司也工作了差不多 20 年。我是从塑料企业开始我在通用电气公司的职业生涯的，我在通用电气公司的早期工作集中在销售和市场领域。20 世纪 80 年代，我在通用电气的家电企业工作，负责管理维修服务。最近 10 年，我负责通用电气塑料集团（GE Plastics）和通用电气医疗设备系统公司（GE Medical Systems）在全球市场运营的盈亏管理。最近 5 年，我一直在通用电气金融服务集团（GE Capital）工作。
>
> 多年的工作经历让我形成了几个坚定的信念。我对客户的重要性确信无疑，在通用电气公司，每一项行动都应该采取"从外向内看"的角度，都应该关注客户的利益。我是个对增长孜孜以求的人，我接触过使企业持续增长的所有环节，从产品开发到客户，从销售队伍的管理到全球化、业务拓展……我有幸在通用电气全球化最彻底的两个公司工作过，那就是通用电气塑料集团和通用电气医疗设备系统公司，这样的工作经历让我真正认识了全球化，真正接触了全球化，而且让我对公司的未来充满期待。20 世纪 80 年代后期，我曾经在通用电气运营最艰难的企业通

用电气家用电器公司（GE Appliances）工作过，我工作的时期恰逢冰箱压缩机被召回的最艰难时期，所以，我深知艰难时期的重要性，我深知通用电气公司的所有员工都是我们的财富，我深知沟通的重要性，尤其是在艰难时期。

在通用电气塑料集团和通用电气医疗设备系统公司的工作经历让我学会了综合判断问题。在通用电气塑料集团的工作经历让我对环境问题很敏感，而在通用电气医疗设备系统公司的工作经历教导我，这个世界有比赚钱重要得多的事情，因为我们的产品确实改变了人们的命运。最后，我有幸与公司上上下下的很多人共同工作，他们确实帮助我塑造了自己的生活取向。

我对首席执行官应该做什么以及他或她应该把什么东西带到工作中去也有自己的判断，我在职业生涯开始的第一天而不是最近几天就开始思考这个问题了。我衡量自己成功与否的标准在于我从你们大家那里学习的速度，而不是我知道多少东西。我只追随三个信念：履行职责、诚实和变革。我确信，首席执行官是“首席竞争官”（“首席竞争官”的英文也可以缩写为CEO），他要有获胜的愿望，要充满对胜利的渴望，这种对胜利的欲望虽然来自于公司的高层，不过必须贯穿到整个公司中。

对我来说，我对胜利的渴望建立在组建优秀团队的基础上，建立在制定严明纪律的基础上，你们将来会看到的。我想，首席执行官必须要成为出色的沟通者，不过，不是用华美的词藻来交流，而是用简单的语汇沟通，而且要频繁沟通，要信任、诚实、负责地沟通。

最后，就像我的前任一样，我也同样清楚，是大家让我们的企业卓尔不群，我永远也不会认为我们的员工是我们天经地义就能享受到的资源。再有，我认为，首席执行官要每天走出去，要向世人宣扬我们的公司。这就是我要做的。

研究完企业和各个分支机构的状况以后，杰夫·伊梅尔特为通用电气公司在他眼中的未来图景铺设了这样的基础：

我很清楚我们现在的方位和我们的目的地在什么地方，最近8个月来，我和杰克·韦尔奇认真倾听了人们的想法，那些想法非常富有创造性，我们这个新领导团队要想创造公司的美好未来，很多建议势在必行。

> 我会向你们简要说明的，你们以后也会越来越多地听到那些创造性的设想，虽然只是设想，但对 21 世纪的通用电气公司说来则是必须付诸实施的。

最后，杰夫·伊梅尔特总结说：

> 我想告诉你们，自从我接受了这个职位，我就一直盼望着这样的时刻，这种对各种想法提出质询的时刻，真正畅所欲言的时刻，就你们的信念和我对公司未来的信念热切讨论的时刻。但是，我还想告诉大家，我会基于两个强烈而坚实的信念开始我的工作，其一是，从我出生的时候起，通用电气公司就是我生活的一部分了，所以，我深爱着这个公司，今天，作为公司的领导者，我感到无比自豪，而且我对公司的员工抱有无与伦比的信心。再有，我完全信赖这个公司，它已经成了我血脉的一部分，不过我也一样地信赖你们。因此，我对未来满怀豪情。现在，我们都该回到工作岗位上行动起来了，公司的美好未来就在我们的手中。

吉姆·基尔茨在吉列公司的自我介绍

有些新领导者不是通过在大规模的员工集会上发表演讲的方式来介绍自己的，而是通过一次管理层会议让大家认识自己。只要你的讲话涵盖了那五个根本性的问题——人们对其答案翘首以待的问题——这种常见的自我介绍方式当然也很好。

2001 年 2 月，纳贝斯克公司前首席执行官吉姆·基尔茨被任命为吉列公司的新董事会主席和首席执行官。2 月 12 日早晨，吉姆·基尔茨来到位于波士顿的吉列公司总部，几个小时之内，就召集了第一次管理层会议。这可不只是“见面欢迎会”，经过了时间很长而且成效颇丰的上任前倒计时准备期，同时，他又有担纲新首席执行官的经验，吉姆·基尔茨当然很清楚如何介绍自己。介绍过公司运营管理委员会的成员之后，吉姆·基尔茨播放了一系列“幻灯片”，这些“幻灯片”既指幻灯片本身，也指他传达清楚信息的方式，那些信息包括他是谁、他的处事风格、他的管理哲学以及他对每位管理团队成员的期望等。

吉姆·基尔茨的沟通方式非常直率，是那种“所见即所得”、行动导向型的风格。尽管他没有暗示他已经知晓了公司的问题所在，不过，他还是把公司即将实施的运营程序的要点告诉了大家。他提出了对管理团队行为的期望，包括每周准时参加公司管理例会、会上积极倾听、为达成一致意见积极努力以及要为会议做适当的准备等等。吉姆·基尔茨还谈到了他的管理哲学，并将自己的管理理念与他来到吉列公司的动因联系在一起：“我将致力于建设公司品牌的价值。”他认为，吉列公司尚有巨大的发展潜力，他确信，成本控制和产品质量并不矛盾，他对简化公司运营程序并让所有人各负其责抱有坚定的信念。此外，他还表达了对管理团队的期望，他希望管理团队要忠于职守，在处理公司疑难问题时要相互帮助，每个人都要成为他们所在企业和职能部门的真正领导者。

你的自我介绍

当你准备向新组织介绍自己时，要记住，你的自我介绍会为你未来的沟通和与他人的互动奠定基础，所以，为给他人留下最佳第一印象，你在寻找涵盖那五个重要问题的恰当表述方式时，不妨考虑一下下面的几个指导原则。

1. 你不必无所不知

没人认为你无所不知，事实上，如果你暗示你通晓一切，那么，人们反倒会对你表示怀疑，所以，千万不要以为自己是“救世主”，不要以为自己对所有问题的解决方案都成竹在胸。

考虑到很多领导者会受到“要解决所有问题”的天然吸引，我们有必要反复强调“你并不是无所不知的”观点，尤其当你面临的情形让你很敏感的时候。2002 年 8 月，当乔纳森·米勒成为美国在线的董事会主席和首席执行官的时候，这个媒体巨人正在倾尽全力，试图跟上互联网市场和互联网技术（美国在线恰恰也是互联网市场和互联网技术的始作俑者之一）快速发展的步伐。那时候，公司的广告业务每况愈下，新增用户的数量屈指可数，紧随美国在线时代华纳（AOL Time Warner）这个“怪胎”出现的，是员工的士气一落千丈。其时，公司还受到来自证券交易委员会对其财务制度调查的压力和由此带来的负面影响的困扰，此外，公司还成了其他媒体巨头憎恶、发难的对象。在不到一年的时间内，乔纳森·米勒已经是美国在线的第三任领导了。

在与美国在线高管层召开的第一次会议上，乔纳森·米勒尽力避免流露出任何浮夸和傲慢专断的倾向："我不想犯乱打保票的错误，我不会承诺我兑现不了的事情，我也不会犯不知道天高地厚的错误，我不会上任伊始便夸下海口，'我当然很清楚应该做什么，好了，这就是我的解决方案，一、二、三还有四。'无论是对我还是对任何人来说，这么干都是愚蠢的。但是，我会客观地审视我们面临的重大议题，我会坦诚地提出可操作的解决程序。"

当你从某一行业进入其他行业的一家新公司时，诚实不只是你必备的美德，对你的工作而言，它还重要得多。这就是为什么当拉里·约翰斯顿（Larry Johnston）从通用电气家用电器公司出来担纲连锁超市巨头艾伯森公司（Albertson's）时对人们说下面这番话的原因："你们看到了，除了曾经进去买过东西以外，我对超市和药店一无所知，但是，我是个'快速学习者'，而且我也确实知道一些事情，我知道，我们的境况很艰难，我知道，我们在每一美元的销售额中还可以很幸运地赚到几美分，我知道，业界的几个'杀手'将会变得极为强悍，我知道，在我们的行业中，将会发生很多全球性的合并，所以，如果我们也想成为胜利者之一，我们要做下列事情……"

拉里·约翰斯顿将自己对食品和药品零售业的经验欠缺当成了自己的优势。"我没有任何包袱。"他说，"所以，我会非常客观地来判断问题，而且我不怕做出艰难的决策。"

事实上，承认自己并不是无所不知不但是绝对明智的，而且你请他人拿出办法来的做法还会产生奇效。保罗·普雷斯勒作为盖普服饰公司的首席执行官，曾经在上任第一天就对400名员工兴高采烈地说："我有无数个想法，它们中一定有很多是愚蠢透顶的，不过，你们得告诉我哪些是异想天开、不着边际的！"

2. 处理疑虑和恐惧情绪

无论你是来到一家公司的新首席执行官，还是即将担纲一个新部门的经理职位，你的到来必然会为他人造成紧张情绪，清楚认识到这一点并且采用适当的手段将有助于把人们情绪的波动减小到最低限度。你应该知道，你的声名会先于你到达你将要就职的组织，到你真正到任的时候，毫无疑问，别人在互联网上一定对你本人的相关信息搜索得很透彻了，人们从你的前同事那里也一定搜集了很多你的背景信息，如果你是从组织外聘任来的领导者，那么，除了关于你本人的名声以外，你以前供职的公司也会成为人们评头品足的靶子。

有些公司的声望会在其他公司的员工中引起振动和忧虑，所以，新领导者需要明智地处理弥漫在员工中间的紧张情绪。鲍勃·纳德利在通用电气公司有过 29 年的工作经历，他曾经是最有望继任杰克·韦尔奇首席执行官职位的三个最终候选人之一，在他即将任职的家得宝公司中，员工对他将要重建公司不拘礼节的企业文化议论纷纷。“新来的领导者会把家得宝公司塑造成另一个通用电气公司，这种推测在人们中间造成了严重的恐慌和紧张。”鲍勃·纳德利说，“我当然不会忘记我在通用电气公司学到的东西，但是，我们需要平息人们的波动情绪，说实话，打消人们恐慌情绪的最好方法就是躲开是非的争论，设身处地地为他们着想。”

鲍勃·纳德利制定了一个日程，旨在短时期内把自己介绍给家得宝公司尽可能多层次的尽可能多的人。除了利用传统的“见面欢迎会”和“引见、握手”等方式介绍自己外，他还坚持在每个商店的卖场、收银台和库存核查部门与员工一起工作几个小时，以便从公司运营最基本的层面了解公司运作的程序。“我不是以‘批评家’的名义参与工作的，我是一块深入到基层的‘干海绵’，我要吸取尽可能多的信息，我要仔细地观摩，我要尽可能多地学习，我要通过真正富有人性化的行为打消人们把我看成无动于衷、刻板冷漠家伙的定见。”

很多公司都有为新领导者的到任而准备的正式介绍程序，新领导者也可以利用这条渠道打消人们的疑虑和恐慌情绪。这种程序的目的是打通信息交流的途径，从而使新领导者和他的新同人可以就共同关切的问题和共同的期望交换看法，同时，这种程序也是新领导者向大家介绍自己的背景、领导风格并表达自己期望的有效途径。

雅虎公司人力资源部的高级副总裁利比·萨廷（Libby Sartain）在谈到新领导者融入新组织的过程时，罗列出了以下几个基本要素：

- 当新领导者到任以后，他或她可以在第一个星期召集一个与新管理团队成员的“见面会”，这样的会议为每个管理团队成员都提供了介绍自己、简单谈论一下自己的背景以及自己在公司中的工作的机会。

- 之后，让新领导者**退出**会议，并让管理团队成员回答以下问题：

    —— 我们对这个新领导者的期望是什么？

    —— 我们希望这个新领导者了解我们什么？我们的长项是什么？我们在哪些方面需要改善、提高？

    —— 我们想了解新领导者什么？我们对他或她的担心是什么？

    —— 在我们部门，最紧迫的议题是什么？

    —— 新领导者即将面临的主要障碍是什么？

- 把管理团队成员的答案做成活动挂图，不过答案要以匿名的方式显示，这样，可以避免领导者就某些问题会后与某个特定的管理团队成员单独接触。
- 休息一段时间以后，管理团队和新领导者再度坐到一起，就活动挂图上的答案逐一讨论。此间，要给新领导者就管理团队给出的答案提出问题的机会，并探寻使新领导者可以就某些议题迅速采取行动的途径。
- 这种讨论对整个管理团队来说，是与新领导者共同发现某些没有提及的议题、歧义和管理断层的绝好机会。与持续数周的"一对一会晤"相比，采用匿名制的方法可以在短短的一天之内提出更多的问题，因为所有的隐秘都可以自如暴露出来。此外，在这种开放式的氛围中，管理团队还可以形成更强的凝聚力，新领导者也可以就此拟定前几个月工作的日程了。

KNBC 的总裁保拉·麦迪逊（Paula Madison）说，通用电气公司也有为新领导者安排的融入新组织的类似程序，位于洛杉矶的 KNBC 是全国广播公司（NBC）在全国范围内运营最好的全资分支机构之一。"当通用电气公司任命了一位新经理的时候，公司的人力资源团队就会着手准备、组织一个介绍会。"保拉·麦迪逊说，他谈到的程序与我们在前面讨论的程序非常相似。"他们把它组织成一个活动，这种活动对加速新领导者融入新组织、与管理团队建立起相互信任非常有帮助，而且还有助于消除由于一位领导者的到来在员工中不可避免会出现的紧张情绪。"和我们前述的雅虎公司案例一样，通用电气公司促成新领导者融入新组织的活动也是由人力资源管理部门组织的，在活动期间，管理团队成员可以就他们遇到的问题、关切的议题以及需要优先处理的事务，在一个宽松的环境中摆到桌面上来。如果采用让领导者与他人一对一的介绍方式，让领导者就双方期望与他人个别沟通，以便为建立良好的工作关系奠定坚实的基础，则这个过程通常会需要几个星期的时间。

3. 挥之不去的怨怒

组织内部的提拔可能造成某种微妙和敏感的局面，尤其当你将要领导以前的同事的时候。如果你是从组织内部升迁到新领导职位的，就如何建立新的工作关系问题，朗讯科技公司的前董事会主席和两任首席执行官亨利·沙赫特建议说，你可以向同事们提出一系列直言不讳的问题：

- 我应该考虑哪些我当某部门领导时未曾想过的问题？
- 我应该了解什么我可能尚不知道的情况？
- 你是怎么想的？
- 你觉得新首席执行官应该做些什么？

“你会大吃一惊的。”亨利·沙赫特说，向前同事提出这些恳切的问题确实可以抵消他们的敌对情绪。“这就像是‘揭疮疤’，他们的建议会像鲜血一样汩汩流淌出来。”

4. 不要诋毁你的前任

你成了组织的“新扫帚”并不意味着你要立刻着手“掸去所有的陈年灰尘”。从感觉上保持与前任的连续性和继承性是至关重要的。在周密计划的领导职位转换过程中，你的前任可以成为你咨询、顾问的宝贵资源，无论是加快自己对新组织的了解进程，还是保持组织运行的连续性方面，前任都可以让你获益良多。即使是领导职位的突发转换，如果你尊重你的前任，而不是暗中或公开地对前任的工作说三道四的话，你也可以赢得前任领导追随者的拥护，可以让你有机会了解他们的想法。

这种从前任手中接过首席执行官帅印的方式同样适用于升迁到更高职位的领导者，在继任创业型企业创办人的职位时，这种方式尤其奏效。

杰夫·基利恩（Jeff Killeen）在担任 GlobalSpec 公司——世界上最大的工程类搜索公司和为工程师提供在线信息资源的公司——首席执行官之前，曾经在《福布斯》和巴诺书店（Narnes&Noble）分别任职首席执行官和首席运营官，那两家公司都是“创办者云集型”的组织。杰夫·基利恩是从 GlobalSpec 公司四位创办者之一的约翰·施奈特（John Schneiter）手中继任组织首脑职位的，约翰·施奈特则继续担任公司董事会主席一职。“有些新上任的领导者在考察创业型企业时，甚至都没和创业者会晤过，他们觉得公司的创办者无足轻重。”杰夫·基利恩说，“但是，除非创办者难于管理或者对组织有破坏性，否则，我认为你最好把自己的工作建立在他们以往工作的基础上，让他们感觉到自己依然有宝贵价值，这比一脚把他们踢开对你要有帮助得多。”

杰夫·基利恩通过展现企业创办者对新首席执行官的支持，通过让员工看到自己与创办者切近的互动等外在形式，来表达对创业者的尊重。“我上任的第一天，从早晨七点半开始，我、约翰协同另外三位公司创办者站在公司门口，迎接、问候从公司执行官、销售人员到一线员工的所有人，我和大家分别做了自我介绍，并对他们的工作表示感谢，我还让大家简单谈了谈他们的工作是什么以及他们为什么喜欢公司。”

> 那天下午，我们召开了公司全员大会，在公司的历史上，此前只召开过一次全体员工大会。我在会上花了几分钟时间表达了对企业创办者的深深谢意。我说，“作为一个外来者，如果说我能看到远方的‘山峦’，那是因为我站到了优秀思考者的肩膀上，而那些思考者现在就坐在我们面前。”之后，我没有谈到企业的愿景和企业的发展战略，而是先谈了我对公司的初步观察结果，并让约翰和我一起在台上回答大家提出的任何问题。当我回答不上来的时候，我会不好意思地转向约翰，“我不知道该如何回答，约翰，你知道怎么处理这个问题吗?”我的讲话时间是从三点开始的，到四点之前就结束了，可非正式的问答环节持续到了七点，这对工作起来虽然都很努力，但大都想在下午六点赶回家吃晚饭的公司员工来说的确不同寻常。

事实上，你如何对待前任确实非常重要，不过也确实容易表达失当，以至于我们将其视为新领导者最容易陷入的圈套之一，也因此，我们在本书的第八章还要对其强大的影响力详细阐述。

辨析新现实

领导者的首要工作之一就是弄清现实。随着你搜集到的信息越来越多——关于企业文化的信息、财务状况的信息、企业竞争态势的信息和企业日常运作程序的信息——你对企业现实的判断也会越来越清晰、越来越明确，你会形成对企业现存问题的更好判断，对于你信赖的什么人能解决这些问题也会有更清楚的感觉，对于如何完成某些工作的思路也会越来越清晰。与此同时，你的行为和决策也有助于你的新同事和与你协同工作的有关人员弄清组织的真实情况。

但是，人们会完全接受新领导者谈到的现实情况吗？组织的高层领导者可能并不认可企业的真实情况，并不认可企业面临的挑战，也不认同组织的优势和劣势所在，这种情形发生的频度令人吃惊，从而，领导者常常根据自己对现实情况——经常是任何人一眼就能判断清楚的现实情况——的错误假设就开始做出决策。

这也是为什么说辨析新现实的过程，应该也是求得大家对真实情况表示**认同**过程的原因。如果你做不到这一点，那么，在对某些极为重要事情的认识上、在你处理那些重大事项的方式上、在谁为处理那些事务负责上以及何时完成那些任务等方面达成共识就会变得异常困难。安进公司的首席执行官凯文·夏尔认为："如果你不能让人们对真实情况达成共识，不能取得行政上的支持，不能让大家团结一致，那么，无疑你将'失道寡助'、陷入绝境。"

领导者就像总理一样

作为一个领导者，你还必须是一位政治家，你还必须争取"选票"，在商界，也就是你要争取人们对组织的支持。"领导者们常常忘记，他们并不是'国王'。"凯文·夏尔评论道，"其实，你是'总理'，所以，你必须拥有'政治上的盟友'，你必须有一个强大的支持群体。"

凯文·夏尔从被确定为下任首席执行官到正式上任有一年的时间，所以，凯文·夏尔有充裕的时间和机会组建自己的支持群体。对于一个从组织外聘任来的领导者来说，融入一个企业文化非常坚实的组织是很困难的，同时也是至关重要的。

当鲍勃·纳德利于 2000 年 12 月继任广受尊敬的家得宝公司创建者之一伯尼·马库斯（Bernie Marcus）的职位时，出于同样的原因，他为自己制订了一个类似于总统选举进行到最后几周激烈阶段时，总统候选人实施的计划：七天走遍七个城市，在每一站都要访问七家商店。"在这家企业，领导者需要更为广大的支持群体，所以，我确实非常需要从一个不为人知的领导者转变为一个可感可知、愿意倾听、愿意学习并做出迅速反应的活生生的人。"他回忆道。

做一个"收割机"，而不是"播种者"

正如我们在前面谈到的，当你开始一项新工作的时候，你常常处于暂时的"无知状态"，你不可能拥有所有问题的解决方案，而且你也不应该希望自己无所不能，你的职责就是帮助正确答案浮出水面，而你走向新岗位最重要的工具，就是要有开放的态度和行为方式，要善于提出问题。之所以能在最高职位履行职责，并不是因为领导者已经知道了什么，而在于他们的创造能力，他们的创造力则基于他们的学习能力和接受能力。

"人们不在乎你在公司已经工作了多长时间，无论如何，你都不能下车伊始便发布指令，告诉人们应该如何如何做。"凯文·夏尔告诫说，1992 年 10 月，凯文·夏尔以公司董事会主席和首席运营官身份加盟安进公司，2000 年 5 月，成为公司首席执行官。"我当时做的最重要的事情就是倾听，倾听高管层的声音，为他们创造一个我可以真正倾听的环境。"

"如果你是刚刚上任的领导者，那么，你应该做的首要事情就是**什么也不做**。"亨利·沙赫特说："一次又一次的经历让我深刻地认识到了这一点，你要抵御'立刻开创局面'的诱惑，因为你的努力注定是徒劳无功的。"他强调说，在组织处于危急时刻时，你尤其应该谨记这一点，他对此应该很有发言权，因为他就是在 2000 年 10 月当公司的通讯产品遭到惨败期间再度入主朗讯科技公司的。

我之所以说你几乎注定会失败有两个理由。首先，你知道的情况并不像你想象的那么多，无论你觉得自己对事态的发展已经有了多么全面的了解，结果很可能表明，你并不像你想象的那么聪敏，即使你是在领导职位平稳转换过程中上任的。有很多首席运营官被提升为首席执行官六个月以后对人们说，“哦！天啊！我根本没想到情况会是这样。”所以，上任之初，你就要抵御向他人证明你有多么聪慧、你有多么敏锐以及向他人炫示你的头衔是什么的诱惑。

其次，在你付诸任何行动之前，你要花些时间倾听，这种行为会为你设定一个基调，而基调一旦设定，就很难更改。如果你上任之初就把自己的观点强加给别人，那么，当你最需要他人想法的时候，你就无缘得到了，也就是说，你就无缘得到他人完成工作的主动性了。即使你的观点是对的，你最终得到的结果也不会好到超出你预期的程度，因此，上任之初你要做的最重要的事情就是：停止发布指令，什么也不要做，只做一个好的倾听者，而且尽可能延长倾听的时间。与高管层的交流，是获得他们工作的主动性并求得与他们达成理解的首要步骤，如果你想取得成功，这是一个不可逾越的步骤，因为没有这样的过程，无论是你，还是管理团队的其他成员，都不可能与你就相关问题达成共识。因此，你需要花费尽可能多的时间，就组织需要优先处理的议题、谁去处理那些议题、如何去纠正大家工作中出现的偏差、需要把什么事情暂时搁置等问题与他人交流清楚、分清职责、相互理解、充分沟通、做必要的修正和改变，并最终达成共识。

亨利·沙赫特认为，这么做对领导者而言是个挑战，因为人们通常都有“行动在先”的自然倾向。“对新领导者来说，他们可能都有‘先把工作做起来’的原始冲动，但是，即使是在冲动的状态下，最重要的事情依然还是倾听。倾听！倾听！还是倾听！你需要将自己获取的信息加工整理，并把它们整合到你此前形成的判断结论中去，如此周而复始，这样的过程有助于培养他人的责任感和工作的主动性。”

从另一方面说，如果忽略了这个步骤，管理团队其他成员就可能产生与你的敌对情绪，即使你是在组织处于危急时刻走马上任的，情况也一样。在企业处于危急时，你依然需要倾听，即使你不得不把倾听的过程强行安插到紧张异常的工作日程中。

仔细倾听的过程也是在你的过去和未来之间求得平衡的艰难过程。过去，在大部分情况下，你都有正确的解决方案，这也是你被聘任为这个新领导职位的原因，而现在，你必须提出问题，而不是为他人提供解决方案，而且你还不能让人觉得你是无所不知、无所不能的领导者；过去，在自己负责的团体或者部门中，你是毋庸置疑的领导者，你也习惯了处理你所在的团体或者部门中所发生的动荡，而现在，你则必须为那些未曾与你协同工作过的人提供帮助，要考虑不同的盟友，而你们面临的组织问题对你而言也是全新的课题；过去，既有的体系可以约束你的冲动，而现在，你的冲动在新组织中几乎不会受到什么制约，因此，你必须密切注意自己的情绪，必须积极地倾听。

如果你做不到这些，正如劳伦斯·萨默斯（Lawrence Summers）发现的那样，你的工作难度无疑将大得多，而且你也将面临错失成功的更大危险。

走进哈佛校园

"对于我要做什么，我还没有一套系统的理论。"劳伦斯·萨默斯回忆道，他于 2001 年 7 月被聘任为哈佛大学的校长。"我有些想法，可回过头去看，我觉得它们并不特别可靠，而且它们也没有抓住重要问题的主旨，因为那时候我还没有充分认识到自己是个'新人'。"

但是，尽管劳伦斯·萨默斯可能还没有从成为这所世界上历史最悠久、最受人尊敬的学校校长的新奇感受中平静下来，不过，他已经就自己将如何行动形成了完善的想法。不幸的是，结果表明，他的某些观点和行为在哈佛大学遭遇了严重的抵触，好在劳伦斯·萨默斯对他的策略和行为造成的影响有清楚的认识。

"我的一个策略是让所有的人都确信，我并不是把这个校长职位当做跳板的，我的心也并不在华盛顿。"他曾经在华盛顿任职财政部部长。"我会全身心地投入，每个人都会感觉到这一点。"

我还有一个策略就是，我不会固守于大学校长职位的传统职责，那不是我的风格，两年以后，我发现，彻底改写校长的传统职责确实很困难。在很多情况下，所有的人都说，“三思而后行。”我则说，不！每当我觉得自己不喜欢校长充当的某种角色时，我都明确表达出来。

虽然劳伦斯·萨默斯的这些策略看似很可靠，不过，他还是犯了些错误。他说：“我错失的一个重大机会就是，我没有认识到我大可不必告诉人们，学校‘迎来了一个新时代’。我们聘用了一位看似粗暴、直言不讳的46岁经济学家的事实本身就昭示着一个新时代开始了，所有的人都受到了深深的震动。可我没有抓住这个机会。”

人们免不了要说，“拉里（劳伦斯的昵称），你得放慢节奏。拉里，你得放慢节奏！”但是，他们让我觉得他们并不是提醒我要小心谨慎，是的，他们不是提醒我应该谨慎，他们的意思其实是**如果我更谨慎些，我的议程可以完成得更高效**，可他们的语气听起来似乎是在提醒我要小心谨慎，因为我认为他们更喜欢旧有的秩序。

所以，每当那些我认为喜欢旧有秩序胜于喜欢我策略的人告诫我要小心谨慎时，我总是对自己说，“算了吧，他不过是想用老一套来处理问题。”我没有意识到我的判断所带来的消极影响有多么大，因为我不知道我强加于人的感觉在我开口之前就已经存在了。

之后，我又犯了两个错误。第一个错误是：我完全没有意识到对学校的传统制度给予基本认同的重要性，我对一切事情都提出了问题，我质询一切，所以，在人们中间产生了很多疑虑和对学校运作不确定性的担忧，而疑虑和担忧则削弱了组织的功能发挥。如果你对所有的人都提出疑问，如果你质询所有的人，那么，回过头来，你还必须做很多安抚工作，我当时没认识到这一点，我没对大家说过，“哈佛大学不是很优秀吗？”如果我对人们这样说过，那么，人们的心态则会稳定得多。

比如，一位学生找到我，她说她来自学校合唱团。我问她，“对一所大学来说，保留一个合唱团很重要吗？”我之所以那么问，是因为我确实很想知道一所大学为什么要保留一个合唱团，但是，那位学生把我提出的问题当做了对学校保留合唱团一事的质疑，遗憾的是，当时我没有意识到我刚刚说过的话会产生什么样的影响。如果我说，“我想，你们的合唱团非常优秀，我看过你们的精彩演出。有时候，人们问我，为什么一所大学保留合唱团很重要呢？你会怎么回答？”如果我当时这样问她，我想，我完全可以引出我想要的答案。

再有，如果你向人们提出了十个问题，或者给人们提出了十个建议，那么，人们可能不会把你说的当回事儿，即使你提出的问题和你给出的建议都很好，可当时我没有完全意识到这一点。如果你只提出了两项议题或者两个问题，那么，比起对待你的十个问题中任何一个来，人们对待你那两个问题或者议题的态度就要严肃得多。回想我在哈佛大学任期的第一个 100 天，如果我当时更明智些，那么，我可以更好地确认问题所在，而且为了向人们证明学校的新时代已经到来了，我完全不必“浪费”那么多的感情资源。

积极倾听的日程——六个关键问题

你怎么才能知道要倾听人们的多少意见和建议呢？你怎么才能知道应该说多少呢？你怎么才能知道什么时候付诸行动呢？你需要做的首要事情就是判明情况，因为使用什么样的策略、需要多长时间来完成你的设想取决于你面临的环境状况。一个来自组织以外的领导者来到一个危机四伏的企业时需要的是一种策略，而从组织内按部就班升迁到领导职位的领导者需要的则是另一种策略，不过在以上两种情形下，新领导者收集重要信息的途径是一样的：那就是都要通过提出问题和积极倾听的方式。

下面，让我们来看看，凯文·夏尔在有条不紊的领导职位继任过程中是如何收集重要信息的吧：

1999 年 12 月，安进公司宣布，现任首席执行官戈登·宾德（Gordon Binder）将在 5 月的股东年度大会上退休，现任首席运营官凯文·夏尔将继任首席执行官一职。那天，凯文·夏尔向公司管理人员发出了一个备忘录，该备忘录罗列出了他上任以后将要马上实施的行动计划。“接下来的五个月，我计划的一个关键部分就是与安进公司一百多位经理及经理以上级别的管理人员进行‘一对一’的交流，通过广泛的倾听，从他们每个人那里收集企业运营的相关想法”。事实上，我们从第二天就要开始这个约见过程。我们的交流、讨论将围绕以下问题展开：

- 对安进公司而言，哪五个最重要方面我们一定要保持下去？为什么？
- 我们需要在哪三个重要方面实施重大的变革？为什么？
- 你们最希望我做些什么？
- 你们对我的什么行动最为关切？
- 你们对我有什么建议？
- 你们想与我讨论或者问我的其他事情是什么？

这些问题听起来是不是很耳熟？事实上，就像我们在本书第一章谈到的，这些问题与保罗·普雷斯勒在盖普服饰公司上任第一个100天期间向50位总经理们提出的问题几乎是一样的。为写作本书进行调查研究期间，我们从凯文·夏尔那里了解到了这种提出问题的方法，而保罗·普雷斯勒又把从我们这里学到的方法做了进一步的改编，并将其应用到了自己的管理实践中。

凯文·夏尔提前提出了需要回答的问题，他的备忘录清楚地表明，他希望安进公司的每一位总经理都要为此做充分的准备，接下来就是静静地倾听了。凯文·夏尔在公司100位高级经理身上每人花费了一小时的时间，仔细倾听他们对那些问题的见解。“静静地在那儿坐一个小时，只是听他们表述自己的观点，确实需要些工夫。”凯文·夏尔说，“不过，倾听确实是一个非常有效的技巧，尤其当你和我一样，也是善于‘发号施令’的人的时候。当我像个精神病医生一样只是坐在那里倾听的时候，我的收获确实很大。”

凯文·夏尔仔细分析了100位经理的见解，并把它们制成图表，在公司股东年度大会召开的前一天，他将自己总结的结果分发给了整个公司。他得到的结果成了他作为首席执行官第一年工作的指导原则，成了他行动和决策的基础。

这种倾听的方式确实很奏效，事实上，直到今天，凯文·夏尔还在继续沿用这种方法。“现在，我继续与公司的副总裁定期交流，每周两到三次。我会提出两个问题：‘事情进展怎么样？’和‘你对我有什么建议吗？’我会花45分钟听他们的见解。我们一共有大约50位副总裁，所以，我总能掌握公司运作状况的最新动态。”

向安进公司的凯文·夏尔学习

通讯业巨头摩托罗拉公司的两位董事在为确保公司首席执行官职位稳定转换而收集信息的过程中，也使用了同样的策略。2003 年 9 月，公司董事会主席和首席执行官克里斯托弗·高尔文（Christopher Galvin）——摩托罗拉创始人保罗·高尔文（Paul Galvin）的孙子——宣布辞职，辞职的原因是，他的战略与董事会的战略不相吻合，从而，公司历史上第一次对外宣布，将要从公司内和公司以外遴选新首席执行官。对于像摩托罗拉这样历史悠久而且不可一世的公司而言，这个决定无疑在公司员工中间和管理层中间都造成了空前的紧张情绪。

公司董事会不但认识到了弥漫在人们中间的紧张情绪，而且在获取人们对新首席执行官要求的相关信息的同时，还采取了必要的行动，以平息人们的紧张情绪。一星期以后，利用 9 月 27 日和 28 日的周末时间，公司董事约翰·佩珀（John Pepper）——负责领导公司新首席执行官的选聘工作——和萨姆·斯克特（Sam Scott）来到伊利诺伊州的绍姆堡（Schaumberg），与公司的十位高层经理进行了“二对一”的会晤。他们向高层经理们提出的问题与凯文·夏尔和保罗·普雷斯勒在上任后的第一个 100 天提出的问题如出一辙：

- 对摩托罗拉公司来说，我们必须保留的三个最重要方面是什么？为什么？
- 我们需要变革的三个重要方面是什么？为什么？
- 你认为摩托罗拉公司的新首席执行官必须拥有的职业背景和职业能力是什么？
- 你对新首席执行官选拔委员会有什么建议？
- 你对某个特定的新首席执行官候选人有什么建议吗？

新首席执行官选拔委员会如愿以偿，他们从中获取的信息帮助他们辨明了公司的情况和人们的心态，他们还从中得到了选拔新首席执行官的标准，以这个标准为指导，他们在 2003 年 12 月 16 日最终选定了爱德华·赞德

(Edward J. Zander)。爱德华·赞德有在一家居于业界领先地位的高技术公司工作的经历，他得到广泛赞誉的以客户为导向的销售和市场运作工作经历，以及他高度的工作热情恰好与摩托罗拉公司高管层的期望相吻合。

学习——即使是在危急关头

即使组织处于危急关头，你也需要花尽可能长的时间弄清楚你到底应该做些什么，你需要完全弄清楚马上需要做什么、需要暂时搁置什么、什么不能做以及谁要为相关的事务负责等。你必须承担自己对管理团队的义务和责任，你需要确保他们对应该做的工作与你达成共识。

亨利·沙赫特的建议对面临危急情况的领导者来说尤其中肯。在麻烦频出的情形下，你需要让尽可能多的人参与到问题的解决过程中来，但是，那些人必须对他们所要做的工作以及为什么要做那些工作表示认同。“你们必须对职责的界定达成一致。”他说，“你必须选择适当的人选，必须让他们尽职尽责，不过，这两个目标都不是轻而易举就可以达到的，尤其在危急状态下，尤其当你必须实施变革的时候。”倾听他人的见解、与他人交流都需要时间，当所有的人都围绕在你左右，向你讨要摆脱危机的解决方案、工作方向和策略的时候，时间恰恰是最宝贵的资源，然而，亨利·沙赫特说：“倾听他人并不是浪费时间，这是一个至关重要的过程，是你要做的最重要的事情。”

2000年10月，当亨利·沙赫特被公司“召回”、重新执掌朗讯科技公司帅印的时候，公司正处于可怕的困境之中，资金状况捉襟见肘，只够维持30天的运营。在这种情况下，人们或许以为亨利·沙赫特上任后会立刻采取行动，毕竟，作为公司的前首席执行官和董事会主席，他对公司大部分高层经理都有深入的了解，而且对公司迫切重回正常运营轨道的需要了如指掌，然而，他还是一头扎进了积极倾听的过程中。

> 人们提示我说，我们正在讨论的可是一个“着了火的平台”！情况紧急，不容迟疑！我们一个季度就要流出20亿美元，银行的授信额度马上就要用完了，这可不是好玩的，而且情况还在继续恶化。所以，我们想知道还能坚持多久，我们想知道需要“紧急迫降”、“硬着陆”吗？我们

想知道是不是需要放弃"平台","跳伞"逃生?

但是,对于企业当时的状况我无能为力,我真正想做的就是停止每个季度20亿美元的损失,而停止损失的唯一途径就是找到造成损失的原因。尽管我对造成企业现状的原因有很好的判断,但是,在我采取任何行动之前,我所能做的唯一事情就是倾听。

你必须停下来仔细倾听,你不能让人们向六个或者七个不同的方向进发,你必须指明清晰的方向,你必须完全明了所有人扮演的角色和职责。虽然运用这种策略意味着你不得不在人们前进的途中做出必要的修正,但至少,你不会在朝令夕改上浪费时间。

亨利·沙赫特在上任后的最初几星期,他与公司20%的高层管理人员——一共有50人——每人交流了一个小时。"交流从早晨7点开始,晚上8点或者9点也可能是10点结束。"他回忆道,"我向每个人提出了同样的问题:'我需要了解什么情况?'之后,除了鼓励他们继续说下去以外,在交流的全程我都一言不发。"

我了解到了很多我应该知道但实际上对其只是一知半解的情况。在这个不间断倾听过程进行的前两个星期,我获取并整合了大量信息,我这么做没有错,这个过程让我对公司在迅速变化的环境中运营应该具备的能力有了更详尽的认识和把握,没有这个倾听的过程,我不知道我们最终是否还能拯救公司。

那么,高层经理们都对亨利·沙赫特说了些什么呢?"他们畅所欲言,内容包罗万象,从让他们不知所措的'饭桶',到他们强烈反对的运营哲学,以及大家一致认为企业应该实施但却没有实施的策略,等等,无所不包。"亨利·沙赫特静静地听着,之后鼓励人们更多地发表见解,从而了解了更多的信息。随后,11月10日,他召集了有300位高级经理和执行官参加的会议,他说:"就我听到的信息,我想,我们应该做如下事情……"

拥抱“潘多拉的盒子”

提出问题并积极倾听他人对问题的反应似乎是打开了“潘多拉的盒子”，人们的见解、抱怨和建议会一股脑喷涌出来，对组织的问题所在，每个人都有自己的观点和判断，但是，人们的反应常常会集中在几个重大议题上，“一对一”的交流不但可以让组织的议题自由“浮出水面”，而且领导者还可以从中抽离出重大问题的主旨，从而，可以据此付诸行动。

这种交流方式的另一个额外好处是：“人们为你提供的信息可以让你很快成为‘英雄’。”美国维京移动通讯公司的首席执行官丹·舒尔曼说：“通过搜集人们的答案，你通常总能迅速取得成功，无论是对董事会而言的成功，还是与你协同工作的人心目中的成功。”

在没有任何交流障碍的“秘密”状态下，人们大多都能知无不言，人们真诚希望有人倾听他们的声音，而且也愿意倾听他人的声音，所以，诉说和倾听的过程也是让人们调动起激情的过程，这几乎是人类共有的天性。但是，当你面对“守口如瓶”的同事时，你怎么才能启发他开口呢？“我先从个人问题切入谈话，比如说，和我谈谈你自己怎么样？”伊士曼柯达公司（Eastman Kodak Company）的高级副总裁和柯达医疗影像系统公司的总裁丹·柯沛敏说，“先谈论个人问题，比起只交流商务问题来，你在每分钟的交谈中都可以得到更多的信息。在这种交流方式中，有关商务的问题会自然而然地汩汩流淌出来。如果你还想知道某些问题的细节，过后你还可以给他发一封电子邮件。”

对你而言，尽管倾听的过程主要是为了获取他人的想法，不过，通过不时给予对方某些适当的宽慰和评论，这个过程也可以成为你与他人建立亲善关系的好机会。你可以把自己对对方的宽慰和评论当做“救生索”——在波涛翻涌的水域中，系在颠簸前行航船倾斜甲板上的“救生索”，它们可以让对方打消疑虑、站稳脚跟。2002 年 6 月，丹·斯通来到了企业财务状况堪忧的空间控股公司（现在的影像新星公司）执掌帅印。后来，当谈到他与公司管理人员进行的广泛交流时，他回忆说：“人们都在看着我，看我会不会跳窗而逃，看我会不会大喊大叫。所以，当一位执行官说谈话只进行了四个小时我在笔记本上就写满了整整 15 页的时候，我们全都大笑不止。人们都很喜欢领导者有幽默感。”他认真做记录的事实也说明，他并没有敷衍交流的程序，他也没有“破窗而逃、大喊大叫”，他让所有的人都认识到，“我有过辉煌的职业经历，到了这里，我也一样会成功，所以，如果大家就交流的程序达成共识，而且愿意协同努力，那么，我们都可以从此愉快合作下去。”

此外，你不能将自己“一对一”的交流对象只限于公司内部人员，企业的领导者是企业的“大使”，所以，他或她不能将自己幽闭在企业中，他或她还需要与供应商、客户、商业伙伴、资本市场和立法者沟通。如果你能挤出时间与组织外的重要人员和机构进行类似的“一对一”交流，无疑你将获益匪浅。

当你上任以后，你不能忽略你的老板，如果你是企业的首席执行官，那么，你必须与董事会密切沟通。你不但要知道你的直接下属关心什么事情，而且你还要了解你的老板或者董事会最关注什么问题。很多首席执行官低估了弄清董事会意愿（无论是表述出来的还是未曾说出口的）的重要性，从而，没能建立起企业制定最优战略和运营策略过程所必需的广泛关系。我们将在本书的第六章详述如何应对“更高权威”的问题。

事实上，倾听也是统一各方的预期并与各个方面建立亲善关系的问题。美国维京移动通讯公司的首席执行官丹·舒尔曼说：“这种交流程序对你上任最初几周的工作大有帮助，如果你发现自己的最初工作错了，你可以在此期间修正，而且，有了这样的交流程序，你很容易就可以开创出崭新的局面。”

至关重要的对话

在“一对一”的交流过程中，你一定要提出很多问题，这些问题应该可以就企业如何运营以及你如何才能使企业的运营更高效等根本性问题引申出有价值的对话。我们在此提出了对企业运营具有战略意义的五个领域，以启发你提出适当的问题：

1. **市场**

——你的目标市场是什么？

——在这些市场和新市场中，公司面临的重大议题是什么？

——你如何才能取得成功？

——最富有创新精神的竞争对手是谁？

——他们为什么在自己的强势领域如此成功？

——我们设定的目标正确吗？

——我们设定的那些目标与外部环境一致吗？

2. **产品**

——我们如何将客户看重并渴望购买到的服务提供给他们？

——我们公司产品的独特卖点是什么？

——我们公司的价格策略是什么？

3. **财务**

——我们如何为企业运营提供资金？

——公司创造利润的地方在哪儿？

4. **人员**

——我们有合适的人选处理公司重大事务并贯彻公司战略吗？

——谁来监管公司的运营？

——谁是确实让企业发生变化的人？

5. **程序**

——人们是如何一起工作的？

——企业的决策是如何做出及如何贯彻执行的？

其中的很多主题都是你在上任前的倒计时准备期就仔细考量过的，或许，你可能觉得自己已经得到了答案，但是，现实情况常常会神不知鬼不觉地悄悄变化，而且往往出乎你的预料，碰到这种情形你大可不必自责，也不应该感到奇怪。

戴夫·彼得施密特就曾经历过这种出人意料的变化。英克托米公司是九位科学家在加利福尼亚州伯克利的沙塔克大街（Shattuck Avenue）一家西斯糖果（See's Candy）商店围桌而坐时建立起来的公司。当戴夫·彼得施密特回忆自己首次与公司创办人讨论任职首席执行官的可能性时说："我从来没见过那么肮脏的电梯，出了电梯，我们还要穿过一间充斥着刺耳朋克摇滚乐的办公室。我曾经在赛贝思公司工作，在那个跨国组织，我管理着6000多名员工，从赛贝思公司出来以后，我自己也感到纳闷，为什么我还要出来任职。

但是，公司的创办人埃里克·布鲁尔（Eric Brewer）和保罗·戈蒂埃（Paul Gautier）非常善于辞令，而且对他们的事业充满热情。”

“他们已经开始提供基本的搜索引擎服务，在我来到他们公司以前从来没登录过他们的网站。虽然我不了解搜索引擎，不过，我知道软件的功能如何测评。当我听他们谈论公司业务时，我渐渐弄清楚了，他们开发的软件潜力巨大。”

戴夫·彼得施密特是 1996 年 5 月与公司创办人讨论任职事宜的，7 月 1 日，他就做出了加盟英克托米公司的决定。5 月和 6 月，他完全投身于勤恳的准备过程中，期间，他研究分析了技术问题和潜在市场，同时，考察了公司是否有足够的资金可以保障企业不会在产品投放市场之前倒闭。即便如此，他对企业的预期还是与企业的现实产生了冲突，而一旦他弄清了企业的真实情况，他发现，企业的现状又和企业创办者和投资者的预期相去甚远。

> 我没有想到的第一件事就是企业的账目极为混乱。此前，埃里克·布鲁尔指派他的侄子担任公司的首席财务官一职，他的侄子是位律师，而且是位相当不错的律师，但是，他的账目确实让我一筹莫展，根本找不到头绪。我当时说，“如果非要我理清账目的话实在是强人所难，我想，以后我要在电脑上装上‘快克’（Quicken）（也译为‘快捷’）财务处理软件，自己管理账目。”
>
> 之后，公司投资者的幼稚心态也让我困惑不已。埃里克不喜欢风险投资家，所以，企业的启动资金都来自那些对新技术一无所知的人。在软件业，要想开发出一个产品，至少需要 18 个月的时间，可所有的投资者都认为，他们的投资会在 12 个月内就增长到初始投资额的 20 倍到 30 倍。我上任以后的第一个星期就发现，公司的财务根基着实虚弱，所以，我必须快速采取行动稳固财务基础。
>
> 正当我为没有弄清企业的真实财务状况而深深自责的时候，公司的创办者们则对自己应该从公司中得到多少回报而吵闹不休。公司的资金很快就捉襟见肘了，与此同时，人们的贪欲也显现出来。就是在那时候，我驱车回家的很多夜晚总在想，“我怎么跑到这个鬼地方来了？”

还好，戴夫·彼得施密特克服了所有的障碍，通过与公司创办者高效的协同工作，使企业在互联网蓬勃发展时期得到了快速发展，后来，互联网泡沫的破裂造成了企业规模的缩减，2003 年年初，公司以 2.35 亿美元的价格出售给了雅虎公司。

为变革创造条件

协调各方期望的目标就是要为积极的变革创造条件和环境。根据埃尔斯佩思·默里（Elspeth J. Murray）和彼得·理查森（Peter R. Richardson）的研究，企业的变革结果显示，为变革创造必要的前提条件比人们在变革过程中的行为对变革成功的影响力更大。为取得成功，变革必须克服组织由来已久的惯性，并从中迅速跳离出来。不过，世界上并不存在屡试不爽的成功秘诀，也不存在“包医百病”的灵丹妙药，要想成功实施企业的变革，领导者需要创造一系列有利条件。在有效的变革过程中，得当的手段比变革的节奏和顺序更重要。

实施变革居于主导地位的有利条件是：

- 正确诊断组织面临的变革挑战——变革的属性、深度、广度和实施变革的人员；
- 在领导团队中，就组织面临的变革挑战及早达成共识——比如，变革的远景、测评变革是否成功的评价指标、关键的变革策略、变革方案以及变革程序；
- 通过对变单过程的频繁检视和对行动计划的不断修正，将变革过程中出现的机会随时补充到人们的共识中去；
- 营造变革的紧迫感，强调对变革达成理解和共识的速度，坚持主张变革早期就要切实有效；
- 为变革制定一个涵盖范围有限但焦点集中的日程，找出两个、三个最多不超过四个需要优先处理的议题，并快速、努力完成；
- 调整人员配置，尽快让变革的拥护者参与变革，并及时争取“中立派”的拥护；
- 发现变革的抵抗力量并毫不留情地加以处理，变革过程中要避免削弱变革动力同时也浪费领导者宝贵时间的“拖拉”作风。

换句话说，你需要评估自己的预期，要将自己的期望与组织的现实结合起来，之后找到预期和现实的共同点，以期为成功实施变革创造良好的条件。现在，你已经设定了适当的预期，并且也将各个方面的期望统一起来了，那么，让我们一同登上上任后“第一个 100 天金字塔”的更高层次吧。第三章我们将要讨论所有杰出商界领导者笃信不疑的信念：没人可以单打独斗。如何组建管理团队以及管理团队的优劣将对你开创新局面产生重大影响，而且也是确保你取得持续成功的重要动力来源。

小　结

协调预期的十个指导原则：

1. 向董事会或者负责领导者聘用的经理提出这样的问题：“这个任命的根本目标是什么？”你要确信自己与他们就共同的关键目标取得了一致认识。
2. 当你第一次向管理团队介绍自己的时候，你需要做好回答下列问题的准备：我是谁？我的职业背景是什么？我为什么会来到这个组织？我想完成什么目标？我希望怎样与人们协同工作？
3. 你需要认识到，在你召集的第一次会议以及其他早期集会上，大部分员工会站在自己的角度评价你：“这个新老板对我是有好处呢，还是对我不利？”
4. 不要把早期的管理团队会议只当成“见面欢迎会”，这样的会议也是表达你对他们的期望、与他们交流你的管理哲学并为以后设定交流基调的机会。
5. 上任后的第一天甚至上任后的第一个 100 天内，你不必拥有所有问题的解决方案，你需要提出大量的问题。当你碰到一个很好的问题时，你需要停下来想一想，如果你不知道这一问题的答案，你要向自己保证，自己回过头还要再度考虑，而且要兑现对自己的承诺。
6. 你更应该成为一个“收割机”，而不只是“播种机”——要学习和倾听，人们真诚希望有人倾听他们的想法而且也愿意倾听。

7. 即使你是在组织处于危急时刻上任的，你也要尽可能抽出时间倾听、提出问题，而且要三思而后行。
8. 制定一个积极倾听的日程。让自己投身于“一对一”的交流过程中，向他人提出关于市场、公司、产品、财务、人员和管理程序的系列问题，所有这些问题的答案都会加速你诊断企业症结的进程，而且有助于你和关键的人物和机构建立起牢固的关系。
9. 不必把你“一对一”的交流拘泥于企业内，适当的时机，你还需要与客户、供应商、证券分析家和朋友们交流，并获取他们的观点。
10. 综合、整理你了解到的信息，并将它们反馈给组织以及与你交流过的人，你可以利用备忘录、报告、企业内部互联网、录像等任何媒介和形式。将相关信息反馈给组织，有助于人们就组织的新现实达成共识，而且你还可以得到更广大人群的认同，这是制定战略议程的初始步骤（这也是本书第一章的主题）。

第三章

没人可以单打独斗
——构建你的管理团队

“我们最重要的‘资产’每天晚上都从大楼里跑掉。”

正是最天才的人、最尽职尽责的人让企业拥有强大的力量，让企业有能力抵御环境的动荡，对此，人们应该没有什么疑义。创造力、革新能力、产品开发能力、技术水平、客户服务水平、效率、执行，当然还有企业文化，所有这些竞争性的环节和潜在的优势都是与人相关的。“连白痴都知道问题所在。”劳氏公司（Lowe's）已经退休的董事会主席和首席执行官罗伯特·提尔曼（Robert Tillman）说，“但是，只有富有智慧的、有才能的人才能提出解决方案。”

类似的格言和谚语还有很多，比如，“三个臭皮匠顶个诸葛亮”等等。企业面临的问题和挑战越来越趋复杂，而且相互联系、盘根错节，任何个人、任何单一的学科都不可能独立解决，尤其是在当代企业都面临着时间压力的前提下。所以，你需要一个团队。不过，你需要的并不只是一个团队，而是一个优秀的团队。你的管理团队是你最重要的资源之一，正如管理专家沃伦·本尼斯（Warren Bennis）谈到的，每一个杰出的领导者背后都有一个优秀的团体。优秀的团队能够把拥有各种职业背景和知识背景的成员组合成高效的团体，团体成员可以为了一个共同的目标优势互补，从而，这样的团队就成了组织最强有力的竞争武器。吉姆·柯林斯在《从优秀到卓越》中的论断或许是更贴切的了，“第一是‘谁’，之后才是‘什么事情’”。

“一个企业并不是由一个人运营的，而是由一个团队共同管理的。”杰西潘尼公司（JCPenney）（杰西潘尼公司：创立于1902年，迄今为止在全美设有1200多家大型服装商场，公司1998年营业额就高达380亿美元，超过全中国 1998 年服装销售 2900 亿人民币的总额。——译者注）的首席执行官艾伦·魁斯特姆（Allen Questrom）指出，“我的工作就是设定目标，之后，征得人们的理解并让他们去执行。”

建立一个强大的团队是一个领导者实现愿景、执行战略的首要步骤，在你上任后的第一个 100 天，组建管理团队应该成为你开创新局面不可或缺的目标。一个高效运作的团队是促进你完成战略议程最重要的资源和手段，就这一点而论，你的管理团队应该成为你个人领导力的扩展，应该是强化你的愿景、价值观、目标和要求的影响力的重要力量，这也是为什么你在尚未制定战略议程之前就应该评估你是否有合适的人选完善、认同并执行战略议程的原因。

团队的构建过程从你开始

你建立的管理团队将会“放大”你的管理方法和传达出的信息的影响力，你的个人风格以及你如何评价自己管理技巧的优势和欠缺将会直接影响到团队的运作效率。事实上，团队的风格是你的风格——无论是好是坏——的忠实反映。

有太多的领导者将与自己背景一致的人团结在自己周围，但是，杰夫·伊梅尔特解释说，他遴选团队成员时，更看重他们是否能对自己的优势和劣势形成互补——是不是能“雪中送炭”，而不是“锦上添花”。

人们有一种观念，认为构建自己的团队意味着要挑选与自己相似的人。但是，当我管理通用电气公司的企业时，我更想组建成员之间的优势可以互补的团队。你要确保不要让团队成员的优势产生重叠，从而达到人尽其才的目标。考察公司的首席执行官、首席财务官和人力资源高级经理的“三驾马车”组合时，如果首席执行官是一位长于宏观思考的人，那么，很可能你需要一位踏实、严谨的首席财务官；事实上，在管理公司人力资源方面，我可能做得像比尔·康纳狄（Bill Conaty）一样出色（比尔·康纳狄是通用电气公司人力资源高级副总裁），但是，我没有时间做那些工作，此外，比尔·康纳狄的人力资源组织工作是我见过的最出色的，所以，他的工作就是做那些我没有时间去做的工作。

通过对自己的需求、期望、特长以及欠缺的全方位检视，一个新领导者可以据此发现自己在新职位上的真正优势。每个人都有几个——而且只有几个——擅长做某些工作的先天性禀赋，也都有自己欠缺的领域，比如，用逻辑思维的方法处理问题的能力，记忆的能力，判断空间关系的能力，手眼协调的能力以及乐感等等。向自己提出下列问题，可以让你对自己拥有更客观、更全面的认识，“过去数年来，我的职业经历是什么类型的？我最亲密的朋友、家庭成员以及我最信任的同事如何评价我那些突出的禀赋——也就是我‘与生俱来’的能力？我的弱项和能力缺失是什么？我一般总是逃避或者延误什么事情？”之后，将你的答案整理成“个人能力资产负债表”。那么，你是想通过自身努力来弥补自己的重要欠缺和能力缺失呢，还是想找在那些方面比你更出色的人为你工作？你需要对此做出决定。

我们要正视这样的事实，没有人能在一项工作的所有方面都是行家里手，无论他或她的经验有多么丰富，也无论他或她多么天才。正如杰夫·伊梅尔特谈到的，在任何情况下，即使你能力超群，作为领导者，你也没有时间完全照顾到一项工作的所有环节，尤其在你上任的早期。所以，你需要仔细考量，自己介入什么工作会使效益最大化，什么工作让别人来做会更好。

评估你的未来团队

每一位新经理，无论是从组织内提拔到领导职位的，还是从组织外聘任的，都会从前任手里继承一个既有的管理团队，连同他们的雄心、志向、他们隐秘的日程、他们对组织的猜疑和不忠诚组织的可能性、他们之间过去的相互关系以及他们与组织的关系等等也会一并传承下来，要想在上任初期弄清所有这些动态可不是轻而易举的事情，但却是必要的。

你面临的第一个挑战就是对每一位团队成员和整个管理团队做出评价和判断。除了评价每个人的能力和诚信度之外，你还要向每一位管理团队成员提出下列问题，以便对每个人在团队和组织中的作用以及对团队和组织产生的影响做出判断：

- 他或她对与其共同工作的人是否有积极的影响?
- 他或她是不是关心自己的利益甚于关心整个组织的利益?
- 他或她是帮助同人和下属提高、发展呢，还是只是利用他们?
- 他或她的行为是支持你的标准和价值观呢，还是只是嘴上说得好听?
- 对组织需要的领导力而言，他或她是楷模吗?

当你开始评估管理团队的时候，你要留意他们已经习惯了的工作环境，要注意工作环境对他们过去的决策和行为是如何产生影响的。常见的情形是，在旧有的环境中，有些经理的表现乏善可陈，不过，在新环境中，只是因为新管理体系的建立或者决策风格的改变，他们的表现可能异常优秀。1993 年，当路易·郭士纳继任 IBM 首席执行官职位时就认识到了这一点。他在上任后的第一次会议上就明确表示，他对管理人员的测评就从那天开始，之前的错误和成功已经告一段落，他对人们的判断和评估以及奖惩都要从那天开始。尽管 IBM 管理团队的有些成员没能“熬过”路易·郭士纳的“新政”，不过，在 IBM 的变革过程中表现优异的人则出乎意料地出现在了管理团队中。

你需要与管理团队的每位成员进行“一对一”的交流，以获取他们对企业的见解和对企业观察的结果，需要与他们讨论他们的渴望和目标，你需要判断出从他们那里获取的信息如何与你自己的行动策略联系起来，这个交流的过程对你们两人来说，也是对未来的预期达成共识的过程，同时也是发现最有能力的人的过程，是找到对你的新领导职责最忠实的人的过程。

如果时间紧迫，比如，组织正处于剧烈动荡时期，你可以抽出些时间，将交流的重点集中于获取在组织中具有特别影响力的关键人物对你的认同上面，那些具有特别影响力的关键人物不一定是管理团队的成员，他们可能是组织中的其他人，这些人承担着检视组织运行的职能，或者承担着信息传播媒介的职能，或者他们扮演着可以影响管理团队运作的其他角色。你可以问人们，谁是公司中很有影响力的关键人物，通常，只需要五轮谈话你就可以得到答案，之后，为了最大限度地节约时间和精力，你可以将精力重点集中于那些关键人物身上。

这种“一对一”的交流还是判断你们是否抱有同样价值观的良机。“这种情形就像你要去打仗一样，你想把谁部署在你的左翼？想让谁在右翼呢?”劳氏公司退休的董事会主席和首席执行官罗伯特·提尔曼说：“你想找到不但能圆满完成工作任务的人，而且还希望他或她有百折不挠的精神和自主精神。”

谈到过去数年来自己聘任的人，罗伯特·提尔曼说，一个共同的特质总是赢得他的青睐：那就是对失败的敬畏。“他们绝对不会让人失望。”

不过，你需要注意的是，不要将那些与你观点相左的人完全剔除出管理团队。一个“拉后腿”的人可能是个具有创造性思维的人，他对现状的质疑——即使他的主张匪夷所思——对管理团队而言也可能是宝贵的资产，可以迫使管理团队考问企业的状态，并使管理团队免于陷入传统的老套。而起初以“煽动者”的面目出现的人，你可以让其充当某些决策“鼓动者”的角色，而决策一旦做出，他们则可以成为强大的支持力量。

当杰夫·柯里恩成为GlobalSpec公司的首席执行官时，他与公司的经理进行了很多“一对一”的交流，交流过程中，他向经理们提出了下列问题：

- 你如何定义我们的企业？GlobalSpec公司是一家技术公司吗？是互联网公司？还是传媒公司？你是如何将其定义为技术公司、互联网公司或者传媒公司的？
- 我们的竞争对手是谁？面对这样的竞争态势，我们需要如何做出反应？我们需要如何制定企业的行动战略？
- 我们企业的运营驱动力是什么？衡量运营成败的标准是什么？你对企业最担心的是什么？为了真正提升我们的销售业绩，我们最需要关注什么环节？我们的客户在哪些方面得到的服务最差？
- 你认为，我们的企业三年后会成为多大规模的公司？你觉得我们如何达到这一目标？我们需要如何另辟蹊径？

我提出这些问题的动机是想了解他们介入到企业运营中的深度。他们是把管理企业运营当成了“不过就是一份工作”而浅尝辄止、得过且过呢，还是对企业的日常运作细节和企业的战略议题了如指掌？他们深入到企业内部的深度有多深？他们是如何主动思考企业的问题的？我们的有些对话非常有价值，而且也为我迅速打开局面提供了很多帮助。

2001年成为金考公司首席执行官的加里·库辛认为，一位新领导者应该时常与人们适当交流关于企业的话题，以便了解人们在企业出现重大议题时都是怎么想的。“如果你和他们谈到他们的企业，而他们不能掌控企业的运营，不能为你提供企业运营的数据，那么，他们就不应该还留在企业中。”加里·库辛说。

> 我还记得我与国际部的管理人员第一次开会时的情景。我环顾左右，想看看会议室里是不是有人拍摄记录，因为即将上演的是一出“悲惨的戏剧”。前一年，那个团队损失了1000万美元，企业千疮百孔、伤痕累累，然而，五位副总裁在前六个月居然一个人也没做过国际市场考察旅行。我是在一天下午召集的会议，我想弄明白到底出了什么问题。以前，我从来没做过那天做的那种事情，不过，在会议即将结束的时候，我还是把他们全部都解雇了。我说，“伙计们，你们毫无作为，虽然很遗憾，不过，你们不能再待在这儿了。”我起用了一个新人取代他们，90天以后，国际市场业务就发生了颠覆性的变化。

“我也向人们提出问题。”柯达医疗影像系统公司的总裁丹·柯沛敏对此深有同感，“如果一个人负责企业的损益计算工作，我会向他要数据；如果一个人负责技术项目，那么，我会问他客户的反应是什么，我会问他，他那个项目是如何满足客户需求的。这个过程并不是测验，不过，它是测评人们对企业运营情况了解程度的有效手段。”

当拉里·约翰斯顿成为艾伯森公司——350亿美元的连锁超市——首席执行官以后，他要人们向他陈述项目进展情况，比如，新的促销战略、新的采购途径和新的人力资源管理策略等。“之后，我会去商店验证，他们所说的战略是不是和零售卖场的情况一致。”

埃德·布林继任泰科国际公司首席执行官以后，他有一种强烈的感觉，那就是他必须组建新团队以取代现有的管理团队，但是，他不想——而且也不能——完全解散现有的团队。为了评价管理团队成员的能力，他做了一些有关公司业务的访谈：“作为领导者，你每天都在仔细检查企业的运作，你每天要花8个小时到10个小时考虑团队的问题，所以，你应该可以快速了解企业的运作状况，同时应该了解谁在这些情况的背后起作用。”

埃德·布林上任之后，还马上实施了他称之为“杰克·韦尔奇日程”的计划，他定期召集会议，讨论有关领导力和企业战略以及企业运营等广泛的议题。每个星期一早晨，他还与全体直接下属召开一个为期一小时的电话会议。“所有的人在会上都会知道事情的进展，所有的人都知道当务之急是什么，下个星期一的会议可以很方便跟踪本周的会议议题。人们非常看重这种方式，他们对企业运营的事务更投入了，而且他们还知道了其他人正在做什么，此外，这种会议形式还可以快速传播优秀的管理方法。”

另外，定期召开电话会议的方式还是了解谁尽职尽责、谁敷衍塞责的有效途径，你对问题所做出的反应向管理团队的其他成员传达出强烈的信号：你的考评标准是什么以及你期望的行为是什么。

与下属的下属召开圆桌讨论会（人们通常将其称为“越级会议”）的方式，为丰富你对企业的感觉以及验证你的判断提供了另一个机会。“当你和大家坐在会议室开始提问的时候，你可以据此评估团队的状况，而且你可以准确评估他们的领导者的情况，尤其是当他们的上司不在场的时候。”拉里·约翰斯顿说，“我总也忘不了我们召开第一次‘越级会议’时的情景。副总裁走进会议室坐到我旁边，我看了看他说，‘这是一个“越级会议”。’‘“越级会议”是什么？’他问。我说，‘“越级会议”意味着你不应该列席。’”

金融分析家和客户一类的外部人士是你获取有关数据的良好资源。成为柯达医疗影像系统公司的新领导者以后，作为与各方接触、熟悉过程的一部分，丹·柯沛敏主动与客户会面，他发现，与客户交流可以获取很多有关自己直接下属的信息——从客观的角度来看，谁对客户的反应更积极，谁与客户的交流更策略，谁在处理有关的问题，等等，而且还可以获得同样多的有关企业运营状况的相关信息。

管理团队够格吗？

除了评估管理团队每个成员的能力外，你还需要测评团队整体的能力：作为一个整体，团队的运作情况良好吗？团队成员的配置如何才能做到人尽其才、各得其所？将什么样的人安排到什么职位才能最大限度地发挥你的领导力？团队有能力在未来的日子里管理好公司吗？

管理团队成员必须能够应对公司面临的不断挑战，管理团队还应该保证你能更好地为公司工作，此外，管理团队还要能反映出你想在整个企业倡导的价值观和工作标准。

2000年1月24日，当史蒂夫·班尼特（Steve Bennett）被聘任为直觉公司的首席执行官时［直觉公司是一家为个人提供理财、税收软件的企业，因其广受好评的产品“快克”（Quicken）、“特博保税软件”（TurboTax）和“速达”（QuickBooks）而声名显赫]，他为自己制定了倾听和学习的日程。“当我来到公司时，我说，‘至少在 90 天之内，我不想发动任何行动。’”但是，根据公司掌握的资源和市场机会，他很快判断出，公司应该表现得更好。“实际上，需要做的工作已经是显而易见的了，而且时间紧迫，所以，我上任以后的第五个星期就提前进行了公司的重组。本来，我并不想那么做，可是，通过走出企业四处巡游，通过与管理人员和员工的交流，我弄清了企业的运作状况，所以，我实在等不及了。”他从考察中得出的一个重要结论就是：现有的管理团队还没有强大到足以实现他渴望的目标的程度。

“我构建管理团队的理念非常具体。”史蒂夫·班尼特说，“当我到直觉公司上任的时候，它是一个价值即将达到 10 亿美元的公司，可公司的管理人员从没有在 10 亿美元级公司工作过的经验，他们很优秀，但是，他们并不具备相关的管理能力，他们没有与公司规模相适应的领导力，此外，他们没有完成我们 30 亿美元目标所需的工作经验。”

害群之马？

尽管很多人认为新领导者上任以后通常应该立即“清理门户”，但事实上，“清理门户”的运作很少能在上任伊始便开始。首先，这么做并不现实，因为你可能找不到适合的其他人选；其次，启动“清理门户”的过程也有其自身的困难，从根本上说，在获得足够的认同之前，“清理门户”将是一个长期的过程。

最后，但同样重要的是，上任伊始便“清理门户”，还会错失由你对组织的新期望和新管理风格所创造出的新机会，领导职位的转换和企业运作环境的变化，可以让那些此前表现差强人意的管理者焕发青春。

朗讯科技公司的主席亨利·沙赫特很看重“静观其变”的价值，他的理由是：“如果你给他们适当的机会，他们可以发挥出巨大的潜力。”亨利·沙赫特说：“除非你有充分的理由，否则不要改变任何东西，直到用事实证明他们毫无作为之前，你可以假设所有的人都很有能力。我最津津乐道的能证明这一观点的故事是这样的：朗讯科技公司是 1995 年创建的，从传统观念来看，公司没有任何天才，可是，就是这样的公司，其股票从每股 4 美元飙升到了每股 85 美元，就是这样的公司，从默默无闻的小角色发展成为世界上的第四大企业（按照市场价值计算）——而此间，我们没有换过一个人。所以，如果说公司有非常不称职的管理人员——比如说，你 90% 的同事都认为公司的首席财务官是个蠢货——那么，你根本就不可能取得这样的业绩。所以，如果你想获取管理人员的忠诚，‘临阵换将’无疑是最具破坏性的事情了。”

大部分经验丰富的经理人都知道，他们必须对管理团队成员做出快速评估，但是，他们还知道如何用真实情况证实他们的直觉判断。“通常，我在五分钟之内就可以感觉到某个人在新环境中是不是称职。”吉姆·麦克纳尼说，他在成为 3M 首席执行官之前，他在通用电气公司曾经先后担任过 7 个重要领导职务（也就是说，在成为 3M 首席执行官之前，他已经有过 7 个上任后“第一个 100 天”的经验）。“但是，我认为，经过一个短期或者中期的锻炼，每个人都应该得到重用，尤其在 3M 这样人才济济的公司中，你总可以找到某些职位的适当人选。”

每位经理都有评价他们从前任那里传承下来的管理团队的方法。一个广泛流行的方式就是将人们分成三个类别：留任者、无可救药的人和有待观察者。“留任者”很显然是管理团队的重要“资产”，甚至在对他们的正式任命发布之前，你或许就迫不及待地想告诉他们其将来的职位是什么了，以便减轻他们的焦虑感，同时，将他们外流的风险降低到最小限度。“无可救药的人”则是管理团队的“害群之马”，他们削弱了整个团队的领导力和运作能力，将他们从管理团队中剔除出去，不但可以向人们传达出你用人标准的清楚信息，而且还常常可以将组织中受到压抑的能量释放出来。最后，“有待观察者”有可能成为管理团队的重要“资产”，如果在一定的时期内——比如说，12 个月到 18 个月——他们可以改正自己的重要不足的话，你有必要告诉他们，为什么要给他们设定试用期、他们必须完成什么任务以及何时完成任务，同时，他们的存在也是对管理团队能力的补充。

当丹·斯通成为空间控股公司（现在的影像新星公司）的首席执行官时，他就是用这种方法评估他从前任那里继承来的管理团队的。“我上任以后的最初几周，”丹·斯通说，“将人们分成三个类别。第一类，是能够完成任务而且能够与其共事的人；第二类，是虽然能够完成任务，但人们对他们的工作态度有些微词的人；第三类，是不能完成任务的人或者是‘害群之马’。第一类人是令人愉快的‘留任者’，第三类人最终则要被剔除出去，而第二类人则需要引导和管理。现在回想起来，我当时的判断非常准确。如何对待第三类人具有象征性的意义。人们并不愚蠢，他们很清楚，谁在团队里是‘害群之马’，谁拖沓懒散，谁消极对待工作。你不可能在上任的第一天便将第三类人剔除出去，但是，我必须要尽快积极应对人们的猜疑：丹不是说他要变革吗？怎么‘那个家伙’还在这儿啊？”

确认谁是“留任者”谁是“不可救药的人”并不困难，不过确认谁是“有待观察者”则要费一番工夫，因为他们占据着“巨大的灰色地带”——处理他们的问题可能让你心力交瘁。金考公司的前首席执行官［此前，他曾在 130 亿美元的工业巨头爱默生公司（Emerson）任职总裁］乔治·泰姆克说，在是向潜在的“留任者”身上继续投入时间精力呢，还是索性将他们剔除出管理团队的问题上，他一直试图“快刀斩乱麻”，以最大限度地节约时间。

“如果你与他们协同努力，你有可能将‘B 级’领导者转变为‘A 级’领导者，但是，处理‘C 级’领导者则伤脑筋得多，而且你很难将他们转变为‘A 级’领导者。”乔治·泰姆克对此确信无疑，“你必须尽快清楚地意识到这一点，你可以和居于‘灰色地带’的‘有待观察者’进行非常坦率、诚恳而且不带任何偏见的对话，给他们提高自己的机会，不过，‘静观其变’期间，你要让他们承担责任，如果在你的帮助和支持下，他们依然不得要领、无所作为，那么，你必须直接让他们离开。”

发送强烈的信号

在你上任后的第一个 100 天，与做出人员任免的艰难决定同样重要的是，你还必须决定，什么时候以及如何将人员任免的结果通报给管理团队的其他人。那么，你应该“赶早不赶晚”地告知他人吗？你应该让他人自己解读你的任免结果，并让他们自己发现其中的‘潜台词’吗？你应该与那些受到你任免影响的人进行面对面的直率对话吗？

领导层的人事变化给新领导者提供了一个重新认识企业状况、获取对企业旧有运营方式新见解的机会，要想取得初步的成功，新领导者自然会利用这个机会。此外，因为现有的管理团队成员都想玩一个“抢座位游戏”，都想入主新的管理团队，所以，人们对变革的“耐受程度”要更高些，这是很多新领导者可以利用的一次机会。

但是，除非公司处于危急状态，否则大部分经验丰富的领导者都会避免在上任之初就对管理团队的人事安排大动干戈。惠普公司的前首席执行官卢·普雷特说，新领导者应该谨记“**快速思考，但谨慎行事**”，他谈道：

> 当新领导者处理人事任免事务时，他们总有一种“急不可耐”的倾向，他们大部分的决定是在自己上任后的第一个100天内做出的，不过，如果你转念想一想，你会发现，100天的时间根本不足以让你了解一个人，不足以准确评价他们的个人能力，也不足以预测他们可以为组织做出什么样的贡献。某些人与你的观点相左，并不意味着他们在自己的岗位上不称职，通常，你恰恰需要有人与你“持不同意见”，但是，这个结论往往需要很长的时间才能得出。如果你是从组织内部被提拔到领导职位的，而且你曾经与管理团队的成员一同工作过，那么，你会享有人事调整的先天性便利，因为你可以清楚地评价他们对组织的价值。不过，如果一个来自组织以外的新首席执行官到任伊始便“清理门户”，就像很多人做过的那样，他们最终则会失去很多天才。

柯达医疗影像系统公司的丹·柯沛敏对此深表赞同：“我的一个黄金法则就是‘爱每个人，不做想当然的判断’。要给人们表示疑虑的权力，永远也不要把别人对某些人的评价当做真理，你需要根据人们的成绩和行为来评价他们。”

2004年1月，当爱德华·赞德成为摩托罗拉公司董事会主席和首席执行官的时候，他也遵循了同样的原则。尽管对与公司运营有关的公司董事会、管理团队、投资界和客户等大部分人来说，显而易见的事实是，这个通讯业的巨头就如何运营的问题需要来一个大幅度的“动荡”了，不过，爱德华·赞德坚定地认为，在自己上任后的第一个100天内，对管理层的任何改革都应该谨慎从事。他说：“在我上任后的最初三个星期中，就管理团队的问题我形成了很多想法，也进行了多次访谈，但是，我并没有急匆匆地对他们‘乱砍滥伐’、‘大动干戈’，相反，我认为，他们中的很多人需要‘灌溉和滋养’，需要经受检验，也就是给他们在新环境中显示才能的机会。我很高兴当时那么做了，他们中的有些人改变了我的最初判断，而且在新环境‘生机勃发'，对那些没有通过检验的人，那些依然'行将就木'的人，我们也做了妥当的处理。但是，真正将管理团队整合起来花了我整整三个半月的时间。"

从另一方面说，如果你是在组织处于危难时刻"空降"到其中的，那么，你根本就没有从容的时间对所有的人都表达你的爱。吉姆·麦克纳尼说："如果企业即将分崩离析，而企业管理团队又没有威信，那么，你必须在上任后的第一天就采取断然措施。"**威信**，这个难以言喻的魔棒可以让你从组织中获得付诸行动的许可，在吉姆·麦克纳尼的论述中，"威信"是个关键词。当你执掌一个新领导职位帅印的时候，你的威信不但要受到你以前职业经历和职业声誉的影响，你上任早期对关键人物的任免决定也会影响到你的威信，而你的任免决定除了会对组织本身产生影响以外，它的影响还会波及组织以外，比如，资本市场、高级经理人市场和管理精英市场。例如，2002 年 9 月，当埃德·布林聘任戴维·费兹帕特里克（David Fitzpatrick）在泰科国际公司担任要职的时候，这位曾在业界巨人联合技术公司（United Technologies）（即联合技术公司，"《财富》500 强"企业。——译者注）任职首席财务官，而且其才能受到广泛赞誉的领导者即将担纲泰科国际公司的消息，让公司股票价格应声飙升了 15%，这个任命还让投资研究机构晨星公司（Morningstar）（创立于 1984 年，总部位于芝加哥。晨星公司主要为全球范围内的投资者提供专业的财经资讯、基金及股票的分析和评级，不断开发和提供方便实用的分析应用软件工具等，已成为美国最主要的投资研究机构和全球投资领域内基金评级的权威机构。——译者注）对泰科国际公司的投资前景提高了评级。

值得庆幸的是，2000 年 12 月，当吉姆·麦克纳尼来到明尼阿波利斯（Minneapolis）接手 3M 公司的时候，公司的状况并不很糟，所以，他可以相对从容地进行管理团队的人事任免工作。吉姆·麦克纳尼会同公司的 18 位总经理就企业要达到的卓越目标制订了全新计划和预期。谈到他从前任那里继承下来的管理团队时，吉姆·麦克纳尼说："在一定时期内，我想给每个人以机会。"他和管理团队的协作经历了这样的过程——"除非万不得已，否则，在你上任后的第一个 100 天期间，你不要做任何人事任免决定。首先要理顺企业的运营，之后再去考虑人事任免问题。"所以，他上任后，过了很长一段时间才重新构建了管理团队。"你看，三年过去了，现在，我的直接下属有 70% 是我接手公司以后的新面孔。"

无论你做出什么样的任免决定，也无论你如何做出任免决定，所有的人都会关注你的行为，都会解读哪怕是微妙的角色转换和人力资源配置所传达出来的各种“潜台词”。谁最“受宠”？谁会穷途末路？如果你的任免决定不能传达出清晰无误的信号，那么，它们将会引发弄虚作假行为，会加速谣言的传播，对人事任免无休无止的猜测还会导致人们心猿意马，从而大大降低工作效率。因此，清楚表述你的期望和目标是至关重要的，你对人事任免的决定需要从一开始就传达出清晰无误的信号。

“作为领导者，你将人们引入到管理团队的决定会在很多方面反映出你的倾向。”丹·斯通说，“所以，人事任免的问题可能是比任何其他问题都重要的问题，你必须慎之又慎。”

你选择谁以及你做出那些选择的过程，都会传达出你的用人标准、你对管理人员的期望和你的管理风格的清楚信号，当你从组织以外遴选管理人员的时候，这种信号尤其强烈。如果你自己就是从组织以外聘任来的新领导者，而且你也倾向于从你以前供职的组织中聘用管理人员“旧部”，那么，人们可能会形成这样的判断：“算了，如果你没和这位新领导者共过事，你就进不了高管层的圈子，你也没有机会进入。”从另一方面说，如果你从组织以外聘用的管理人员用事实证明，他们确实比自己取代的前任经验更丰富、工作能力也更强，那么，你的用人新标准也为组织以后的人事任免设定了基调，因为你的任免决定传达出了完全不同的信号。

这也正是丹·斯通在为空间控股公司安排一位新领导者时想要传达出的信息，那位新领导者是他上任以后聘用的第一个人。“他是那种典型的出类拔萃的人，是个很能干的家伙。”丹·斯通说，“人们来到我的办公室对我说，‘他太出色了，你在哪儿找到他的？’我会说，‘他确实很优秀，不过，这也没什么稀奇，每个人都应该像他那样，这也应该成为你以后聘任管理人员的标准。’”

在你做出最初的人事任免决定前深思熟虑、反复掂量，会将他们成功的机会扩大到最大限度。创建初期的企业和正处于快速增长阶段的新型企业的领导者常常面临这样的两难处境：是留任并依靠那些将企业发展到目前状况的人员和经理呢，还是从组织外聘用那些可以将企业提升到更高层次的“重量级”管理者呢？从企业外选聘领导者的方式可以吸引更多像“重量级”管理者一样的管理精英加盟。

解聘也是领导者传达清晰信号的机会，而且通常比聘任管理人员所传达出的信号更为强烈。有时候，管理人员遭到解聘是因为他们的态度，而不是因为他们的工作能力。

赛贝思公司的戴夫·彼得施密特说："我解雇了一些试图用卑劣的方式诋毁我的人，他们从不认同我们的计划，也从来不去实施，他们非常有破坏性。我说的不是那些与你持有'不同意见'的人，不是那些与你公开辩论的人，也不是那些观点强硬的人，我说的是那些在你背后'捅刀子'的人，那些出卖你、欺骗你的人，是那些试图破坏你工作的人。把这类人留在自己身边可不是开玩笑的事，你必须'快刀斩乱麻'地把他们剔除出去，处理他们，你必须果敢、坚定，你必须摆脱他们。有这么一个家伙，他对我信奉的企业应该抱有的价值取向完全否定，并从中作梗，如果不把他剔除出管理团队，我就不能采取行动，我的威信也会受到挑战，我会被人们看成是伪君子或者诸如此类的人。"

丹·斯通也确信，人们会将人事安排的剧烈变化当做判断领导者用人取向的依据："最有说服力的例子是我对两个人的解聘，其中的一个人深受大家喜爱，他确实是个好人，而且对企业文化的态度很积极，但是，尽管他掌握几个让他步入正轨的有利条件，可他不愿意也不能制订更为积极进取的运作计划。年底，我召集了一次会议，就我们曾经谈过的应该做什么工作以及把工作做到什么程度的问题做了年末总结，之后，我说，'坦率地说，公司中的每个人都有在公司工作的充分理由，每项工作都是至关重要的——我们不能养闲人，从另一方面说，如果你不能完成自己的本职工作，那么，公司就会遭受损失，所以，听任在座的某些人对他人的生计产生消极影响是不公平的，因此，所有的人都要拿出百分之一百一的干劲来。'"

"几天以后，当我让那两个人离开公司的时候，"丹·斯通总结说，"这件事情中的因果关系是显而易见的，事情的发生背景——那次会议——让所有的人都明白了，为什么他们两个人必须离开公司，人们也都清楚了他们两人的职位为什么要被那些更能应对即将到来的挑战的人所取代。"

你需要一个"你信赖的革命者"

尽管人们通常以为，将"外脑"引入到组织中来有助于企业文化的重建，有助于为组织制造变革的紧迫感，不过，在组织内，那些经验丰富的经理们实际上也是公司才智资本的"存储器"，他们了解公司的历史，在组织内有多年的工作经验，而且与客户和组织以外的机构保持着良好的关系，所以，他们对在“同一战壕战斗的战友”了解颇多，而且对“战友们”的工作能力也了然于胸。

那么，在借用“外脑”和依靠组织内那些经验丰富的经理们之间如何达成平衡呢？

《读者文摘》的首席执行官汤姆·里德认为，“如果你要变革一个组织，启动变革最好的人事组合就是保留大部分原有管理人员，不过，同时你还要将有助于启发人们进行变革思考的人引进来，并安置到相关的岗位上去，对他们的引进会对在任的管理人员产生特殊的影响。单凭直觉判断，我觉得，我应该把公司高管层的管理人员换掉30%到40%，这个比例可以在组织内产生推进变革的足够‘动荡’，但同时，这个比例还可以让你保留足够多的既有管理人员，以此保障组织运行的连续性，保障你对组织制度认知的需要。如果人事变动的比例超过了这个范围，那么，你就会侵蚀组织的信念，而且会打击所有的人。”

在上任前的倒计时准备期，汤姆·里德发现，四个职位对启动变革行动是至关重要的：人力资源部经理、企业再造负责人、市场部门经理和编辑部领导者，期间，他甚至还找到了可安置到组织内这些岗位的适当人选。不过，汤姆·里德还是想把他们的大部分留下来，事实上，除了一个例外以外，将其他人全部换掉整整用了一年的时间。

“我告诉吉姆·普雷斯顿（Jim Preston）（吉姆·普雷斯顿是雅芳公司已经退休的董事会主席和首席执行官，时任《读者文摘》首席执行官选聘委员会经理），我想带一个人进来，没有他，我不能开展工作，那个人就是人力资源部门的经理加里·里奇（Gary Rich），这是我是否接受这个职位的前提。如果你想发动一场革命，那么，你就需要一个你信赖的‘革命者’，我很清楚，加里·里奇就是我需要的‘革命者’。”汤姆·里德强调说。

领导职位是个艰难的职位，而且也是个孤独的职位，即使在企业运营状况很好、一切条件都已具备的情况下，当你试图发动企业变革的时候，你的孤独感依然会很强烈。对于变革，你不能而且也不应该单兵作战。

你需要找到信赖的人与你协同作战，你需要与他们一起研讨，与他们一起权衡敏感的人事安排事宜，需要与他们一起“试探水的深浅”，当其他人不能实话实说的时候，当其他人还没有与首席执行官建立起亲善关系的时候，你需要和他们一起搜集企业的各种观点。在你处于“我现在应该怎么办？”的迷惑中时，你需要转而向一个贤明的、有智谋的人求助。你可以将这个人称为“伙伴”或“心腹知己”，他在组织中的职位应该是仅次于你的。

当加里·库辛仔细考量过确保金考公司重组成功的重要因素以后，他马上将丹·康纳斯任命为公司的副总裁和首席行政官，丹·康纳斯曾经与加里·库辛在其之前供职的公司共事。

“对我来说，确保重组公司成功的首要因素，就是让丹·康纳斯作为我的知己和战略伙伴。”加里·库辛透露说，“我很清楚，完善组织的战略是我们要做的最重要的工作之一，但是，我还知道，我不可能在参与到这个过程中的同时还能顾全组织管理的所有环节。”

> 作为领导者，你必须要赢得大家的忠诚，必须获得大家的拥护，不过，这个过程你不可能坐在会议室里通过与某一个管理顾问公司的交流而完成。所以，你身边必须有一个你信赖而且了解你的欠缺的人，你知道，他可以完成这个过程。实际上，我们的职责是平行的。

作为一个“外来者”，当丹·斯通来到这个资金形势堪忧、尚处于创建初期的公司时，他并不具备将一个伙伴或者知己带到公司来的奢侈条件，更不用说引入一个管理顾问机构了。所以，他必须冒险从组织内部找到一个心腹知己，而且他还必须尽快找到。

“上任以后，企业的情况根本容不得等我观察得足够详细之后再做出决策。”丹·斯通说，“我需要了解公司的运营历史，需要一位‘内部人士’，以便将我对公司的观察和公司的现实统一起来，和公司的动态结合起来。最后，我选定了公司的财务副总裁，他忠于职守的美德是毋庸置疑的，不过，我选定他是基于他的另一个更重要的特质，我了解到，他对公司运营状况的直觉判断通常都是非常准确的。所以，让他做我的‘高参’再合适不过了，我完全可以将他视为我的‘心腹知己’。”

有些领导者更倾向于组建一个“智囊团”，而不是指定某一个人作为“高参”。智囊团的大小很重要：如果人数太少，你就可能难以从足够广泛的领域得到足够多的信息；如果人数太多，那么，智囊团可能会缺乏凝聚力，而且还要冒某些机密容易被泄露的风险。丹·柯沛敏将自己的智囊团称之为“内部董事会”。他解释说，“这个委员会由人力资源部经理、首席财务官和首席行政官构成，我们每周召集一次例会，这种会议可以让大家集思广益，我们在会上就某些想法会展开热烈的讨论，对企业运营的几乎所有方面而言，确定某些策略的执行或者延迟某些行动，包括人事安排的决定和对人们能力的测评，这种会议形式都是一个很好的途径。”

在危急状态下组建管理团队

在组织处于危急状态时，你可能信不过现有的管理团队，大家对他们也不认可，可是，你又不太可能马上就把你需要的管理人员引入到组织中来。在前管理团队可能犯有渎职错误的情况下，最可行也是最老练的方法，就是从组织外聘请声名卓著、能力超群的顾问机构。

埃德·布林在泰科国际公司使用的就是这种策略。他作为公司的董事会主席和首席执行官工作的第一天，就看到了公司的严重危机，他后来回忆说，当他想召集高级管理人员开会的时候，“没有一个人来参加会议”。前首席执行官丹尼斯·克茨洛斯基（L. Dennis Kozlowski）辞职以后，有些高级管理人员也辞职走了，丹尼斯·克茨洛斯基在即将受到偷逃销售税的指控之前辞去了领导者职位，他和公司的首席财务官从公司获得了6亿美元的非法收入。其他的高级管理人员根本就没来公司。

“碰到这种情况，你必须对管理团队做出重大变动。”埃德·布林说，“我们替换了所有的董事会成员，而且几乎完全重组了公司管理团队。你的行动越快越好。我上任的第一个星期就解雇了公司的首席财务官马克·斯沃茨（Mark Swartz），在我上任以后的90天内，我解聘了所有的前管理团队成员。”

“但是，聘任到管理人员可就没有那么快了，我没办法给公司的法律事务部门一个说法，好在我们在纽约没有什么法律事务部门，投资者能找到的联系人就是我。在这种情况下，你就需要从组织以外获取帮助了，直到你构建了自己的管理团队为止，你引进的‘外援’一直是你管理团队的一部分，这种‘混合编队’实际上成了我们的‘危机处理’团队。”确切地说，埃德·布林从沃顿商学院请来了领导力权威迈克尔·尤西姆（Michael Useem）来负责公司治理，聘请了法律专家琳达·罗宾逊（Linda Robinson）和沃尔特·蒙哥马利（Walter Montgomery）负责公司对外沟通并处理与媒体的关系，此外，埃德·布林还依靠史宾沙管理顾问公司（Spencer Stuart）（选聘执行官和董事会成员的“猎头”专家）的一个团队为公司的新董事会和高级管理团队物色合适的人选，同时，负责协调新管理人员的聘任过程。

前任的影响力

构建新管理团队的任何课程，如果没有谈到如何对待前任的影响问题，这个课程就是不完善的。无论是前任依然还在组织中，还是已经离开了公司，他遗留下来的影响力无处不在，他的影响力会从公司或者部门的健康程度反映出来，会在负责运营该公司或者该部门的人身上反映出来，对新来的领导者而言，前任的影响力可能会造成严重的问题，不过，它也可能为你所用。

任何层次的任何领导者都会碰到令人难以捉摸的前任“迷局”。在大多数情况下，如果你的前任依然还在公司中，他负责的会是另一项工作，尽管他可以为你提供些建议，不过，通常情况下，他会全神贯注于自己的新职责，而且他对你负责的领域很快也会毫无感觉。

企业的创建者和首席执行官是个例外。

很多人认为，要想让新首席执行官开辟一个新天地，他必须与过去“一刀两断”。人们觉得，如果企业创建者或者首席执行官要离开公司，他们就应该真的离开——搬出办公室，远远地走开。“让前首席执行官在公司里晃来晃去、让他听到你正在做什么并且对你的行为说三道四是很危险的。”沃斯通讯公司（Voce Communications）的总裁和合作创办者理查德·克莱因（Richard Cline）说，“如果前任总是在公司内‘流连不去’，新领导者很难放开手脚工作。”

葡萄园并不总是像人们吹捧的那么美妙

1999 年，当卢·普雷特将惠普公司首席执行官的职位交给卡莉·费奥瑞娜（Carly Fiorina）的时候就遵循了这个原则。具有讽刺意味的是，不久以后，当他成为位于加利福尼亚州索那摩县（Sonoma County）的肯德尔—杰克逊酿酒公司（Kendall - Jackson）首席执行官的时候，他自己却陷入了与企业创办者共事的泥沼。

“我在肯德尔—杰克逊酿酒公司的工作算得上成功吗?”卢·普雷特问，“说不上多么成功。因为我必须与企业的创办者一同工作，他拥有公司的所有股份，而且每天早晨都会冒出一个我应该做什么的新想法，我根本不可能制定自己的工作议程。尽管杰斯·杰克逊（Jess Jackson）希望有人来管理公司，可实际上，他并不真的想让别人来**全权管理**企业。所以，对我的每个行动他总能想方设法地插手干扰。在我接手这项工作之前，所有的人都告诉我，情况一直就是这样。我和杰斯·杰克逊是好朋友，而且我对他的成就佩服得五体投地——他白手起家创建了如此令人惊异的企业。但是，我接触的每个人都说，和他共事是不可能的，那简直就是一场‘灾难’。难道我没有听说过这些吗？我当然都听说了，不过，我想，那是因为**他从来也没有与像卢·普雷特这样的人协同工作过**。可结果不过如此！我对那些即将与企业的创办者一同工作的人的建议是：千万别去！坦率地说，世界上还有大量的其他工作可以做——你大可不必非接受那样的工作不可!”

有一个人没有遵从这样的建议，她就是芭芭拉·班柯（Barbara Banke），2001 年，卢·普雷特离开肯德尔—杰克逊酿酒公司以后，她继任了首席执行官一职。

如果你的前任是“摇滚明星”

有人认为，作为新首席执行官，如果你力劝企业的创建者离开公司，或者将前任首席执行官“放逐”出去，那么，你的行为就破坏了企业 DNA 的结构，所以，对公司、对你自己都会造成损害。我们的观点是，在大多数情况下，向前任伸出友善的双手，并且热情拥抱他应该是更好的方式，这样，你可以让组织的运行具有连续性，可以让人们觉得你对组织的管理有连贯性，此外，你还可以从前任首席执行官那里获取他经年积累的不成文的宝贵信息。

当你继任的是一位备受拥戴而且富有传奇色彩的领导者的职位时，遵循这个原则尤其重要。让你的前任给予你职位上的支持有助于你获得他们曾经享有的拥戴，至少，可以避免人们将对你前任的拥戴转变成对你的怨恨。

正是基于这个理由，加里·库辛成为金考公司的首席执行官以后，立刻有意识地向企业的创建者保罗·奥夫利（Paul Orfalea）伸出了友善的双手。尽管保罗·奥夫利不再担任首席执行官职位已经有好几年了，不过，在公司上下依然有很多追随者，这些人希望“外来者”能珍视金考公司的传统，而加里·库辛恰恰是那么做的。

“我曾经和保罗一起共进晚餐，”加里·库辛说，“想了解他对公司运营的想法，而且我也把我的想法向他和盘托出，这样，我就可以更好地完成本职工作了。当公司两千多名高级管理人员参加我上任以后召开的第一次会议时，我就邀请了保罗到会讲话，尽管那时候他已经离开了公司。我想让人们看到，我很尊重他，我也尊重他为公司所做的一切，他在公司的声名依然显赫，所以，这么做对我非常有意义。”

> 当他这个“大牌明星”走向主席台的时候，天啊！会场立刻一片“混乱”，人们群情激昂，会场的气氛就像一个真的摇滚明星登上了舞台一样，他们跳到椅子上，大声尖叫，不停地叫喊……他走到主席台正中间，亲吻了我一下，这个举动非同小可，他向人们昭示，他是全力支持我的，他把祝福送给了我。

与此同时，加里·库辛还向公司的“过渡”首席执行官乔治·泰姆克寻求帮助，乔治·泰姆克领导了选聘加里·库辛的过程，在加里·库辛上任以后，他成了公司董事会的非执行主席。尽管加里·库辛上任的时候，将丹·康纳斯从组织外当做“心腹知己”引进到了公司，不过，乔治·泰姆克还是很快就成了加里·库辛在组织内的“高参”。

> 每个星期五晚上或者星期六早晨，我都会把自己最近的工作、我正在思考的问题、公司运营的现状等整理成 3—6 页的说明性文件发给乔治，一次也没有间断过，直到我们将公司卖出为止。之后，我们会在星期六下午的晚些时候花一两个小时，就有关问题展开讨论，他会考虑我提出的问题并提出他的建议。有时候，他会说，“我也遇到过这种情况，就这个问题，我是这么想的……”有时候，他会问，“你想过这个问题吗?”通过这种方式，我们建立了非常友好而牢固的关系，以至于我们可以彼此随意开对方的玩笑，以前，我从没想过，我们可以建立起成果如

此丰硕的关系。当然，乔治也有他的缺点，我也有我的不足，但是，我们找到了如何将我们各自的优势组合到一起来推动公司发展的方法。

即使当你与前任建立平等交换意见的关系时，你也要记住，首席执行官只有一个，所以，你需要把持住职位赋予你的权力，需要像前任首席执行官当年一样，自己做出决策，同时，还要避免让你的前任觉得自己不受赏识，避免让他感觉自己是“局外人”，达到这种境界相当不容易，不过即使难以把握也很值得去做。

熔铸管理团队

你可以弄到很多质量一流的配料，不过，它们并不能保证你一定可以烹饪出美味佳肴。与此类似的，作为领导者，构建自己的团队并不是将天才们聚拢到一起，如果你想构建一个运作高效、配合默契的管理团队，你还必须将团队成员有机地熔铸到一起。盖普服饰公司的首席执行官保罗·普雷斯勒指出，构建自己管理团队的绝招是：“如何让他们协同工作，在我执行战略议程之前，要建立什么样的程序以确保他们能够以一个团体运作，此外，如何让他们切实感到，自己已经完全参与到议程的执行过程中了。”

请注意，上任以后，你和管理团队召开的早期会议将为以后的会议设定基调。会议所传达出的信息——比如，你如何制定组织的战略议程、你让谁列席会议、会议什么时候召开、你引导大家讨论的能力有多强、会上是不是会真的做出决策、决策如何直接影响人们以后列席的心态、会议的召开是否准时、人们是否为会议做了充分准备以及人们是全神贯注还是心不在焉等等——都会对以后的会议产生影响。

你上任之后召开的早期管理团队会议，应该为你期望的会议程序设定范本。比如，你可能希望这类管理团队会议得到清楚、明确的成果，希望所有的议题都得到充分讨论，你可能希望会议可以解决一些重要的但尚未给予足够重视的问题，你或许想鼓励大家就相关议题在会上展开坦诚和直率的对话。作为一个新领导者，在管理团队会议开会之前，你可能想让参会人员“热身”，以便让他们把自己的心理状态和身体状态调整到参会的“临战状态”，在会议结束之前，你或许想从大家那里得到会议的什么议程完成得很好、哪些环节还需要改进的反馈。

在美泰公司，"我们需要了解你"

在美泰公司，鲍勃·埃克特将自己与公司高级经理组成的管理团队召开的第一次会议当成了上任以后的"第一把火"。在接受公司首席执行官的任命以前，鲍勃·埃克特就调查了公司管理团队的情况。那时候，公司董事会实际上已经解散了管理团队，他们不但已经解聘了前首席执行官吉尔·巴拉德（Jill Barad），而且还遣散了管理团队的大部分成员，所以，鲍勃·埃克特对前管理团队没有办法掌握多少情况，但是，通过电话会议和公开会议，他了解了人们如何运作企业以及看重什么事情的一些情况，据此，加上他从董事会得到的有关信息，上任以后的第一个月内，他与公司的高级管理人员召集了一个为期两天的会议。

"这次会议的目的是草拟公司的愿景、制定公司战略，同时确立公司的价值取向。"鲍勃·埃克特说，"对公司上下的所有人来说，了解公司将向何处去是很重要的，尤其像我们这种公司所有的员工中只有10%的人在位于加利福尼亚州艾尔塞干多（El Segundo）的总部工作的企业，虽然我可以和随便碰到的什么人进行交流，我还可以和很多人共进午餐，但是，因为你肩负的职责范围非常广泛，你需要让公司上下的所有人都清楚公司的发展方向，所以这种交流方式给你的帮助是很有限的。因此，我觉得，我们应该制订一个简明的'路线图'，这样，公司的员工就能知道公司将向何处去以及如何抵达目的地了。会议召开之前，我给加利福尼亚大学的一个教授朋友打电话，向他寻求如何'打破交流坚冰'的建议。他建议说，我可以走进会议室对大家说，'我听说过你们的一些事情，你们也听说过我的一些情况，好了，让我们澄清事实、消除误会吧。你们可以向我提出有关我的任何问题，我都会回答的。当你们罗列问题的时候，我会出去喝杯咖啡，所以，你们大可不必紧张，我们要用不记名的方式完成这个过程。'"

起初我想，我们可以用半小时完成这个过程，结果，这个"打破交流坚冰”的过程整整持续了四个小时，他们提出的问题五花八门，比如，“我听说你是一个‘深入到火线’的管理者，喜欢听下属的意见，这是不是意味着你做决策时根本不需要我们的参与？”我从他们的字里行间发现，我不但低估了他们的忧虑，也低估了他们的能力，我还意识到，就像我上任之前对美泰公司的情况做了很多“功课”一样，他们也非常详细地调查了我的情况，这个事实告诉我，我要与其共事的是一个由精明的经理组成的团队。那是一次关键性的会议，从会上，我了解到了许多很可能会引起公司紧张局势的情况，也是在会上，没用多长时间我就看到了管理团队的漏洞和欠缺。在两天的会议上，我们整理出了多份报告，直到今天，那些报告我们还在使用。

激励3M公司管理团队“旧部”

在3M公司，吉姆·麦克纳尼从前任那里继承的是一个让企业的运营状况每况愈下的管理团队，就是因为管理团队的失职，导致了3M公司历史上第一次从公司外聘请首席执行官。很多人以为，吉姆·麦克纳尼会从通用电气公司带过来一个管理团队，到3M公司任职之前，他曾经在通用电气公司的航空发动机企业任职首席执行官。不过，吉姆·麦克纳尼后来的决定让所有的人都大吃一惊。在一次又一次的访谈中，他反复重申：“我要在公司中设定新的绩效考核标准。”他说，“我想，3M公司应该让能力超群的团队管理成员‘返老还童、恢复活力’，而不是用平庸之才取代他们，他们曾经让公司卓尔不群，当然，他们也能让公司更为优秀。”

吉姆·麦克纳尼因为再次让3M公司焕发出快速增长的活力，因为引领3M公司取得了持续赢利的突出成就，更重要的是，因为他拥有勇于革新的特质，让他赢得了2004年《商业周刊》“年度经理人”的美誉，他的所有这些成就向我们诠释了一个新领导者如何激励他或她继承的管理团队有多么重要的命题。

“你必须及早找到领导力发挥作用的‘支点’，并抓住不放。”吉姆·麦克纳尼说，“你必须要创建一个管理团队，可你不能靠四处转悠与人们握手、表达自己亲善态度的方式建立起团队，你必须找到一个显示自己权威的方式，但是，你不能靠武断和专横来确立自己的威信，不能靠居高临下的职位建立自己的权威，相反，如果你将‘支点’确立得很成功，那么，你将可以获得广泛的支持，而且可以从组织中获取更多的动力。如果你上任伊始便哗众取宠、卖弄自己的能力和经验，无疑，你也将受到管理团队的消极抵抗。”

> 我想让管理团队面对这样的现实：企业的运营状况与我们的预期相去甚远。当然，造成这种局面并不是某一个人的错误，但是，企业的现实确实与我们的目标南辕北辙。直言不讳地说，我们还没有一个完善的计划来应对现实的变化，所以，我想激发管理团队的认识，让他们认识到，我们在所有的运营环节都面临着变革的艰巨任务，在接下来的几个月，我们必须一起找到一条能应对挑战同时重新制订企业战略计划的途径。
>
> 新领导职位转换的经典理论认为，新领导者“需要走出去，去会见客户，去会晤供应商，去和工厂员工握手、表达亲善，等等，等等”。但是，我上任后的第一个 100 天则是与公司的 18 位高层经理“躲进小楼成一统”度过的，我不是说我不要去与客户交流，也不是说我不做其他事情，我当然要会见客户，当然要做其他工作，但是，我把更多的时间花在了和高层经理们的交流上。
>
> 我不是那种独坐办公室异想天开、才思泉涌的人，我需要从团队中汲取灵感，他们也需要得到我的启发，我们需要协同探索企业的发展之路。这是一个我从前任手里继承来的管理团队“旧部”，我和他们交流的方式是这样的：“嗨！伙计们，我们的现有计划并不是一无是处，对吗？不过，世界已经变化了，所以，我们必须得改变我们的原有计划，而且还要快。”我没有在研究现有计划是否完善上面花费任何时间，我把时间花在告诉大家现实情况已经发生了重大变化上面，我们需要一同前行。

作为一个领导者，你需要用以身作则、身先士卒，需要用事实说明问题、说明个人在其中的作用，同时，你还需要显示自己的坦诚。那么，吉姆·麦克纳尼是怎么做的呢？“作为管理团队成员之一，我试图将尽可能多的信息注入团队会议中去，而不是端坐一旁对他人的见解说三道四。我的策略就是率先垂范、身先士卒。我会说‘下面就是我希望你们做的，就如何调整我们的电信产品问题，我想从你们中间得到三四个思路，顺便说一下，我是这么想的……'我试图从以往的经历中找到启发新思路的途径，并将其引入到我们的讨论过程中，利用这种方式，我们的讨论总是洋溢着建设性的、向前看的气氛，回顾和停滞不前在会议中没有市场。因此，会议的主旨一直是：我们必须把这个事情弄清楚、我们必须前行，以前是谁制订的这个计划已经不再重要了。"

旧金山不是伯班克

如果你是一个来自组织以外的新领导者，你需要准备调整你对管理团队的预期，当你看到他们的运作状况时，或许，你连自己一贯的工作方法都需要改变。到盖普服饰公司任职之前，保罗·普雷斯勒在迪斯尼公司已经习惯了管理团队的固定运作模式，在迪斯尼公司，他的同人们彼此都很了解对方的优势和欠缺，彼此很清楚如何向对方提出质疑，也很清楚如何激发他人迸发出富有创造性的、有价值的想法，但当保罗·普雷斯勒入主盖普服饰公司的时候，他以为会碰到一样的管理团队，结果他发现，他对新公司管理团队的预期与现实情况完全不同。

"我太天真了。"保罗·普雷斯勒坦承，"这个组织前领导者的管理风格完全是两回事儿。公司的管理权限非常分散，人们并不认为公司总部承担着为公司创造出特有价值的职能，在公司内，公司各个职能部门和各个分支机构——比如，市场部门、财务部门、IT 部门、法律部门、人力资源管理部门等等——完全'分治'的企业文化大行其道。"

> 总经理们没有共同的目标，他们也不能像一个领导者团队一样行使管理职能，我们必须重新学习如何协同工作，如何让大家拥有一个共同的目标，如何就公司的运营达成共识，只有这样，企业战略的制定才能成为大家集体智慧的汇集而不只是我一个人的想法。我认识到，我们需要"先退一步"，需要弄清楚我们**为什么**需要成为一个团队，以及**如何**熔铸成一个团队，而不是一开始就由我提出"这是明天我们需要处理的十个问题"之类的议程。

那么，保罗·普雷斯勒是如何将自己的理念付诸行动的呢？“我到任一个月以后，我们就开始与公司外的一个管理顾问机构定期召开会议。”保罗·普雷斯勒说，“我们在会上会讨论公司的优势和不足，讨论公司所处的竞争地位以及我们面临的挑战。我把我对公司 50 位高级经理访谈得到的信息反馈给管理顾问机构，它们则对那些信息进行甄别。就是在那段时间，我向管理顾问机构阐述了自己对公司根本需要的观察结果，我将这类需要称之为‘激活保障公司运营的支柱环节’，这些环节是指企业运作的核心机制，甚至在我们认真思考企业如何增长、如何将企业塑造成客户导向性的公司、如何改善我们的供应链、如何获取‘小额销售’的能力——将适当的产品销售给适当的客户、如何改善我们当做战略武器的技术水平、如何管理人才之前，就应该优先强调并理顺企业的这些核心机制。”

“最后，这种会议演变成每两周一次的例行会晤，会议主要处理组织运营过程中的日常议题。所以，这类会议分为两部分：第一部分是对企业议题随机应变的会议，第二部分是一个为期一天的建立相关管理程序的会议。不过，这类会议也是在推进我的战略议程和促进大家团队作战之间达成平衡的会议。”保罗·普雷斯勒入主盖普服饰公司两年以后，公司的人觉得，企业已经不再是以前的那个企业了，企业更注重团队的作用了，团队成员之间的协作也更默契了。

接替“老大”

当杰夫·伊梅尔特成为通用电气公司首席执行官的时候，他要认真对待的则是完全不一样的期望——他的同人们对他的期望。是追随杰克·韦尔奇的简单、直率、“粗暴”的著名管理风格呢，还是以完全不同的方式与前同事共事？

杰夫·伊梅尔特说：“发生在我身上的这种领导职位的转换，意味着你需要在一段时间之内与管理团队要像伙伴一样地共同管理企业，因为你成了你以前同人们的老板。一个会议即将结束的时候，杰克·韦尔奇可以说，‘这个主意简直愚蠢透顶，你们觉得呢？’我可不能那么说，因为听到你也这么说，团队所有的人都会离你而去，他们在其他公司可以随时找到首席执行官的职位。当你从公司内‘一步登天’的时候，如果你不能善待他人，那么，你就会造成优秀人才的流失。在我上任以后，比起留住一个能力平平的人来，我更在意会不会失去一个优秀的人才。为杰克·韦尔奇工作，我们觉得自己是‘一群马’中的一页，为了公司更美好的前景一起努力‘拉着雪橇’。我在公司中是‘第七号马’，而且我很称职。但是，当我成为首席执行官以后，如果翻过头来也把戴夫·卡尔霍恩（通用电气航空发动机公司首席执行官）当做正‘拉着雪橇’的‘第七号马’，我想，他的下一个电话一定是打给史宾沙管理顾问公司（著名的猎头公司）的!”

所以，当你接受了新领导职位的任命并熔铸你的管理团队时，你需要特别留意应该如何激励每一个人。卓越领导者的管理风格会因人而异，而不是‘以不变应万变’、用一套‘放之四海而皆准’的套路构建、激励所有的管理团队。

全新的团队，全新的心态

当他们回首自己上任以后第一年的经历时，我们访谈的很多首席执行官说，他们从前任那里接手的管理团队在一年中不复存在的超过一半。当管理团队的构成开始发生变化的时候，当新管理团队开始在公司内外赢得声誉的时候，领导者便应该着手为团队成员和作为一个整体的管理团队设定全新的预期目标了。

入主泰科国际公司一年以后，埃德·布林回忆说：“没有什么比领导层的人事变更更能改变人们的态度的了，也没有什么比领导层的人事变更在创造新的企业文化方面拥有更大的影响力的了。在我上任以后的前六个月内，我们聘任了 60 个到 70 个重要职位的新领导者，我的所有直接下属都是全新的面孔，每一位董事会成员也都是新面孔。除了前台的那位女士外，我们的那个楼层所有的人全部都是新面孔。”

他继续说道：“当人们看到发生的变化时，当人们看到我们聘任了新首席财务官和新法律顾问时，他们开始认识到，‘这些家伙可不是闹着玩的，他们来真的了，看来他们是要大干一场了，他们会改善公司的治理，他们会寻求变革，泰科国际公司正在构建一个超级管理团队。’”

没人能够单打独斗

无论你是来自组织以外试图将组织从水火中拯救出来的新首席执行官，或者是你的前任精心栽培的组织内部继任者，还是即将掌控新部门的领导者，你都需要谨记这则最重要的古训：**没人能够单打独斗**。即使是创业型企业家——他们天生就是单兵作战的勇士，他们天生就敢于逆潮流而动——也需要遵从这个原则。我们在研究中发现，在那些才能卓著的杰出企业家中，当他们将处于创建初期的企业交给优秀的企业管理者的时候，他们拥有的共同特质就是：拥有熔铸团队的出色能力。我们可以从下面的经典例证中得到启发：迈克尔·戴尔（Michael Dell）拥有伙伴凯文·罗林斯（Kevin Rollins）；霍华德·舒尔茨和奥林·史密斯（Orin Smith）形成了完美的互补；比尔·盖茨正是与史蒂夫·鲍尔默（Steve Ballmer）的“结盟”，才使他在微软公司的事业和慈善事业蒸蒸日上。毕竟，一个人无论多么足智多谋，他的能力终归还是有限的，即使他或她是最优秀的。衡量领导者业绩平平还是持续表现优异的标准在于：利用自己的领导力在上任的早期构建自己的管理团队的能力，以及持续激励并优化管理团队的能力。

小　结

构建自己管理团队的十个指导原则：

1. 为实现公司愿景，为贯彻领导者的战略议程，构建强大的管理团队是领导者首要的而且也是最佳的步骤。正如管理大师吉姆·柯林斯简明总结到的，“第一是谁，之后才是什么”。
2. 要避免让自己身边都是与自己背景相近的人，领导者应该集中精力构建一个成员的价值观相同、拥有同样激情但能力**互补**的管理团队。
3. 领导者需要认识到，所有的人都会在某些方面拥有特殊禀赋，同样，也都会在某些方面存在“先天不足”，领导者创建的管理团队应该让其中的每个成员发挥出最佳效能，并使管理团队作为一个整体的力量远远大于个人力量的简单组合。

4. 判断你是否拥有一个足够强大的管理团队完成你的目标。评价管理团队每一位成员的能力，并弄清他们如何为团队的整体运作作出贡献。管理团队的构成应该与公司面临的挑战相匹配，应该让你的工作最有成效，此外，还应该反映出你想贯彻到公司上下的价值观和业绩考核标准。

5. 为了评价你从前任那里继承来的管理团队，你需要就他们负责的领域通过有效的访谈和提出一系列问题的方式进行深入交流，如果他们不能掌控自己负责的领域，没有掌握相关的运营数据，那么，你的管理团队或许就需要变革了。

6. 除非公司处于深重的危机中，否则，领导者要尽量避免上任伊始便对高管层的人事安排“大动干戈”。领导者需要“快速思考，但三思而后行”，以有效避免过快做出人事变动的自然倾向。领导者需要认识到，如果给他们提供机会、寄予清楚的期望并让他们承担相应的职责，人们总是可以发挥出巨大潜力的。

7. 无论你是将他或她称为“伙伴”还是“心腹知己”，你都应该有这样一个值得信赖的、足智多谋的而且拥有超常判断力的人与你协同作战，你需要与他或她一起研讨，与他或她一起权衡敏感的人事安排事宜，需要与他或她一起“试探水的深浅”，并搜集人们的各种见解，尤其当其他人还不能实话实说、还没有与首席执行官建立起亲善关系的时候。

8. 你召集的早期管理团队会议会为以后的会议设定基调，所以，早期的会议应该成为你希望的会议形式的范本。你的言辞、精神状态和行为所传达出的信息将会为议题如何提出、如何讨论、如何解决提供以后可以依据的例证。领导者需要清楚表述会议的目标和希望取得的成果，会议需要解决那些很重要但尚未引起足够重视而且必须给予解决的议题，需要鼓励就相关议题展开坦诚和直率的对话。

9. 领导者要认识到前任的影响力无处不在，无论你的前任是否还在公司。尽管因为你的前任给你留下了很多麻烦，从而让你觉得将他或她“放逐”出去或者轻慢他或她是颇有诱惑力的选择，不过，这样做很可能会在人们中间引起不必要的抵触。承认前任的工作、在某些情况下伸出你的双臂拥抱你的前任可以让你保持组织运行的连续性，而且可以让员工感觉到自己工作的连贯性。

10. 当你熔铸管理团队的时候，你需要寻找如何激励每个人的得当方式。卓越领导者的管理风格会因人而异，而不是“以不变应万变”、用一套“放之四海而皆准”的套路构建、激励所有的管理团队。

第四章

制定你的战略议程

如果你觉得工作中还有“空闲时间”，或许，你应该感谢富兰克林·德兰诺·罗斯福（美国第三十二任总统），至少，你应该感谢路易·郭士纳。

多年来，新领导者及其周边的人——员工、董事会、股东和媒体——无不以为，一个新领导职位的首要工作就是发布**组织战略**。无论你是一位新首席执行官，一位团队新领导者，还是美国总统，要求你制定战略的巨大压力和连篇累牍的敦促确实让人难以抗拒。当面临这种压力时，富兰克林·德兰诺·罗斯福总统的反应很简单，他平静地把手指放到嘴唇上，微笑着说：“嘘……”

路易·郭士纳用言辞而不是用手势来抵御这种巨大压力，他永远不会被人误读的最著名论断就是：IBM 公司最后需要的才是企业愿景。我们稍后还会谈到这段生动的插曲。

没有多少新领导者能用富兰克林·德兰诺·罗斯福总统的方式来“回避”问题，但是，这些先例，尤其是路易·郭士纳的论断，近来让很多新领导者开始重新考量如何对待职位转换的问题，给了他们渴求已久的不必成为“救世主”的“赦免”，至少在上任的第一天不必承负沉重的压力了。现在，很多首席执行官引用路易·郭士纳的例子帮助自己抵御在上任后的第一个 100 天就要发布圆熟、完善的企业战略的压力，而企业的员工和董事会也逐渐开始尊重领导者们的观点。不过，与此同时，人们希望——而且也有权——了解作为新领导者的你准备做些什么以及如何去做。

在勾画你将引领组织抵达的胜境与避免过早将自己囿于行动计划之间达成完美的平衡，是使你上任以后第一个 100 天的工作卓有成效的最重要途径，所以，在此期间，你需要考虑的是制定自己的战略议程，而不是思考制订企业的战略**计划**。

“千里之行始于足下”，可什么时候制定企业的战略、什么时候确认企业的首要议题呢？领导者应该如何迈出正确的第一步？

路易·郭士纳在 IBM 迈出的第一步的永恒价值

尽管路易·郭士纳和 IBM 的故事已经家喻户晓了，不过，他们的永恒价值依然弥足珍贵。

1990 年成为 IBM 公司历史上的最佳赢利年度。三年以后，个人电脑时代的到来颠覆性地改变了计算机行业，“蓝色巨人”遭受了近 160 亿美元的损失，这个对个人电脑的发明贡献良多的巨人几乎濒于破产，情况或许还要更糟，简直几近消亡。尽管 IBM 公司是郭士纳管理的第一家技术类公司，不过，他从运营 RJR 纳贝斯克公司（RJR 公司位于亚特兰大，主营烟草及食品加工。——译者注）和美国运通公司（American Express）的经历中积累了管理巨型企业以及麻烦重重公司的丰富经验。1993 年 4 月 1 日，郭士纳到 IBM 公司走马上任，7 月，就自己准备如何复兴公司的问题，他启动了第一次大规模的公开讨论。

在他上任以后召开的第一次新闻发布会上，他发表了那段令人难忘的论断：“人们对我何时推出 IBM 公司的愿景有很多推测，不过，我想告诉你们的是，就目前情况而言，IBM 公司最后需要的才是企业愿景。”

人们对郭士纳无视企业对战略和愿景的迫切需要深感震惊，以至于几乎没人注意到他之后谈到的自己认为最重要的事情：为企业制定表明企业首要议题和企业运营原则的清楚战略议程。

“现在，IBM 公司需要的是，为各个企业制定一系列切合实际的、以市场为导向的高效战略，这些战略会提升企业在市场中的表现，同时，为股东创造价值，这就是我们要做的工作。”郭士纳推出的是对企业迫在眉睫的问题和企业至关重要需求的彻底评估，这些议题恰恰是所有的新领导者上任伊始应该予以重点关注的问题。

“现在，”郭士纳继续道，“公司最需要优先解决的问题就是恢复赢利能力。如果你想为企业设定愿景的话，那么，让企业挣钱，同时，让企业的财务状况好转应该是愿景的首要主题。因此，我们一定要让公司赢利，这就是我们今天要做的工作。”

> 对IBM公司来说，第二重要的事情，就是赢得争取客户战役的胜利，我们在这方面要做很多工作，不过，我要再次说明，这个策略也不是公司的愿景，而是服务客户的策略。
>
> 第三，在市场上，我们要更为激进地挺进客户服务器领域。现在，在为客户提供服务器解决方案方面，我们已经走到了前头，虽然我们一度被人们定型为“大型计算机公司”。今后，我们在客户服务器领域还要进一步大规模“攻城略地”。
>
> 第四，我们还要保持业内全方位服务商的地位，事实上，我们已经是唯一一家全方位服务提供商了，但是，我们的客户告诉我们，IBM公司应该成为全方位解决方案提供商，所以，我们在这一领域会加倍努力并获取相关能力。
>
> 最后，我们还要做很多我称之为“响应客户”的工作——也就是更关注客户的需求、更短的产品投放周期、更短的产品配送时间以及更高水平的服务质量。

郭士纳因为“缺乏企业愿景”而饱受诟病，但是，郭士纳指出，解决IBM公司的问题完全在于执行，他不想让员工们固执于一个充满魔力的“秘笈”可以将公司拯救于水火的空幻希望，他想用公司目前的日常运营状况增加人们的紧迫感。

为了精确制定他的战略议程，郭士纳：

- 花气力诊断公司的症结所在，通常，他总是从客户的角度开始这个诊断过程，之后，提出一系列行动步骤，这些步骤如果执行得当，公司的问题将会得以解决；
- 限制这些步骤的数量，以便让公司上下的所有人轻易就能明白并记住；
- 将这些步骤按照优先顺序排序，以便管理团队了解如何配置自己部门的资源；

- 在更为广阔的领域勾画需要优先考虑的事情的画卷，为确保公司前进方向的正确建立足够完善的组织结构，与此同时，根据具体情况，赋予各个部门足够的自由度。

任何领导者的特殊禀赋之一，就是确认组织至关重要的议题，并将其制作成确保人们不会产生歧义的简短目录的能力。领导者“化繁为简”的能力非常重要，当然，我们并不是说领导者要把复杂问题搞得过于简单化，而是要让人们容易理解、容易据此付诸行动。郭士纳的战略议程轻易就达到了这个目标。

奠定正确的基础

基于充分理由的对组织价值主张的判断以及企业存续的理由，是你制定企业战略议程的基础，如果企业的战略议程不是建立在这样的基础上，那么，它可能会将企业引入危险的歧途，会使企业失去对自身价值主张的认识。有时候，偏离现实的企业议程来自领导者对行业的错误判断。

1997 年 1 月 1 日，当吉尔·巴拉德在美泰公司 17 年的职业生涯达到辉煌的顶点——成为公司首席执行官——的时候，她为公司设定了全新的愿景——将公司定位于多元化家庭消费品生产商，她对公司价值主张的扩展导致了公司一场灾难性购并的发生——1998 年 12 月，美泰公司以 36 亿美元的价格收购了一家名为“学识公司”（The Learning Company）的互动式软件开发商。这宗交易的巨额资金恰好在错误的时机投入到了完全陌生的领域——当时，互联网的泡沫正在显现，人们对具有教育和娱乐双重功能软件的需求正在不断萎缩，再有，这宗购并把公司管理团队的注意力从公司擅长的核心业务——玩具品牌建设——引向了完全陌生的领域。不久，美泰公司开始走向衰败，并不得不将亏损累累的“学识公司”出售。这宗为公司带来灾难性影响的购并，当然比一个构想拙劣的战略议程所带来的影响要大得多，当购并与吉尔·巴拉德恶名昭彰的、令人窒息的管理风格结合到一起的时候（我们将在第八章详细讨论），这宗购并就成了“压垮骆驼的最后一根稻草”，并导致她于 2000 年 2 月被迫辞职。

吉尔·巴拉德的继任者鲍勃·埃克特将这些事件称之为“战略性的错误”，他重新强调了美泰公司作为玩具制造商的身份定位。成为公司首席执行官以后，鲍勃·埃克特第一次接受众多媒体采访时说：“我要反复强调的主题就是：今天，美泰公司是玩具领域中的主导品牌，明天，我们依然是行业翘楚。这个主题表明了我们是什么样的企业，这也是我们今后 15 年的工作主题。”

公司的兴趣中心也可能在顺畅的发展过程中出现偏离。“我的前任埃德·普雷特（Ed Pratt）为我们公司作出了卓越贡献。”威廉·斯蒂尔（William Steere）回忆道，1991 年到 2000 年期间，威廉·斯蒂尔担纲制药巨头辉瑞制药公司的领导者职位。他提到，埃德·普莱特也受到了企业应该多元化发展时髦潮流的影响，那时候，人们组建大型企业集团是出于这样的逻辑：如果你的某些企业出了问题或者一败涂地，那么，其他企业会为你弥补损失，也就是“以丰补欠”。

> 客观地说，辉瑞制药公司多元化发展的领域与本行业还有一定的关联性，尽管它们远远偏离了公司的核心业务。当我来到公司的时候，公司的情况让我越来越清楚地看到，如果我们的制药业务出了什么问题，没有别的什么可以拯救我们。制药业务以外的所有外延业务都很有吸引力，而且也能赢利，但是，在多元化发展的框架中，终究还是制药业务承担着主导角色。

多元化发展还不是威廉·斯蒂尔在辉瑞制药公司需要抵御的唯一潮流。“1992 年，当我成为公司主席的时候，人们对我说的第一件事就是，‘你应该购买一家基因制药公司，你应该进入基因制药领域。’但是，我认为，我们是一家依靠研发在业界立命的制药公司，我们并没有做过基因药物研究，如果我们涉足基因制药领域，我们就得靠过期的专利过活，那么，我们就成了那个领域‘捡破烂儿的人’，事实上，知识资产才是辉瑞制药公司的命根子。”

因此，威廉·斯蒂尔的战略议程再次强调，辉瑞制药公司的核心能力在于制药，公司需要清理很多可能削弱辉瑞制药公司在业界杰出地位的其他业务。“我不相信分析家们会因为我们缺乏企业愿景、因为我们没有进入基因制药领域就降低对我们公司的评级，结果，他们‘回心转意’了，他们说，我们做的是对的。”

自身角色定位的危急会将企业引入歧途，它会造成人们决策过程的混乱，会削弱人们做出清楚决策的能力，会导致人们选择发展方向的迷茫，而且破坏人们对资源的合理配置。如果你连让员工做什么都不知道，你怎么可能聘用到合适的人选呢？如果你连什么项目和什么产品与企业的整体发展相适应都不知道，你怎么可能知道应该对哪些项目和哪些产品提供支持呢？

几乎每一位领导者都认为，他们的目标就是确立企业的核心业务，确立企业的核心业务可以归结为建立企业的长期价值主张。“企业最近几年的运营如果说有什么不同的话，那就是它告诉我们，对任何公司来说，建立长期的价值主张都是至关重要的。”戴夫·彼得施密特说，“如果公司要想在业界长期存续下去，它必须明白自己要带给市场的核心价值主张是什么，必须明白自己在拥挤不堪的市场环境中存续下去的理由，之后，你才能就如何将企业引入长期价值主张铺就的轨道做出客观评估。”

当你对企业运营的环境进行检视的时候，你要考虑你对企业以前的评估结果。如果你想将公司引向长期价值主张指明的方向，你需要认真考量你会从哪些方面得到帮助，哪些方面会成为你的障碍，这些判断将成为你制定短期议程的框架。

迈克尔·埃斯丘和美国联合包裹运送服务公司战略议程的基础

2002 年 1 月，当在美国联合包裹运送服务公司工作了 30 年的“老兵”迈克尔·埃斯丘按照周密的计划成为公司首席执行官的时候，公司的运营状况正如日中天。他成为公司首席执行官以后不到三周，迈克尔·埃斯丘召集了一个为期三天的公司高级经理人会议，会上，他们详细研究了公司面临的重要挑战。

美国联合包裹运送服务公司长期战略议程的形成，是有组织地完善现有战略的自然产物，而不是来自于革命性的变革。迈克尔·埃斯丘拥有两个有利条件，使他能够在上任以后的第一个 100 天内相对从容地制定公司的长期战略议程。首先，他是一位在公司内有过长期工作经历的继任者，他曾经参加过美国联合包裹运送服务公司企业战略的制定；其次，尽管来自联邦快递公司（FedEx）和其他公司的竞争非常激烈，而且全球经济的动荡也给公司运营造成了很多麻烦，不过，美国联合包裹运送服务公司的财务实力让公司还没有出现危机将至的任何迹象，所以，迈克尔·埃斯丘可以将注意力集中于如何让公司的优势发挥得更为淋漓尽致上面。

考虑到美国联合包裹运送服务公司将在 2007 年举行公司百年庆典，他们为此制订了一个“百年纪念计划”，计划描述了公司将要提供的服务、将要吸引的人才、可能遇到的重大议题以及处理这些事宜的战略。

“我们花费了很多时间考虑我们将要向何处去的问题。”迈克尔·埃斯丘回忆道：2007 年的百年庆典给了我们一个着眼点，“百年纪念计划”的内容并不是我们要投递多少包裹、投递过程如何管理或者企业盈亏等细节问题，而是关于我们公司在人力资源管理、服务客户、为客户提供解决方案等方面的能力和策略，是如何执行上述策略的计划，这个计划可以归结为以下四个要点：

- 创建一个由充满工作热情的人组成的**战无不胜的管理团队**，他们能够为实现美国联合包裹运送服务公司的长期愿景满怀激情，同时富有使命感地默契协同工作；
- 营造为每一个客户和每一个包裹都提供个性化投递解决方案的工作氛围，而不是将自己的某一种运作模式套用到所有的客户和所有包裹上，以此来强化**以客户为中心**的意识，尽管公司在全球市场占有相当大的市场空间，不过，公司要像小型企业那样运营；
- 通过为客户同步提供货物运送、信息和资金的支持，使客户可以在任何地方开展业务，从而为客户提供除了包裹投递以外的**价值**；
- 通过值得信赖的一贯表现，通过对公司运营和公司职能各个环节的完美执行，保持企业的**卓越**。

短期议程

大部分新领导者上任之后都没有迈克尔·埃斯丘那么从容的时间和条件，所以，他们在制定议程的时候，需要关注的重点是如何在长期计划和组织的近期需要之间达成平衡，以及什么时候将指导性的、方向性的议程转化为更为正式的战略计划。我们在调研期间访谈的大部分领导者都以不同的方式构想他们的短期议程和长期议程，这一点并不难理解。与你承担为企业设定方向的长期战略计划比起来，短期议程是关于你如何配置自己的时间、如何为需要优先处理的事情排序的议程，是如何让组织精确了解你马上将要付诸的行动——比如，“星期一早晨干什么”——是什么的议程。

短期议程必须根植于组织的现时情况，对组织目前竞争地位、能力、资源和企业文化的评估和判断是制定短期议程不可或缺的第一步。正如我们在本书第一章讨论领导者上任前的倒计时准备期问题时谈到的，对组织的评估和判断源于领导者积极有效的倾听，同时，也源于领导者对组织管理团队的详细评估。为了避免让企业中存在的问题“星星之火”转变为难以掌控的“燎原之势”，你除了需要根据自己对组织的评估和判断采取措施外，你还需要弄清楚企业的员工是不是有接受必要变革的正确态度，需要弄清楚他们是不是有你需要的变革执行能力，需要弄清楚他们是不是能够获得确保变革成功所需的资源。

有些新领导者强迫自己在还没有足够把握的时候就做出承诺，因为他们迫切想得到人们的拥戴和认可，他们想用自己的良好愿望来代替他们对组织现实的判断，但是，当组织中存在很多你尚没有预见到的、决定成败的重要因素和强大势力的时候，这么做很危险，更不用说上任之初你尚不能完全掌控局面了，此外，你每一次的不能兑现自己的承诺，都会给你的信誉造成负面影响。因此，你一定要确保自己的短期议程建立在这样的坚实基础上——低调承诺、高调兑现。

了解自己的地位

吉列公司的吉姆·基尔茨在其多次履任新领导职位的第一个 100 天经历中，均成功使用了议程制定的手段，这些手段可以概括为：如何思考短期议程的制定，以及如何将短期议程整合到长期战略计划中去。

“先要彻底评估公司的状况，同时，弄清楚自己的地位。”他说，“有了这个前提，你就知道自己应该马上做什么了——比如，为企业的‘伤口止血’、实施必要的人事变动，这个过程应该在上任以后的前四个月内完成。之后，你就可以进入到更为详尽的战略计划制订阶段了，此间，你可以为公司中的每一个企业制订出治理计划，同时使公司内资源的配置更为合理。在吉列公司，只有到我上任一年以后，只有当我们完全弄清了此后五年应该如何运营的时候，我才觉得踏实了。”

“一个领导者必须为解决组织中的显要问题立即采取行动，但是，制订出一个富有洞见的企业战略计划则需要三四个月的时间，因为领导者担纲新职位以后，需要搜集大量的信息，需要在短时期内学习太多的东西，所以，要想在上任以后的前30天到前60天的时期内就制订出切实可行的战略计划确实是难以想象的。”

但是，当吉姆·基尔茨准备为企业制订长期战略计划的时候，他在上任伊始当然很清楚应该做些什么。

2001年2月，当吉姆·基尔茨接过吉列公司帅印的时候，公司一度寄予厚望的“锋速3”剃须刀、金霸王电池和欧乐B牙刷等产品，连续14个季度大量流失利润，产品销售和赢利水平五年来从没有增长过，吉列公司2/3的产品不断失去市场份额。为了遏止公司持续恶化的运营势头，吉姆·基尔茨——这位“久经沙场”的老兵——被引入了公司，吉姆·基尔茨在卡夫公司和纳贝斯克公司曾经历过十几次领导职位的转换，他认识到，在吉列公司，首要的行动就是在企业文化中注入责任感的要素。

吉姆·基尔茨上任的第一天就“打响了这场战役”。在一个所有15个分支机构领导者和公司高管层都来参加的会议上，他问道：“你们有多少人认为我们的生产、运营成本过高呢?”参会的15个人全都立刻举起了手。之后，吉姆·基尔茨再次问道：“你们有多少人认为自己部门的成本过高呢?”这次，没有一个人举手。

会议结束以后，吉姆·基尔茨宣布，他将为所有想讨论公司成本的人敞开大门，愿意与大家交流两个小时，结果，“几乎所有的人都来向我表白，他们部门的运行成本根本不高，但是，他们都很愿意告诉我说别的部门成本太高了，产品制造部门的告诉我说销售部门的成本太高了，而销售部门的人告诉我说市场营销部门的成本太高了，等等，等等”。

按照吉姆·基尔茨的说法，在问题重重的企业中，这是屡见不鲜的情形：所有的人都知道企业有问题，但是，没人认为问题出在自己身上。“人们总是和我说，‘是企业的管理体系让我非这么做不可。’”吉姆·基尔茨说：“是吗？可我们都是管理人员，不是吗？所以，如果企业有问题，说明我们每个人都有问题。”

直觉公司首席执行官史蒂夫·班尼特同样认为，领导者必须将短期议程和长期议程区分开来。“如何区分，完全取决于你所在公司的复杂程度。直觉公司是一家由六个不同企业组成的公司，在上任以后的第一个 100 天内，有哪位领导者可以聪明到把所有的问题都弄清楚的程度呢？不过，有些时候，对有些事情，”这些事情就是史蒂夫·班尼特短期议程需要解决的问题，“我已经看得越来越清楚了，坦率地说，我在与公司管理人员访谈期间就讨论过那些问题。比如，以我们的客户战略问题为例，我们在在线保险业务、抵押贷款保险业务和 Quick. com 上正在不断流失利润，可我们在某种程度上还依然认为我们可以通过对那些战略修修补补就能挽回颓势，可那样做会奏效吗？所以，访谈期间，我就对他们说过，我想，我们的客户战略应该寿终正寝了。”

“毫无疑问，我想对此立即采取措施，但是，在我上任以后的第一个 100 天内，我并没实施意义深远的、战略方向性的变革，因为公司的运营状况相当良好（除了客户战略以外），公司也不是一个‘正在燃烧着的平台’，我们面临的重大议题是战略的执行，是资源的有效配置，是全神贯注于我们可以获胜的业务。我想，如果我上任的第一天就对人们说，‘好了，我要制定公司战略了。’我就太愚蠢了，因为他们会问，‘你是谁？你对公司到底了解多少？’”

你比自己想象的拥有更多的时间

在制定战略议程方面，很可能你拥有比自己想象的更多时间。尽管组织中的人希望新领导者能为组织带来“新气象”，希望新领导者带来一种全新的管理风格，人们可能还希望新领导者能将组织的活力推向一个新高度，不过，组织中的大部分人并不希望新领导者立刻就为组织设定一个全新的发展方向，至少在新领导者上任的早期。

为了积极有效地倾听，为了避免过早推出不能得到大家认同的欠成熟的企业战略计划，新领导者需要进行很多交流，有效交流，不但可以让新领导者免受组织中分散自己注意力的细枝末节问题的干扰，而且还可以将人们对新领导者的胡思乱想扼杀在萌芽状态。对一位新领导者而言，他或她要做的最后一件事才是，让媒体和业界权威对自己的计划和议程再次深入地质询、分析和解构，在组织处于危机状态时，这么做尤其重要。领导者发布的重大宣言，尤其在领导者上任的早期所发布的重大论断所产生的影响，会萦绕在领导者身边经久不散。“如果你要做出重大论断，你的论断最好要经得住考验。”史蒂夫·班尼特建议说，“因为如果你上任伊始便对企业的运营迅速下结论，而你的结论又是错误的，那么，整个组织对你的信心就会大打折扣。”

为了愿景而制定愿景会对组织的运营产生消极影响，为组织设定发展方向所需要的时间，通常比大多数人想象的都要长，设定发展方向是一个往复循环的过程，这个过程需要领导者根据自己的经验和得到的反馈来制定自己的战略议程，需要领导者为组织的前进路径进行反复的思辨和甄别。

集中关注几个议题

英国著名剧作家和抒情诗人威廉·施文克·吉尔伯特（W. S. Gilbert）写过这样一个语义精妙的诗句：“人人都伟大，世间没豪杰。”在组织的运营、管理中，如果所有的事情都需要优先处理，那么，任何事情实际上就都不能享有优先权了。对新领导者而言，某些时候似乎有200件重要事情需要马上处理，即使你一再精简，最终将紧迫的任务缩减成十项，可你依然会觉得这些难以“割舍”的事情多得无法掌控。但是，如果领导者陷于难以超拔的处理事务的复杂过程中，他或她会很容易迷失自己，而且也很容易顾此失彼。

所以，在任何时候，你都应该将精力集中于你可以掌控的、数量有限的事务上，清楚的自我意识和化繁为简的能力是帮助你在“混乱的局面”中辨明方向的最好向导。“我在某一时间段处理的事务只有五个。”美国在线的首席执行官乔纳森·米勒说。

之所以在某一时间段重点关注的事务数量应该是有限的，不但是因为你的能力本身是有限的，而且你的管理团队在某一特定的时间内也无力应对过多的变革。当人们面对繁冗复杂的行动计划和过多的紧迫任务时，他们往往会变得迟钝和怠惰，但是，当人们只需要处理几个紧迫事项，而且事务的处理程序都很清晰明了时，他们会更好地发挥自己的能动性，会根据自己的经验和创见更好地完成任务。

“你不能在需要优先处理的事务名单上罗列出 25 项任务，因为这么做根本行不通。”理查德·诺特巴特（Richard Notebaert）说，理查德·诺特巴特于 2002 年 6 月成为奎斯特通讯公司（Qwest Communications）的首席执行官，其时，奎斯特通讯公司正饱受惨淡财务状况的折磨，公司股价一跌再跌，而且美国证券监管当局正在对公司的账目进行调查。

“你必须判断出公司事务的轻重缓急。在某个时间段，你总会有三四个事情需要优先处理，这些问题需要你反复不断地给予重点关注，需要反复不断地攻关。‘你们看到了，如果我们不处理好这个事情，我们就无望取胜。’首先，我们要把资产负债表的事情弄清楚；其次，我们得让我们的收入大幅增长，我们要处理好法律、法规的有关问题；之后，当我们把重大的原则问题解决好以后，我们就可以着手处理公司中的具体事务了，比如，我们为什么只在 40 个地区而不是在 60 个地区提供宽带服务呢？我们如何完善我们的产品以便与我们的竞争对手较量？”

安进公司的首席执行官凯文·夏尔为促进企业的快速增长确立了五项议题：(1) 在企业的销售收入中，投入到研发中的费用要达到业界的领先水平；(2) 积极构建和提升产品的新流通渠道；(3) 加大新产品的研发投入；(4) 吸引并留住优秀人才；(5) 在企业的长期增长和近期收入上达成平衡。

数量有限的议题实际上会解放而不是束缚组织的能力。好的组织议题应该足够精确，以避免人们对其产生理解上的歧义，不过好的组织议题还应该是综合性的、原则性的，以便组织内的不同部门可以根据自身情况比照执行。比如，爱德华·赞德在摩托罗拉公司的重大议题之一就是要企业“从外向内观照自己”，这个直白的表述在这个大型组织中可以对应十几个不同的表现形式和组织行为：从销售人员与客户的互动方式（更多地倾听而不是推销现有的产品），到产品研发工程师与客户服务部门的协同工作（建立产品信息反馈的循环途径），再到公司人力资源管理部门建立绩效表现评价系统（监督并奖励组织需要的行为），等等。一位首席执行官认为，如果用数量来表示，一个有效的战略议程应该符合“3 和 300”的原则：议程中应该有 3 个简明的重大议题，这些议题应该引发并强化 300 个相互独立但与组织目标又相一致的组织行为。

当你制定自己的短期战略议程时，你应该考虑以下几个方面，你的短期战略议程应该：

- 与组织的运作现状相一致，以便人们明了议程的根本所在；
- 确立你想采取的核心行动，并解释为什么说那些行动对组织很重要；
- 强调短期议题，不过，不应该背离组织的长期发展方向；
- 与管理团队一同制定；
- 将重建企业文化的明确计划和变革所面临的障碍列入其中。

新领导者上任后，迅速提出几个简明的企业议题，可以满足组织对建立新秩序的渴望，简明的企业议题既可以为组织设定前进的方向，也可以为组织提供进一步行动的来龙去脉，人们可以据此认识到他们将要前往何方，可以明了他们完成这个新旅程需要什么样的资源，可以清楚了解这个旅程中什么是重要的、什么是可以弃置一边的。

看看雷富礼的简明策略

当雷富礼（A. G. Lafley）继任被迫辞职的德尔克·贾格尔（Durk Jager）而成为宝洁公司掌门人时，他并不想对宝洁公司实施大规模的变革，他所想的只是恢复公司原有的平衡状态，经历过德尔克·贾格尔在一段时间内实施的太多企业变革以后，宝洁公司的原有平衡状态已经面目全非了。“我必须尽快拿出些东西来吸引人们的注意力。”这位在宝洁公司工作了25年的“老兵”说，“我不想让所有的人为公司拦腰斩断的股价忧心忡忡、坐以待毙。”

为此，雷富礼上任后的几天之内就在公司发布了自己需要优先处理的事务名录（作为公司内部的继任者，雷富礼对公司的了解让他获益匪浅，使他在上任之前就可以就如何解决宝洁公司的问题而进行深入思考）。根据他的判断，宝洁公司需要的并不是一场彻底的革命，而是如何把自己的长处发挥得更好，只要做到这一点就够了。雷富礼告诉自己的部属，不要再试图开发“下一个更伟大的产品”了，应该集中精力销售公司现有的主导品牌产品。

雷富礼引导公司将注意力再度集中于公司的十个主导品牌上，这些最畅销品牌中的每一个都可以为公司带来超过10亿美元的年销售收入，这些畅销品牌加在一起，为宝洁公司全部年收入的贡献超过一半。“在海军部队，这个基本策略对我非常有效。”雷富礼说。作为负责供给的军官，他曾经管理过一家面向军人的百货商店。“我了解到，即使你管理的是一家非常复杂的企业，企业也存在一个‘核心’，而这个‘核心’就是什么产品可以为企业带来最多的现金收入，什么产品可以为企业带来最多的利润，所以，你管理的诀窍就是找到企业最畅销的产品，并且尽可能多地销售那些产品。”

雷富礼的运营计划简单得令人震惊，他所有的下属都能明白计划的内涵。很显然，销售更多的汰渍（Tide）产品远比开发一个新汰渍产品要简单得多，更重要的是，宝洁公司已经很清楚如何销售自己的既有产品了——公司对此驾轻就熟，此外，专注于公司核心品牌的策略还会自然而然地引发如下的企业行为：停止对前景暗淡的二线品牌产品的研发和推广，并将那些与主导品牌战略不相容的企业卖掉，这些行动的实施使宝洁公司削减了 20 亿美元一度失控的运营成本。

这一原理在非营利性组织中同样适用。作为外展训练协会全国委员会的成员，作为外展训练课程的参加者，约翰·里德对美国外展训练协会（Outward Bound）的情况了如指掌（“外展训练”也称为“拓展训练”，起源于第二次世界大战期间。当时，盟军在大西洋的物资供应屡遭德国潜艇袭击，大部分水手在运输船被击沉后葬身鱼腹，只有极少数人得以生还。人们惊讶地发现，很多生还者并不是年轻力壮的水手，而是那些经验丰富、心理素质较好的年长者。通过对这一现象的分析与研究，人们得到了如下结论：在恶劣环境下求得生存，不仅要靠体能，更重要的要靠良好的心理素质。据此德国人库尔特·汉恩提出了“外展训练”的理念。第二次世界大战结束后，“外展训练”从最早的军事生存训练，演变为社会和经济领域服务的一种人本训练，因为现代人的工作、生活环境同样充满竞争和挑战，人们同样需要良好的心理素质去应对各种挑战。——译者注）。据此，他将自己的战略议程浓缩成了两个方面。

“在我看来，组织面临的最严峻问题就是，外展训练核心项目的开发处于危机之中。九年来，到各地外展训练学校参加训练的人数日益减少，每所学校都根据自身的情况试图单独解决这一问题，每个地方学校的新校长和市场推广委员会也都提出了自己的解决方案，而每个方案都急切地想向公众传达‘我们是谁’以及‘我们做什么’的不同信息，而传达出的信息却完全不同，情况完全乱作一团。”

“对于外展训练这种规模的组织来说，它的决策过程实在是太过繁复了，有些时候，我们做出决策的过程让人们觉得，我们正在烈焰熊熊的大楼里创立一个委员会，以便讨论如何防止火灾的发生，而不是拿起水龙头和水龙带扑灭眼前的大火。也许，这是非营利性组织的运作惯例，我发现，他们虽然非常富有才智，工作能力很强，可他们缺乏任何优秀的商务人士对自己的组织都有的商业感觉。在我们这种权力分散型的会员型组织中，全国委员会的工作权限很有限，所以，委员会实际上是汇集整理信息、检视各地方学校的运营状况的机构，是根据自己高高在上的地位告诉会员应该做什么以及为佐证自己的观点提供相关数据的机构。”

“从我上任第一天开始，我就针对全国委员会和各个地方委员会的运作状况发表了我的见解，我利用我上任后第一个 100 天的时间告诉他们，我们的现状不能继续下去了，我们必须实施变革。我们变革外展训练科目设置过程和决策过程的目的，是要让各地方的外展训练学校共同完善训练科目，之后一起比照执行（这一目标通过约翰·里德所拟定的系列草案而完成）。这一变革的巧妙在于，各地方学校可以根据它们所在区域的具体情况完善自己，而不是将全国委员会的理念强加于它们。‘哦！我们以前从来没有听说过这种策略，不过，也许，你是对的。’”

“我要着手处理的第二件事情，就是重点关注全国委员会办公室的情况，并缩减办公室的规模，以便与我们筹集资金的能力和自己的经济承受能力相匹配。在全国的外展训练学校中，全国委员会的名声很不好，所以，我认为，全国委员会办公室需要集中精力做出几件漂亮事来，要言必信、行必果，比如说，告诉分布在各地的外展训练学校，我们将要做些什么，而且要说到做到。在短短几个月之内，全国委员会办公室就裁员了 30%，这个结果并不让人感到意外。”

顺畅执行

如果组织的运行不够顺畅，无论是短期议程还是长期议程，议程所涵盖的时间就都不再重要了。“一位领导者能够为组织作出的最大贡献，就是清楚地确立组织的运营机制——会议、信息的流动以及做出指导日常运营决策的过程，尽管人们常常低估这个。”柯达医疗影像系统公司的丹·柯沛敏说。有时候，作为领导者，你必须利用自己的权威发布命令。

在 GlobalSpec 公司，杰夫·柯里恩不但为企业清楚确立了运营机制，而且他还为企业的进一步发展制定了标准化的管理程序，此外，他还为处于发展早期的公司创建了快速增长的平台。他的这一举措是以他上任后第二天召集的管理会议为契机推出的。“在我上任后召开的第一次会议上，大家讨论的几个问题让我觉得，我正在出席的是一所大学或者一个研究实验室的会议。”他回忆道，“人们的讨论大都是没有任何结论的，人们对每个想法的讨论都是浅尝辄止的，会议的议程非常松散，人们之间的交流大都集中于那些我们可以检测到以及可以了解到的事情上（如果企业处于适当的发展阶段，这些讨论当然很好），而不是关注企业的那些核心议题，比如，销售、战略和现金流等。对于处于创建时期的企业以及运营新创建的企业而言，对每一个问题都要争论的倾向，大家一致认为某些事宜和机会需要继续讨论、分析的倾向，无疑是必要的管理程序，也是良好的科学方法。”

“但是，在会议即将结束时，我说，‘下面，我要说一下下周二的会议议程，届时，我们要讨论我们的财务表现与计划是否一致的问题，要讨论我们的销售状况，还要讨论改变企业发展方向的重大问题。我们都要明白，我们必须大幅度地加快我们的步伐了。’我给他们讲了一个国防部部长科林·鲍威尔的故事，在那个故事中，科林·鲍威尔说，决策要——而且必须——在掌握了40%到70%信息的时候就做出，根据100%的信息从容地做出决策对人们来说太‘奢侈’了。我们必须加快步伐，而且要对根据以前的经验和自身的判断而做出重大决策充满自信。我们的管理团队是一个充满智慧的管理团队，不过，我们欠缺管理经验。所以，都要清楚地看到，什么是我们企业运营模式的关键因素，什么行为可以让我们扭亏为盈，什么措施可以让我们每年以100%的速度扩大销售额。此后，我们就要利用这种**议程**来运作我们的管理会议。”

当吉姆·基尔茨进入吉列公司时，他也亲身经历了类似的过程。“当我来到公司时，根据企业当时的运营状况，我想，人们的能力一定值得怀疑，后来，随着我对组织的逐渐了解，我意识到，公司中有消费品领域最为优秀的人才，他们之所以裹足不前，是因为公司的管理不善，是因为公司的管理体系在客观上‘鼓励’了人们的错误行为。”

因此，吉姆·基尔茨引入了一系列基本的运营准则。他在公司内建立了沟通程序，以便人们不会对公司的举措感到“措手不及”，同时，沟通程序的建立也便于人们尽快付诸行动。吉姆·基尔茨上任后的第一个星期就建立了每周一次的管理会议机制，参会人员包括他所有的直接下属。此外，他要求全球各地的区域业务运作负责人、在全球范围进行产品销售业务管理部门的领导以及公司所有职能团队的领导者，每周都向他递交一份电子邮件报告。

吉姆·基尔茨还建立了与每一位直接下属进行每个季度一次的“一对一”交流机制，以检视他们前一季度的任务完成情况，并为他与所有直接下属每个季度召开的为期两天的会议做准备。他对下属工作的检视内容包括让下属自己评价那些此前大家达成一致的任务的完成情况，之后，吉姆·基尔茨将他们各自的自我评价与自己对他们表现的评价进行比较。很多总经理认为，为每个季度确立优先处理的事务，是吉姆·基尔茨引领公司重新回到持续增长和持续赢利轨道的最重要策略之一，此前，吉列公司从未实施过这类策略。

对吉姆·基尔茨来说，每周一次的管理会议对完成自己制定的短期议程以及为制定长期议程奠定基础极为重要，为此，他特地综合、整理出了一份说明性文件，以解释召开这种管理会议的根本原因，在文件中，吉姆·基尔茨说明了自己对管理人员的要求以及参会的相关规定。请注意，那些看似再寻常不过的条目确实反映了他的深思熟虑。当你看到下面的条目时，你可以想象一下，对吉列公司的总经理团队而言，企业经过了几年的风雨飘摇之后，他们对吉姆·基尔茨引入的全新管理程序会有怎样的感受。吉姆·基尔茨的管理方略从高管层中得到了这样的反馈——“我们终于有了一个勇于承担责任的人”。

吉姆·基尔茨每周一次的管理会议

- 为什么每周一次？
  —— 希望得到企业运营状况最新的第一手资料；
  —— 企业面临的环境要求我们这么做；
  —— 确保行动一致；
  —— 共享企业的运营信息，以便做好各自的工作，同时，获得与所有总经理沟通的机会。

- 必须出席；准时；没有吉姆·基尔茨的允许，不能让他人代为参会。

- 每周一次，星期一召开，从上午10点到中午；可根据需要延长会期。

- 议程：

  —— 建议讨论的议题和在会上发言所需的时间在会议召开前一周的星期三前告知查克·克拉姆（Chuck Cramb，首席财务官），如果需要会议做出重大决策、核准重大行动，要提前说明；

  —— 会议议程由吉姆·基尔茨过目，并在星期四告知与会者。

- 机密性：

  —— 不能传播会议内容；

  —— 让助手和其他人严格保密。

- 决策程序：

  —— 获得多数通过，但要倾听所有观点；

  —— 如果需要，由吉姆·基尔茨做出最终决策。

- 行为规范：

  —— 全神贯注，不可交头接耳，不能会后议论……要全身心倾听；

  —— 紧扣主题；

  —— 态度坦诚；

  —— 提前准备：如果需要，要提前做好准备；

  —— 幽默、有趣的轻松气氛。

- 轮流发言：

  —— 每人发言时间为三分钟，不可超时；

  —— 需要更长时间讨论的议题在建议议程阶段就需要说明。

通常，人们都愿意跟随典范的脚步，所以，吉姆·基尔茨为组织制定清晰、具体准则的方法以及制定管理程序的策略，可供所有管理者借鉴。

平复泰科国际公司的危机

当埃德·布林来到麻烦不断的泰科国际公司时，他认识到，企业中存在的最为广泛的问题之一就是缺乏运营准则。“来到企业之前，我有一种感觉，公司可能缺乏基本的沟通机制，但是，我来到公司以后，企业相关机制的缺乏程度还是让我大吃一惊。我上任以后的第一个星期，负责公司运营的四位位高权重的总裁来见我，他们说，他们已经有一年没在一起开过会了。”

作为摩托罗拉公司的“第二号”人物，埃德·布林以思维敏捷、运作手法老道而著称，到新公司上任不久，埃德·布林就建立了与直接下属每周一早晨召开为期一小时管理会议的机制。“那是一种目标明确的会议，每个人都会在会上了解到公司的运营现状，都能清楚地了解对企业产生重大影响的议题是什么，而且这种会议还让我们在下周一的管理会议上，很容易跟踪工作进展的情况。大家都很看重这种会议，他们觉得，通过这种会议，自己能更深入地融入企业的运营了，同时，他们也从中知道了别人的工作进展。此外，这种会议还是推广、传播优秀运营方法的高效途径。”

“我来到公司的时候就抱定了这样的信念：我们管理的应该是一家规范运作的公司。我也向公司发出了这个强烈的信号。大家都要清楚地看到，我们的公司曾经一度是‘一个购并的机器’，所以，我对他们说，‘至少在两年之内，我们不会再购并其他企业了。我们要运营的是一个组织体系健全、规范运作的公司，而且我们要用企业运作准则来保障这一点。’我建立了一个核心程序，这个程序可以确保我们规范运作企业，同时，我还制定了一个时间表，这个时间表向人们说明了在未来几年中我们如何才能从企业运营中获益的策略。”

即使是那些来自企业内部的领导职位继任者，也可以通过调整企业运作方式向组织发出变革的信号。1998 年到 1999 年，艾伦·莱西曾经在西尔斯公司任首席财务官，1999 年，他成了公司总裁，2000 年 12 月，任职首席执行官。虽然是内部继任者，不过艾伦·莱西依然希望为公司打开一个新局面。

“我觉得，我要充分利用我对公司已经有了很多了解的优势，不过，我要以从未在公司工作过的心态来对待新职位。对那些曾经与我协同工作过的人而言，他们很熟悉我如何思考以及如何工作，但是，我从来没有向广大人群陈述过我的见解，因为我既不需要那样做，也没有那样的机会。”

“我需要重新‘调校’企业。公司的副总裁——大约有一百人——以前每季度召开一次全体会议，我把会议召开的周期缩短到了每月一次。”

“此外，我还做了几件让人们很受触动的事情，‘哦！看来他真的说到做到。’有时候，无论你说什么，人们都听不进去，人们会摇摇头说，‘让我们等着瞧吧！’因为此前，在公司的运营过程中，我们已经有过很多次失败的开始了，所以，人们会说，‘你看，他这个月这么说，说不定下个月他又会那么说的。’因此，直到人们对你的所有疑惑都被打消之前，直到你所有的行为都向人们表明你的一贯作风之前，人们不会觉得你会真的说到做到的。”

寻求快速赢得威信的机会

改造企业的管理程序会产生立竿见影的效果，同样的，出售那些表现差强人意的企业，或者，为管理团队聘用至关重要的成员，都会向人们发出这样的信号——变革正在实施中。作为领导者，你应该寻求这种能够为你快速赢得威信的机会，并充分“放大”它们的影响力。“如果你能发现组织中的某些严重问题，并且能迅速解决那些问题，那么，你可以就此快速建立起其作为领导者的威信。”惠普公司的前首席执行官卢·普雷特说。

1992 年，当卢·普雷特成功成为惠普公司首席执行官内部继任者人选的时候，他已经占有了对公司状况了如指掌的先机。“作为公司中的资深员工，如果让你坐上公司的头把交椅，对公司的运营得失以及哪些方面需要变革，你应该有自己的判断。我所拥有的真正优势就是时间，在我走马上任的时候，我就知道公司的哪些方面需要变革了，而不需要再花费几个月的时间来诊断公司的症结所在。”

不过，“外来者”的观察角度也有其自身的特定优势，因为它可以让领导者发现组织中一些人们习以为常、视而不见的缺陷。离开惠普公司以后，卢·普雷特曾经在肯德尔—杰克逊酿酒公司短暂地担任过首席执行官一职，上任伊始，他就发现了肯德尔—杰克逊酿酒公司的固有缺陷，“公司每一个超过 25 美元的开销都要得到杰克逊（杰克逊为葡萄酒酿造厂的创始人）本人的批准。我上任以后很快就建立了一套支出核准制度，那是一个很简单的制度，不过那个制度具有公司正在发生变革的重要象征意义。人们现在还在谈论这件事，大家说，那个核准制度让他们重新获得了尊严，而且那个制度让他们得到了与自己的责任相匹配的权力。”

作为领导者，你需要谨言慎行，而且只能做出那些你可以兑现的承诺。一旦你承诺的目标广为人知，你要注意掌握那些可以证明目标已经得到兑现的证据。不需要你自己摇唇鼓舌，在你上任初期的几个月内所取得的成功——为使公司取得成功和持续增长目标的重要工作的成功——自然会引起大家的关注，并有助于你取得上任早期的成功。

领导者上任早期所采取的行动可能并不都是令人欢欣鼓舞的，但是，如果那些行动符合领导者引领企业沿着正确方向前行的愿望，那么，那些行动依然值得给予特别强调。鲍勃·埃克特来到美泰公司上任五个月以后的 9 月，他在公司内部互联网“我在想什么?”专栏所发表的文章是说明这个问题的很好例证。

在前一个月的专栏中，鲍勃·埃克特曾经和人们讨论过将美泰公司重新定位于世界领先玩具制造商战略计划的议题，而且也讨论过如何为建设公司核心品牌提供支持的议题。在 9 月的专栏文章中，他公布了一系列艰难的决策，这些决策是公司财务政策调整的一部分，旨在帮助公司重新获得有赢利的增长：卖出“学识公司”，裁员 10%，大幅削减现金股息水平。

“这些措施与我在以前和大家的交流一脉相承。”鲍勃·埃克特写道，“那些看到过我最近　篇《雇员快讯》的人应该还记得，我在那篇通讯中回顾了一张图表，那张图表显示，自 1997 年以来，我们公司的毛利水平每况愈下，与此同时，销售费用、一般费用和管理费用（SG&A）以及股息支出则在逐年增加，所以，我们公司的利润水平逐年降低，现金流状况日益堪忧。”

“今天，我在这里公布的决策旨在启动我们的重获增长计划，这一计划将使公司的赢利能力回到历史高水平，同时，这一计划还将美泰公司定位于可赢利增长型的企业。这些决策实施起来确实很艰难，因为它涉及人们的切身利益，所以，这些决策的出台并不轻松，我并不想对它们轻描淡写，我知道，你们也不会视其为儿戏，但是，这些决策确实有助于我们甩掉过去的包袱，有助于我们建设更为美好的未来。”

预想到遭遇"逆流"的情况

通过系统地揭示隐藏在变革策略背后的逻辑，领导者可以开创出有效沟通的新途径。通过让公司的重要股东早期介入到变革的过程中来，通过与他们交流双方关切的问题，通过共同确立双方见解的共同点和不同点，同时，通过一同推出问题的解决方案，可以大大增进他们对变革的理解和支持，从而增加变革的胜算。在这个交互质询的过程中，客观的态度对获取全新的见地和信息，对建立双方的默契以及富有建设性地解决双方的分歧，是至关重要的。

因为任何变革策略**注定会引发出**不同的观点，所以，变革动议遭遇"逆流"的抵抗也就是自然而然的事情了，无论是变革正在实施还是准备实施。

当你把越来越多的人拉到变革的过程中来的时候，你可能会有一种好像在游泳时"踩水"的那种感觉，当你发动的变革逐渐渗透到组织上下时，你必须不断向每一个刚刚被"卷入"到变革过程的群体解释变革的过程，必须让每一群刚刚被"卷入"到变革过程中来的人确信变革的必要性，这个过程——一个波浪涌向你，之后又有一浪涌过来的过程——会让你觉得自己好像在"踩水"。作为领导者，在你上任的第一年中，永远也不会有你的战略议程不会受到任何批评、质疑和争论的时候，所以，你需要有耐心，而且你要记住，领导职位的更迭无论是对你还是对组织中的人来说，同样都需要时间来适应。

不过，有时候，你也可能获得意外惊喜，你也可能看到自己的策略在组织中"生根发芽、茁壮成长"。当戴夫·彼得施密特试图在处于创建阶段的互联网企业中建立标准化的运作程序时就交到了这样的"好运"。

"在英克托米公司，公司的管理团队是由科学家和工程师构成的，他们从来没有制定过企业运营法规，他们对需要保障自己的产品每天 24 小时、每周 7 天都要可靠运行的重要使命也不甚了了，此外，他们不了解对产品中出现的错误快速做出反应的重要性。为此，我找到了企业的合作创建者保罗·戈蒂埃，他负责企业的日常运营管理，我对他说，'保罗，你可能觉得我是个疯子，不过我的确想引入一家顾问机构，让他们帮助我们建立精准的企业运作程序，以确保我们开发的产品以及我们向市场推出的产品是高质量的产品。'"

"我很紧张，因为我认为保罗会这样想，'这个从官僚机构出来的家伙也想在我们这里建立官僚体制。'让我大喜过望的是，保罗说：'这可是个再好不过的主意了，躲在象牙塔里，对产品和市场一知半解的情形我们早就厌倦了。'"

"人们愿意被人引导。"GlobalSpec 公司的首席执行官杰夫·柯里恩总结说，"如果人们觉得没人引导他们，他们就会产生挫败感。人们喜欢里程碑陪伴他们的旅途，人们愿意齐心协力共同应对困难，尤其是在年轻的公司中，人们认为，他们是基于充分的共同理由才聚在一起的。作为领导者，如果你能得当地疏导人们的这些热情，你就可以激发出人们的活力和高昂的士气，而且可以塑造和提升人们的凝聚力。而新上任的首席执行官恰好拥有将人们对组织的失望情绪和挫败感转化为积极动力的独到优势。"

"打好第一枪"

条分缕析的精确战略议程既可以用来指导人们的行为，也可以用来动员组织的员工，还可以确保人们将注意力集中于那些能对组织的绩效表现产生最重要影响的核心议题上。

如果操作得当，你的战略议程完全可以演变为战略计划，从另一方面说，你的战略议程还可以应用于更广阔的人群，比如，你可以在向员工和管理团队发表讲话中引述战略议程，你可以在行业会议上谈到你的战略议程，你还可以将战略议程用于与媒体和金融界的交流过程。对有些人来说，你的战略议程是"路线图"，有些人则将其视为"保险单"；在有些情形下，你的战略议程承担着激发人们行动起来的"第一枪"角色；在有些情况下，你的战略议程可以为你发动必要的变革赢得时间，也可以为你着手处理议程中的事项赢得时间。但是，正因为战略议程承负着如此重要的使命，所以，战略议程的制定程序必须有助于确立组织中的短期议题，还要有助于确立组织的长期议题，同时，战略议程的制定程序还必须让人们感觉到他们的努力方向是前后一致的，只有这样，你的战略议程才能减轻人们对不确定性的焦虑情绪——这种情绪可以阻碍组织做出决策，而且还会阻碍行动的实施。

作为新领导者，制定战略议程需要时间，因为不可避免地，你会犯错误。“任何来到一个新组织的人都会面对这样的情形：他们要在对新组织所知甚少的情况下做尽可能多的工作。”美国在线的乔纳森·米勒谈道，“或许，你经验丰富，你可能聪明过人，而且你对如何开拓局面可能满腹经纶、富有洞见，但是，你对于置身其中的企业确实所知甚少，与此同时，你还必须将工作开展起来，还要观察你的措施会产生什么样的结果，因此，你必须‘打好第一枪’——因为你的‘命令’可能决定着公司的生死。”

“人们对你的战略议程会有很多争议。”史蒂夫·雷蒙德（Steve Reinemund）在谈到他在百事公司制定战略议程的经历时说，“你既可能在一天之内赢得他人的赞同，也可能在一天之内**失去**威信。”

不要试图成为完美主义者，你也不需要让所有人确信你战略议程的优势所在，事实上，如果你的战略议程能赢得那些具有特殊影响力的人的认同，你就可以据此获得启动变革的优势了。你甚至不必强求自己永远都做出正确决策，作为新领导者，关键是要**做出决策**，关键是要创造一个能让你看到决策所产生的预期结果、能让你对决策做出必要修正的适宜环境和氛围，同时，你需要直面自己的错误，并且要坚定前行。要想取得成功，付诸行动、认识到自己的错误并快速修正自己的错误，与为完成理想目标的努力同样重要。下面，让我们来听一听乔纳森·米勒的切身体会：“上任伊始，我力争做出70%的正确决策，这个比例来自我的经验和常识，同时，我争取改正自己70%的错误。如果你算一算，你会发现，你的胜算率是90%。”［请注意下面的计算方法：先用第一次所犯的30%错误乘以第二次所犯的30%错误（第二次修正了第一次所犯错误的70%），之后，再从100%的成功率中减去所有的错误，乔纳森·米勒就得到了90%的胜算率］“这个成功率是优秀棒球手平均击球成功率的三倍。最糟糕的事情，”乔纳森·米勒补充说，“就是你拒不承认自己的错误。”

经受时间的考验

评价任何战略议程优劣的标准之一，就是看它是否能经得起时间的考验，2001年8月，加里·库辛成为金考公司首席执行官之后的几个月，他为组织制订并贯彻实施的计划就经受住了时间的检验。

“加里·库辛用其议程向所有人发出了极为明确的信号——企业的重大变革即将开始。”金考公司的董事会主席乔治·泰姆克回忆说。乔治·泰姆克也是私有证券机构克莱顿、杜比利尔和赖斯公司的资深合伙人，这家证券公司一度掌控着金考公司，直到金考公司被出售给联邦快递公司。“你不能苛求加里·库辛上任伊始便能够完全实现A、B、C、D和E等系列重大变革，但是，他很快就让所有人清楚地认识到，变革即将到来，而那些变革将有助于组织的健康发展，他还让所有人为变革做好准备，同时，让人们不必为变革的到来忧心忡忡。与此同时，当加里·库辛在公司的各个机构巡游的时候，他还要求人们就他的变革计划给出坦率和诚恳的反馈，以便真正了解人们的想法和困惑。随后，根据他得到的反馈，同时借助经验老到的‘外脑’的帮助，他向人们精确地陈述了什么样的变革行动将在不久的将来启动。”

“那就是他上任一百五十天时向董事会提交的战略计划，这个战略计划脱胎于他的战略议程。我在这里使用‘**战略计划**’一词并不恰当，”乔治·泰姆克说，“因为加里·库辛提交的战略计划侧重于战术性的策略，是我们要在第二年完成的任务，而不是为企业设定的战略方向，他的战略计划中有很多的空白需要今后填补。但是，第二年，加里·库辛的战略计划通过他和组织的协同努力确实得到了完美的实现。”

加里·库辛的战略议程是在达拉斯的公司总部召开的一次会议上发布的，公司75位地区市场经理、24位市场负责人和公司高管层都参加了那次会议，加里·库辛回忆起会议当时的情形说：“我站在众人面前，对他们说，‘伙计们，这场变革会让所有的人都受到考验，我想告诉大家的是，你们将经受什么样的考验。’”

“我告诉他们，我想让他们认真考虑如何推进我们的战略。那时候，金考公司的每一家商店都把金考公司的其他商店视为竞争对手，彼此暗中较劲。我说，‘你们必须把自己视为团队的组成部分，而作为团队，我想，我们太缺乏创新了，我们有太多思想僵化的人，有太多的‘复印机’，所以，我们要把机械、僵化的‘复印机’扔出去。此外，我们的运营方式过于倚重领导者个人，可我们并没有因此使我们的生产率得以提高。”

“我们花了两天的时间来讨论这一议题。公司的副总裁兼首席行政官丹·康纳斯深入研究了公司战略应该如何制定的细节，并集中精力总结出了金考公司的最佳运作方式。这可不是一群专家海阔天空、坐而论道的会议，事实上，我们真的走了出去，走到公司运营的第一线，发掘出了最佳商店的运营方略，之后，我责成所有的人都要比照运营状况最好的商店的运作模式来管理自己的商店，据此，我就可以把最佳运作模式向公司的所有商店推广了。”

“两天以后，我向大家发表了一个讲话，论述职责和协作的议题，并陈述了我的领导原则，此前，无论是‘职责’，还是‘协作’，都不是金考公司的管理语汇。之后，我进一步论述了我为什么认为我们应该承担职责，为什么应该相互协作，最后，我说，你们要仔细考虑我所谈到的问题，你们要自己判断我是不是无的放矢。也许，你们觉得我的策略注定会失败，不过你们对此要自己做出判断，我给你们每个人 30 天的时间来做出判断。参会的某些人如果想‘用脚投票’，离开公司，我个人会确保他们能找到其他工作，当你们找到自己中意的公司时，我会给他们打推荐电话，并告诉他们你们有多么优秀。但是，到了 30 天的期限，如果你们中有谁不能 100% 地与我的策略保持一致，那么，我会亲自找到你，劝你离开。”

“会议室变得一片死寂，”加里·库辛回忆道，“不过，这是预料之中的。两个人‘用脚投票’离开了公司，我帮助他们找到了其他工作。但是，你猜结果怎么样？现在，公司上下所有的人都能相互协作并承担自己的职责了，人们都能对自己的工作尽心尽力了。”

截止到现在，作为领导者，你已经有战略议程在手，同时，你还掌握了与组织长期目标和前进方向相一致并能促进长期目标实现的短期议题，你已经一切准备就绪了，接下来，是你向上任后第一个 100 天金字塔更高层次发起冲击的时候了。在一个全新的领导职位上，要想开拓出崭新的局面，领导者面临的最微妙，也是最富挑战性的议题，就是本书下一章的主题：你如何启动重建企业文化的变革。

小　结

制定战略议程的十个指导原则

1. 你拥有比自己想象的更多时间。你不必在上任后的第一天就推出成熟、圆满的战略计划，你甚至不必在上任后的 100 天之内向人们推出战略计划。作为领导者，你需要在为组织描绘瑰丽的愿景与避免让自己过早胶着于战略计划的制订之间求得完美的平衡。

2. 为制定战略议程，你需要对公司（或者部门）存在的问题进行诊断，这个诊断过程始于从客户的角度以及从公司价值取向的角度来观察、审视公司（或者部门）。
3. 严格限制议题和需要优先处理事项的数量，以便组织记忆和把握。
4. 当你制定短期议程时，谨记少承诺、多兑现。
5. 要与管理团队协同制定战略议程，避免自己单打独斗。
6. 将处理企业文化问题的明确计划和变革所面临的障碍列入战略议程中。
7. 清楚地确立组织的运营机制/运营程序——会议、文件以及指导日常运营的报告格式。
8. 烧好上任后的“三把火”。作为领导者，发现组织中的明显欠缺并尽快给予解决可以为你很快树立威信。
9. 预想到你的战略议程会受到阻碍，但不要对此消极抵抗，你可以用积极的方式将“逆流”最大限度地转化为认同。
10. 不要试图成为一个完美主义者，你的战略议程需要不断完善，你应该将其用来帮助自己和组织做出决策，留心它们所产生的效果，并根据需要做出必要的调整。

第五章

企业文化本身就是战场
——改变企业文化

进入 IBM 公司之前，路易·郭士纳认为，企业文化不过是构成组织的成分之一，与其他优秀的管理策略比较起来，企业文化对企业成败所起的作用并没有更多的内在价值，但是，将 IBM 公司从工业巨人锻造成业界活力无限的领先者的十年经历让他确信，企业文化并不那么简单。

“企业文化并不只是‘游戏’的一个方面——它就是‘游戏’本身。”路易·郭士纳说，“归根结底，一个组织就是人们创造价值能力的集合。事实上，企业的愿景、战略、营销和财务管理等任何一个管理体系，都可以为组织设定正确的前进方向，也都可以将组织在一定时期内推向前进，但是，如果上述因素不能成为组织 DNA 的构成成分，没有任何组织——无论是企业、政府、教育机构、健康护理机构，还是**任何**需要人们协同努力工作的组织——能够取得长期的成功。”

大型运输和物流企业施奈德公司的首席执行官克利斯·洛夫格兰确信：“企业文化是制定企业长期战略的基石，如果你制定的企业战略与企业文化不相容，那么，你的战略永远也不会成功。”

对任何新领导者而言，他们需要坚持的普遍原则是：既要完全清楚企业的文化，又要弄清楚企业文化是否需要变革。然而，大部分领导者对如何理解企业文化所知甚少，甚至完全不甚了了，更不用说如何去变革企业文化了。

去非营利性组织享受悠闲生活?

很多商业企业的领导者已经厌倦了在企业中艰苦而乏味的工作，对必须无休止的策略制定和执行失去了热情，他们常常幻想去非营利性组织过上一种悠闲而平静的生活，他们之所以对此存有幻想，是觉得在“理念驱动型”（而非利益驱动型）的非营利性组织中担任领导职务，可以实现“回报社会”的理想，他们似乎普遍认为，就职于非营利性组织，是在职业成就感和生活方式之间达成完美平衡的绝好机会，即使这意味着他们要牺牲收入水平。

此外，人们之所以愿意在非营利性组织中就职还基于这样的逻辑判断：将企业的运营原则与非营利性组织的文化相结合，可以加速组织的再造进程，甚至可以取得更为显赫的成果。所以，2000 年年初，曾经在两家大型企业任职首席执行官的诺曼·布莱克在成为美国奥林匹克运动委员会首席执行官的机会面前表现得迫不及待就不足为奇了。然而，对于那些迫切向往非营利性组织领导职位的商界领导者而言，对那些准备变革企业文化的领导者来说，诺曼·布莱克在美国奥委会的工作经历恰好是个“可圈可点”的反面例证。

诺曼·布莱克对普罗姆斯酒店公司（Promus Hotels）和保险巨人 USF&G（United States Fidelity and Guarantee Insurance Company）——这两家企业都是价值数十亿美元的大公司——的运营和再造经验，让他在美国奥委会首席执行官的五位候选人中脱颖而出。他受命按照经过由 113 位成员构成的委员会核准的计划再造美国奥委会。诺曼·布莱克以果敢、能“打硬仗”而闻名，是一个“化腐朽为神奇”的专家，而这些品质正是美国奥委会迫切需要的，因为他们认为，美国奥委会的许多运作原则与高效的企业运作原则是通用的。他们选择诺曼·布莱克任职首席执行官的根本原由并不新鲜——那就是美国奥委会想通过引入一个变革实施者来推进组织的文化重建。

作为领导者，关键是要谨记，在尚未完全诊断出组织的症结所在时，千万不要在短时间内实施太多的变革行动，这一原则适用于任何时期，不过，尤其当一位企业领导者受命对一个非营利性组织实施变革的极端情况下，这一原则更应该牢记。

美国奥委会的首席执行官一职是设立不久的职位，其职责是对组织的运作负责，同时，还承担着与总经理委员会一同做出决策的责任。“对我来说，这是个全新的角色，我之所以被聘用，是基于这样的假设：我可以对组织实施变革。”诺曼·布莱克说。后来，在回顾他在美国奥委会短暂而充满挫败感的任职经历时，他坦承，“那是我一生中最令人沮丧的经历”。

诺曼·布莱克在美国奥委会上任的最初几天甚至最初几个星期，他确实做了一些有益的工作，但是，对组织文化，他没能充分理解，也没能有效地处理相关问题。要想为以后的工作奠定坚实的基础，可供诺曼·布莱克利用的时间非常紧迫。“2000 年 1 月，我走马上任，我想实施的所有重建组织的工作都要在6 月或7 月完成，因为悉尼奥运会将在9 月开幕，而开幕前的两个月我们要全力以赴为奥运会做准备。我只有四个月的时间，我很清楚，我必须速战速决。”

但是，诺曼·布莱克没能充分理解和把握根深蒂固的组织文化——那种错综复杂的“拜占庭式”文化。温斯顿·丘吉尔曾经这样描述过苏联，那是一个“包裹在神奇迷雾中的谜”，同样，美国奥委会也是一个由 40 个委员会、董事会和顾问委员会构成的“迷宫”，其中的很多机构都是由志愿者和前奥运会运动员组成的。“奥委会的一切事务都由各种各样的委员会来管理，确切地说，组织运作的每个方面都由各个委员会来实施。”诺曼·布莱克回忆道，“尽管各个机构的职员承担着很多职责，可他们都没有权力。我提出的机构职员应该如何进行日常工作的规定，要接受各个委员会的审查，并要得到他们的核准才能实施。”

诺曼·布莱克在上任第一天写给组织的公开信中就曾提示人们，他要改变组织的官僚体制，要增强人们的责任感。“来到任何新的工作环境，领导者都要掌握确保能给所有人以深深触动的‘游戏规则’。我上任后的第一天就给人们写了一封公开信，其中谈到了他们对我应该期待什么以及我对他们的期望是什么的问题。在美国奥委会，职员的利益比之志愿者的利益简直不值一提，为了服务运动员，职员的个人权力几乎散失殆尽，以至于造成组织职员士气低落、意志消沉，同时，他们对组织的方向茫然无知，对组织的使命不甚了了。我的那封信中谈到了这些。”

他回忆说，尽管奥委会职员对他公开信的反响“异乎寻常的热烈”，但是，运动员顾问委员会则觉得自己的权力受到了威胁。一项诺曼·布莱克认为必须推出的大胆决策的出台，使组织中的紧张气氛迅速升级，第二天，他裁掉了奥委会 1/8 的职员，并且将委员会和工作小组的数量从 40 个缩减到了

4 个，组织中谣言四起，人们送给诺曼·布莱克一个绰号——诺曼·贝茨（Norman Bates），诺曼·贝茨是电影《精神病人》（*Psycho*）中一个精神错乱的杀人狂。

即使是那些大裁员的幸存者，随着诺曼·布莱克变革机器的全速前行，随着他变革措施在美国奥委会的不断推出，也感到自己部门的权力优势受到了极大威胁。我们不要忘了很重要的一点，诺曼·布莱克的变革计划正是他被聘用的理由，而且是奥委会授权他实施变革行动的，尽管如此，他的变革行动依然没能获得运动员、运动员的父母以及教练的支持，这让他懊恼不已。六个星期以后的 3 月中旬，在为讨论通过诺曼·布莱克再造美国奥委会总体计划而召开的会议上，他的怨怒终于爆发了。

此前，程序委员会已经通过了他的计划，但是，在那次会议上，他的变革计划却受到了运动员顾问委员会的阻挠。“对运动员顾问委员会来说，情况很清楚，那就是我制订的变革计划将彻底损害他们在日常运作中得到的利益。”诺曼·布莱克回忆说，“之后，我们开始为计划投票，而他们没为这项计划投赞成票。我说，‘如果你们不喜欢这项计划，我想，你们最好聘用另一个首席执行官，你们有选择的权力。我所提出的变革计划必须完成，是你们聘用了我，是你们赋予我制定路线的权力。我很想听一听你们为什么觉得这个计划并不高明，但是，除非有很有说服力的理由，否则，我们不能更改这个已经得到程序委员会核准的变革计划，接下来，我们要探讨的议题是：我们到底能不能做那些你们希望我们去做的工作。’”

“情况就是这样。”诺曼·布莱克说，“那是一个转折点。那天晚上，我对我妻子卡伦说，‘这是一个干不了多长时间的工作。’”悉尼奥运会和紧随其后的残奥会闭幕以后，他从美国奥委会辞职回家了。

对于这种结局，我们很容易将诺曼·布莱克的失败归咎于他的变革措施出台得太快了，而且变革的进程推进得太猛烈了；同样，我们也可能很容易地将变革的失败归罪于董事会，虽然董事会聘用诺曼·布莱克就是寄望于他能实施变革，但董事会没有为他的变革行动提供支持；此外，我们还可能将美国奥委会的变革流产归因于企业和非营利性组织运营原则之间的文化冲突。尽管诺曼·布莱克已经握有董事会的授权，而且他的变革计划也得到了程序委员会的核准，但是，自己的权力与运动员顾问委员会在组织文化中产生的深层次影响力之间的平衡，他没能深刻地理解和把握。他认为，自己的变革程序无懈可击，手中握有从董事会得到的授权，而且变革——他以及其他人都确信，那是非常必要的变革——的实施也得到了核准。在企业中，同样的变革实施起来或许会相对容易得多，因为企业的财务状况和组织的表现对所有人来说是显而易见的。但是，即便是在企业中，变革的实施也可能同样困难重重，也可能以失败告终，为什么呢？因为无论是有着强大影响力的员工团体、退休员工、桀骜不驯的股东，还是企业的客户，如果领导者对他们文化取向的判断有误，如果不能准确判断不同利益群体对变革的意愿，都可能给变革带来灾难性的后果。

“已经有前车之鉴了”

非营利性组织的文化对变革成败的影响，在企业文化的变革过程中同样适用，让我们来看一看另一个组织的变革案例，这个组织在总部的权力与一线企业的权力之间同样具有微妙的平衡。对很多人来说，金考公司不只是一家公司，而且是很多特许经销商的生活方式，这些特许经销商就是公司的合伙人，他们认为，公司是他们的公司。但是，1996 年，当金考公司董事会将 127 个独立的合伙人组建成一个“中央集权制”的组织时，董事会认为，能构建组织全新文化形态的最佳人选应该是具有“铁腕统治”背景的人，而不是组织中的某个人。“他们找到美国第一号的‘铁腕统治’公司沃尔玛，并将沃尔玛运营状况最好的分支机构山姆会员店（Sam’s Wholesale Club）的首席执行官聘到了自己公司。”金考公司的首席执行官加里·库辛回忆说，“这个人无论从哪一个方面说，都应该是金考公司希望得到的最佳人选，可问题是，实际上他们真正需要的刚好是相反的人。”

加里·库辛来到金考公司以后，他对公司文化进行评估的一部分，就是研究公司的变革历史，也包括研究那些变革动议。通过深入研究，他清楚地了解到了以前多次变革的失败原因。“公司早期那次变革的重大失误在于，公司在还没有进行人事变动的前提下就实施了变革行动，127 位公司合伙人在变革的过程中依然在公司中承担着管理者的角色。”他说，“所以，合伙人认为，既然是我们拥有达拉斯的金考公司总部，那么，完成公司的集权化改造以后，我们还应该成为公司分布在各个地区的运营单位的经理。”

“随后发生的情形就是顺理成章的了，当公司董事会想进行集权化管理，或者想推广某些新的运营策略时，所有的区域经理和各个地方的一线领导者都会说：‘可是，我们在 1988 年就尝试过那些策略，根本行不通，已经有前车之鉴了，我们可不想在我们这儿再试了。’还有一种情况，当公司总部的人来到分布在各个地区的运营单位告诉他们应该如何运作时，地区领导者们当面会说：‘你放心，没问题。’但是，总部的人一旦离开，那些地区领导者就会告诉自己人，还是按照老路子行事。”

“我确信，当时的董事会对公司的文化做出了错误判断，而且也没能正确把握领导职位的作用。确切地说，他们的变革方略不只是失当的方略，简直就是大错特错。试图通过向组织中引入‘铁腕统治’的管理方法而赢得整个组织根本行不通。”加里·库辛补充说。当组织实施了完全不同的管理策略，而以前那些担任管理角色的人依然把持着管理权力的时候，变革的实施尤其艰难。“在这种情形下，变革不可能取得成功。”加里·库辛总结说。他为那种变革开出的“药方”是：如果董事会确实需要变革公司文化，他们必须先进行组织架构和人事安排上的变革，与此同时，建立起以变革组织文化为目的的共同筹划、协调努力的程序。

如何评估企业文化?

大多数公司用来描述自己企业文化的语汇听起来都很令人鼓舞：**以客户为中心，表现卓越，团队精神，为股东创造价值，企业家精神，创新，负责任的企业行为，激情，诚实** ……但是，毫无疑问，在公司中，这些语汇并不意味着一定会激发出与之一致的行为。人们实际上如何做自己的工作、组织的决策如何做出、谁在组织中得到升迁、员工之间如何互动、什么可以激发人们的工作热情，等等，这些才是最重要的。对新领导者而言，尤其是来自组织以外的新领导者，最棘手的问题是，任何类型的组织——从公司，到学校、城镇，甚至国家——的真正文化，也就是组织最重要的“法则”，都不是白纸黑字记录在案的那些东西。

作为领导者，评估企业文化的过程应该从倾听员工如何描述他们所在的组织开始，而且要全身心地倾听。我们都知道，任何普遍性中都隐含着特殊性——核心事实。这就像有些国家的人具有区别于其他国家的人的普遍共同特性一样——“德国人遵守秩序而且高效、有条理”，“意大利人充满热情而且善于创造”，“中国人富有企业家精神而且雄心勃勃、吃苦耐劳”……同样，公司也有自己的“标签”，这些非正式的但被人们普遍接受的“绰号”常常能更精确地描述一个公司的个性和运作惯例。**“在通用电气公司中，总经理位高权重、责任重大”，“微软公司致力于让最聪明的工程师极尽自己才情之能事，编写功能最强大的软件”，“戴尔公司擅长分析和评估，他们把一切都系统化，把一切都效益最大化”，“如果你缺乏独创性，你永远也当不上音乐频道（MTV）的领导者”，“安进公司就是一群致力于研发的科学家的集合体”，“美林公司的核心就是它的证券经纪人队伍”，“如果你能与客户一同演绎成功故事，那么，你就一定能在思科系统公司取得成功”，“美国联合包裹运送服务公司确实是由包裹投递司机创建的”**。

保罗·普雷斯勒谈到盖普服饰公司时说，盖普服饰公司具有“以零售商为中心的文化特征”。现任首席执行官吉姆·基尔茨变革公司以前，吉列公司是一家产品导向型的企业，公司如此迷醉于自己的发明，业界分析家们认为，公司根本没有对潜在消费者对公司产品的满意度给予关注。在其70年的历史中，经过从步话机到移动电话的系列发明并以新产品创造了新的市场以后，摩托罗拉公司也形成了一种新品开发导向型的企业文化，公司的信念是“先把产品造出来，财源自会滚滚而来”。

评估组织文化最重要的着眼点之一，就是认真思考组织进行变革的意图。当美林公司聘任斯坦利·奥尼尔（Stanley O’Neal）担任公司首席执行官时，斯坦利·奥尼尔缺少在证券经纪业工作经验的事实向人们发出了重要的信号——公司已经为变革做好了准备。在饱受互联网泡沫破裂、首次公开募股（IPO）市场关闭、经济衰退以及“9·11”恐怖事件打击的混乱不堪的金融服务领域，斯坦利·奥尼尔对美林公司文化和公司核心业务来说完全是“局外人”，这样的背景恰好可以让他毫无包袱地引领激进的公司再造战役并大获全胜。他毫不留情地削减了数十亿美元的运营成本，构建了符合自己意愿的管理团队，建立了高效的决策体系，将公司从衰颓的境况中解救出来，最终将企业锻造成为业界一个精干的、运营卓越的、战斗力极强的组织。

这里是怎么运转的?

新领导者必须对组织的“神经系统”——隐秘的信息系统和无形的信息网络——特别留意，这些不曾写在纸面上的规则以及遵循这些规则的人、人们心照不宣的禁忌、组织的习俗和传统，都包含在每个人都会问到的问题中：“这里到底是怎么运转的?”

即使你是从组织内升迁到领导职位的，“这里是如何运转”的问题也可能会以不同的面目在你的新职位上等着你，准备“给你些颜色看看”。“这里”可以是不同的心理空间概念，在这个空间中，有人担当着管理组织信息“非官方”的角色，有可以让事情顺畅运转的“民间领袖”，也有被视为阴谋暗算他人的“小人”。

对“外来者”来说，来到一个企业文化迥然相异的新环境，与学过中学法语课程（而且发誓在这次旅行中只说法语）的人降落在戴高乐机场时的情形很相似。很可能，你很清楚如何去取行李，知道如何通关，或许，你还能为自己买一杯咖啡，但是，那些更难把握的事情可能会让你茫然失措，比如，如何买电话卡，如何乘车去巴黎以及如何找到适当的餐馆，等等。所以，“这里是怎么运转的”会不断检验你是否真正了解某个环境。

解构真相

大多数新领导者都能本能地意识到，他们必须留意在公司中被普遍认同的行为背后的文化内涵，然而，深入研究组织的真正运作方式、弄清组织中不同的人对不同变革举措的反应确实是很困难的事情，当新领导者上任的早期面临很多其他紧迫事务时，取得这类的成果尤其困难。

那么，你怎么才能弄清组织的性质呢?

首先，在上任前的倒计时准备期，你就要对组织的文化进行评估，此间，你需要利用一切可以利用的资源，并为了解企业文化做必要的准备。比如，吉姆·基尔茨认识到，吉列公司的文化需要在他进入公司之前就实施变革。通过对公司竞争环境的分析，通过对公司财务状况的细致分析，通过与董事会成员进行的访谈以及与公司总经理们的会晤，吉姆·基尔茨清楚地看到，公司的表现的确差强人意。"当我让人力资源总监概述公司考评员工表现的体系时，"他说，"他告诉我，公司73%的员工的表现被评定为'超出预期'。我问他，过去5年来，我们的企业无论是销售收入还是企业利润一直没有增长，我们怎么能把那么多员工的表现评定为'超出预期'呢?"

这些数字让吉姆·基尔茨觉得，公司对员工绩效表现的评价体系与公司的运营结果相互矛盾。"我们对员工表现的评价体系更重表现而不是结果。"他指出了其中的症结。最近，吉列公司70%的员工在新评价体系中被评定为"达到预期要求"，只有20%的员工被评定为超出预期。

你也可以按照吉姆·基尔茨的方式在上任前的倒计时准备期做好自己的"家庭作业"，而且应该从组织内和组织外的双重渠道获取信息，从那些对组织非常了解的人那里搜集信息，搜集他们对组织的见解。与组织相关的所有人都有助于你判断组织的"健康状况"，也都是你了解组织文化的优秀资源，比如，董事会成员、公司管理团队成员和公司员工、客户、供应商和战略合作伙伴、金融界和政治团体的成员以及媒体，等等。随着你对公司了解的逐渐深入，你需要不断完善和精练你要提出的问题，不要忘了，只有最好的问题才能获得最佳的答案：

- 公司价值观的精髓是什么？
- 我们公司与我们的竞争对手的真正区别是什么？
- 在我们公司中，那些最成功的人的共同特点是什么？
- 那些失败的人的共性是什么？
- 在我们的组织中，哪五个人最受尊敬？为什么？
- 我们的运营失败和错失发展良机的特点是什么？

向你可能找到的最聪敏的人提出这些问题，并深入研究他们的合理答案，很快，你就可以形成对组织性质的判断了。

语言是关键的线索

人们对公司的描述会用到某些特定的词汇，人们对你的个性及工作风格的准确描述会用到不同的语汇，你也以通过比较这些词汇之间的差别来认知组织的文化。比如，在吉列公司，正如《财富》杂志谈到的，吉姆·基尔茨的前任被认为是“温和的”同时是“家长式的”领导者。然而，吉姆·基尔茨自己则被描述得五花八门，他现在的同事和以前的同人常常用“**训练有素的**”、“**高标准严要求的**”以及“**充满激情的**”等形容词来描述他的性格。单就这一段冗长的形容词而言，它们可能就预示着吉姆·基尔茨的个人风格与组织文化之间会存在潜在的冲突，但是，如果一个“文化断层”被揭示出来了以后，至少，人们可以目的明确地去填补这个断层或者在断层上架设桥梁了。

你可以通过留意某个组织的语汇了解到有关这个组织的很多信息，人们在组织内相互交流的方式以及对组织外的交流方式揭示了组织的很多内涵。麦肯锡公司认为自己是提供难题的解决方案并对客户施加影响的公司。在美国第一资本金融公司（Capital One，现为美国信用卡发行机构的第六名。——译者注），公司致力于信贷风险控制模型的设计。在思科系统公司，按照其全球互联网解决方案企业领导者加里·布里奇（Gary Bridge）的说法，公司致力于“让客户成功，并且要‘让我看到利润’”。“他们每五分钟就要提到一次‘让我看到利润’。”加里·布里奇说，“这句话的意思是说，‘我已经听到你说的了，我觉得你说得有些道理，但是，我不能据此就相信你。’听到他们这么说，我很尴尬，不过，这时候他们会说‘让我看到利润’，这就是他们的风格。”

加里·布里奇是从 IBM 公司来到思科系统公司的，在 IBM 公司，人们的语言中包含很多像“暗号”一样的词汇和特殊的缩写词汇，以至于这些语汇曾经让路易·郭士纳“一头雾水”，当郭士纳回忆他在 IBM 公司的早期生活时说，当他出席会议的时候，常常听不懂讲话的人在说些什么，每到这时候，他会让讲话者打住话头，并“让他用通俗易懂的英语把他说过的翻译一遍”。为此，郭士纳编纂了一本《IBM 主义》词汇手册，其中收录的很多条目后来都成了美国商界的标准语言："把海洋煮沸"（boil the ocean）——想方设法把事情搞定；"层次设置"（level - set）——在会议刚开始的时候，你让所有人都从同样的事实出发开展讨论的努力；"单说"（take it offline）——两个或两个以上的人就会议上陷入僵局的问题留到会后讨论；"强迫终止"（hard stop）——无论如何，会议在这个时间里都要终止，这个时间就叫做"强迫终止"时间；以及"后退"（pushback）——当有人不同意你的意见时你的行为……就是其中的一些条目。

公司中的语汇并不是组织文化的唯一表征。听起来可能有些牵强，不过人们的穿着确实也能传达出公司文化的重要信息。比如，当吉姆·麦克纳尼成为3M公司的首席执行官时，公司的高层还都穿着笔挺的衬衫，尽管大部分员工在工作场所的穿着很随便。在吉姆·麦克纳尼看来，高管层的正式穿着与员工的随便着装之间的对比，反映了管理层和组织其他部分之间存在"断层"。

隐藏在你内心的人类学家

为了更准确地评估组织的文化，你还可以像侦探找寻罪犯的蛛丝马迹一样，或者更准确地说，像人类学家观察和描述不同的社会群体或者部落一样，来仔细观察组织文化在不同情境下的表征。比如，你可以留意公司的自助餐厅里和走廊中显露出来的线索，人们的穿着如何？他们之间如何相互沟通？他们看起来兴高采烈吗？你还可以留意办公室的格局、办公家具的摆放形式以及办公室中摆放的艺术品，公司的办公区是不是为人们创造了宽松而赏心悦目的环境？办公室是不是有很多窗户和开放的空间可供人们自如交流？还是空间封闭、房门闭锁，显示出组织中森严的等级制度？柯达医疗影像系统公司的总裁丹·柯沛敏曾经在通用电气医疗系统公司担任过高级领导职位，来到柯达公司以后，当他和同事交流时，他始终对公司文化给予特别的留意，并关注有关企业文化的议题。"对于我的工作风格以及我对员工的期望，人们有很多疑问。"他说，"柯达医疗影像系统公司的员工一直想向世人证实，他们所拥有的学识、热情和能力在业界比任何其他公司都不差。所以，我花费了很多时间告诉人们，正是柯达医疗影像系统公司文化的积极方面，让我最终离开了通用电气公司来到了这里，我想，来到柯达公司工作的事实本身就是我对公司文化充满信心的最强烈表现。”

丹·柯沛敏在上任的早期就意识到，他需要另辟蹊径地开展工作，但是，他始终确保变革行动不会逾越柯达公司广受尊崇的企业文化的范畴。“在促进企业文化的建设方面，我花费了很多精力。”他解释说，“我这里所说的企业文化不是通用电气公司的企业文化，不是我个人的文化偏好，也不是柯达医疗影像系统公司企业文化需要变革的部分。我要做的是让公司文化中最优秀的部分适得其所，在这个过程中，我会发现企业文化的缺陷，并将我从以前的工作中习得的经验应用到促进企业文化建设的过程中来，同时，我还将自己的直觉判断和自己的理念引进来。”

对于最终成功变革柯达医疗影像系统公司的企业文化而言，与其原有文化的完美融合是非常重要的前提条件，丹·柯沛敏清楚地认识到了这一点，所以，他采用了一个非常聪明而且很值得效仿的方法：他聘请了一位“教练”。他聘请的教练是在公司中长期担任高级领导职位的迈克尔·莫里（Michael Morley），最近，他刚刚从柯达医疗影像系统公司行政总监的职位上退休，退休前，他还负责公司的人力资源管理事务。丹·柯沛敏说：“迈克尔·莫里是公司高管层不可多得的顾问。”迈克尔·莫里曾经为公司所有刚刚上任的高级总经理担任过教练和“幕僚”角色。“我发现，我和他约定的每月一次的会晤很快就让我获益匪浅，就如何与公司有头有脸的人物妥当地打交道问题，如何处理企业文化的欠缺以及如何制定企业文化变革程序的问题，他的宝贵建议给我提供了很大帮助。我可以这样问他，‘迈克尔，我碰到了一个棘手的问题，在柯达医疗影像系统公司的文化背景下，我怎么才能妥当地处理这个问题，同时又不至于冒犯太多人呢？’”

丹·柯沛敏还让那些现在在柯达医疗影像系统公司工作的通用电气公司的前员工为自己“破译”柯达公司的“行话”，他们为他解释说：“在柯达公司，人们用柯达语汇谈到的‘黄金程序’和通用电气公司的人们谈到的‘C会议’的意思是一样的，都表示‘好的，我懂了’。”这种翻译过程也应用于其他环节，“有时候，我想用通用电气公司的语言来解释某个概念，这时候，我会找到通用电气公司的前员工，对他们说，‘我想讨论这么一个概念，你能把它从通用电气公司风格翻译成柯达语言吗？”

对新领导者而言，尽管表明自己已经融入了新组织的文化，而且已经把握了新组织文化的精髓是至关重要的，但是，如果新组织的文化需要改造和变革，那么，新领导者就不应该让自己完全浸淫其中、“乐而忘返”。当然，任何企业文化的变革都不会像发布变革指令那么轻而易举，尤其当组织对自己的文化深感自豪的时候。可又有哪个组织不为自己的文化而自豪呢？

美国外展训练协会的期望

2002 年，当美国外展训练协会聘任约翰·里德担任主席一职时，协会的领导职位此前已经经历了几次更迭，约翰·里德前任的任期只持续了四个月的时间。

作为重型机械控股公司（Heavy Duty Holdings）——一家向北美地区提供重型卡车零配件的供应商——的前首席执行官，约翰·里德还是外展训练协会很多拓展训练项目的参加者，同时，他还主持着一个拓展训练学校的工作。通常，约翰·里德对事物总是有先见之明，此外，他还很清楚，他必须向人们证明他已经“理解”了组织的文化。

“这个组织文化的力量非常强大。”约翰·里德说，“它发育得非常成熟，那些不能融入其中的领导者迟早要被组织所摈弃，此外，它的形态与制造业企业的文化非常相像。”尽管外展训练协会的运作方式在某些方面与制造业企业的运作方式恰好南辕北辙（在外展训练协会，“没人等我下达指令”），不过在其他方面，它们两者确实如出一辙。“他们对我将做些什么拭目以待，他们想知道我是不是‘把握了’组织文化的精粹，他们还想看看，我会不会像我的两位前任一样，不能切实地融入组织，不能清楚判断组织迫切需要处理的问题。”

约翰·里德意识到，即使组织对其需要优先处理的问题的判断是错误的，在启动变革行动之前，他也必须接受组织的文化，而且要融入组织的文化中，这一点至关重要。“我想，我在全国委员会办公室快速实施的有关费用支出和人事安排上的重大变革是正确的，因为那些变革与组织的文化取向恰好一致。”他说，“办公室有几个人把持自己的职位已经有很长时间了，根据组织的运作状况来看，很显然，这些人的职位需要更替了。他们的离去向人们传达了强烈的信息：外展训练协会需要变革，而且变革就从全国委员会开始。”

“像我们这种非集权制的组织，通常情况下，人们对管理指令的反应并不积极。”约翰·里德补充说，“在这种组织做管理工作更像是‘放牧’，而不是采用命令和控制的手段来管理。我曾经在商学院学习过如何在必要的时候才把管理的‘棍棒’从‘橱柜’中拿出来的方略。可在我的职位上，事实上并没有什么管理的‘棍棒’，也没有隐藏‘棍棒’的‘橱柜’，我的工作职责其实更像是收集、组织有关数据，以便发现问题所在，从而让那些有处理问题的职权但求助无门的人直面真正的问题所在。在这种文化背景下，用数据强调问题所在的方法很容易就可以促使人们采取行动。”

“如果你曾经是你现在任职的这个组织的客户，或者，以前你与这个组织有其他关系，那么，这样的背景就是你为组织提供有价值的管理方略，以及完全融入组织的文化氛围的优势所在。我的前任与类似的组织有过丰富的合作经验，但是，他没有和外展训练协会打交道的经历。”

约翰·里德为完全融入外展训练协会文化所采取的策略之一——这个策略后来也让他得以变革组织——就是在他的新角色（领导者）与他从外展训练协会受到的影响之间建立起始终如一的有机联系。“我有幸参加过外展训练协会的一个拓展训练项目，那个项目改变了我的生活。”他说，“我的亲身经历让我对我们组织可以带给年轻人的影响充满乐观的期待。”这个乐观的期待为他引领组织的发展指明了方向。约翰·里德补充说：“我想用我们即将尝试的50种方法，来完成改变年轻人生活的使命。另外，我想，如果我们能够取得成功，那么，我们不但可以引起董事们的关注，而且也可以让教练员和管理人员更专注于自己的职责。”约翰·里德参加过外展训练协会训练项目的经历，不但为他表明自己已经“理解了”公司文化提供了前提，而且还为他的管理工作提供了其他帮助，“通过每年参加拓展训练，我可以让我的‘电池’经常‘充电’，同时，我还可以通过参加拓展训练的机会来检验我们在管理机关推出的策略是否与基层的运作实际一致”。

约翰·里德还很注意他和其他领导者在人们心目中的形象，在外展训练协会，不同的人对他和其他领导者的印象也是不同的。外展训练协会的发展早就超越了最初的拓展训练业务。“当我上任时，全国委员会的人们认为我是个‘很适合做拓展训练的家伙’，总体上说，他们是对的，因为我对外展训练协会的拓展训练项目很熟悉，不过我知道，对于外展训练协会的许多郊外训练中心和各地方学校的改革，我还有很多东西需要了解和学习。但是，一个拓展训练学校的校长曾经对我说，‘你并不是个很适合做拓展训练的家伙，你更像个穿着笔挺的经理人。’”

“我的回答是这样的，‘布鲁斯（那位校长叫布鲁斯），或许，我并不像是个很适合做拓展训练的人，不过，如果我们排在一个队伍里，让一位拓展训练教练来分辨，那么，她很可能一下子就把你从人群里挑出来，因为对他来说，你更像是个穿着笔挺的经理人，就像你看我像经理人一样。’现在，布鲁斯谈到那件事的时候还忍不住发笑，因为我们都知道，对方是对的。以制造业流行的说法来说，一个工头与工厂经理的区别，就像一个工厂经理与公司经理的区别一样，了解到这一点有助于高层领导者与基层领导者建立友好的关系，这就是我的工作经历给我的启发之一。同样，根据我的工作经验，作为领导者，如果你想了解客户的感受，那么，你可以去观察供应采购部门的情况，你可以听这些部门的人如何态度恶劣地向供应商‘咆哮’，如何呵斥供应商。非营利性组织也有自己的客户，而且它们本身也是其他组织的客户，但是，它们可能没从这个角度观察过自己，更不用说关注组织内的客户和供应部门了。因此，在外展训练协会，我将自己以前的工作经验引入到‘使命——组织’的关系处理上，确实有助于组织上下对组织的运作达成共识。”

“我学会了如何让外展训练协会的复杂变革依靠自己的力量来完成。”约翰·里德说。他变革组织的策略很像外展训练协会一个拓展训练项目的基本原理：将相互之间毫无关联的一群人聚集到一起，让他们自己寻找他们之间的共同点，之后，经过几个月的时间，同时借助与他们的良好交流，让这个群体自己制定他们的训练科目。约翰·里德将这种原理移植到了组织的变革过程中：总部为各个学校提供大量的信息支持，但是，让各个学校自己实施变革。“通过推行变革更有利于学校运营的策略，我们实施了很多富有成效的变革。”约翰·里德说，“而且学校董事会认为是他们自己而不是全国委员会引领了变革。”

在组织内尽心竭力地培训员工

鲍勃·埃克特在美泰公司则采取了完全不同的变革行动。他的前任实施了很多华而不实的购并，建立了很多新企业，而公司股票的价格一落千丈，鲍勃·埃克特将自己的关注点放到了企业辉煌的过去，并将企业的过去当做处理现存问题以及引领企业复兴辉煌的参照。“美泰公司是从一个小型的家庭公司成功地成长为‘《财富》500 强’公司的，并一度成为业界翘楚，近年来，公司的运营每况愈下，远远偏离了正确的轨道，”他说，“我把自己的工作当做了影响企业文化建设进程的良机，也是复兴企业辉煌甚至超越企业原有水平的契机。”

“确切地说，我从上任后的第一个小时开始，就不断谈到培训员工的问题。美泰公司从来都不是培养人才的摇篮，这一点与通用电气公司相去甚远。我们根本没有明确的人力资源管理准则，所以，我们必须为建立相关的准则付出很多努力。此外，我还在管理培训方面花费了很多时间，在我来到公司之前，美泰公司根本没有相关的培训机制。我上任后的第一年，我们制定了人力资源战略计划，这个计划目前我们还在用。这个计划旨在吸引我们需要的人才、留住人才并培养人才。我们让公司中职位最高的 150 位管理人员参加了总经理领导力课程培训，我们开设了入门课程，还开设了远程电子教学课程，此外，我们在公司总部边的一幢大楼里还设立了教室，以满足我们正式教学的需要，通过以上系列方式，我们培训了公司的所有管理人员。十年以后，如果我们取得了企业运营的成功，那么，人们会说，‘都是从这个地方培训出来的人的功劳。’”

“我们还需要关注人们的创造力，为此，我们开设了严格的培训科目，以便训练富有创造力的人进一步提升自己的创造力。这个课程的开设只花费了几千美元，不过后来的结果证实，这种训练是我们非常成功的一个新培训项目。”

变革传承下来的文化的战役

作为领导者，变革企业文化的努力，尤其是变革那些就像地层结构一样在组织中已经积淀已久的企业文化，远远不是在上任后的第一个 100 天就能完成的，有时候，完成这样的变革甚至会需要几年的时间。对一个全新的领导职位而言，至关重要的一点，就是要对企业文化保持高度的敏感性，要对企业文化进行有效的评估，而且要为你渴望取得的长期变革成果播撒种子。

1992 年，亚瑟·马丁内斯（Arthur Martinez）成为西尔斯百货集团（Sears Merchandise Group）的总经理之后，就遇到了难以统驭的企业文化的挑战，

1995 年，当他成为西尔斯集团（Sears，Roebuck&Co）的董事会主席和首席执行官以后，他再次与企业文化发生了遭遇战，他将公司首席执行官职位保持到了 2000 年。“自罗伯特·伍德（Robert E. Wood）将军以来，我是第一位聘自组织以外的领导者。”他说［罗伯特·伍德离开竞争对手蒙哥马利·沃德百货公司（Montgomery Ward）加入了西尔斯公司的阵营，1924 年，他在蒙哥马利·沃德百货公司任职副总裁，后来很快成为公司的总裁，最终成了公司的董事会主席并将该职位保持到了 1956 年］。

当亚瑟·马丁内斯从他曾经担任过董事会副主席职位的第五大道塞克斯商业集团（Saks Fifth Avenue）来到西尔斯公司时，西尔斯公司的零售业务日渐收缩，邮购业务也正在“失血”，公司的整体财务表现连续 5 年来不尽如人意。“毫无疑问，公司就像一个‘燃烧的平台’一样，情势危急。”亚瑟·马丁内斯回忆说。“公司的情势本身说明，公司需要进行企业文化的重大变革。但是，我们在变革企业文化的过程中，却遭受了在公司变革过程中普遍存在的问题的干扰，在西尔斯公司，人们谈到的就是‘我们 5 年前已经试过了’。”亚瑟·马丁内斯解释说。因此，他决定改变人们的这种心态。

那么，他成功了吗？

“唉！一言难尽。”当亚瑟·马丁内斯被问到他的变革努力所产生的结果时，他叹气道。“那段时间，我觉得我做得比我预想的还要好。可现在回想起我发动的那场试图对公司文化带来深远影响的变革来，我只能给自己一个‘不及格’。企业文化的变革是类似于西尔斯公司一样历史悠久的公司必须面对的最严峻的挑战。”

“我发动变革的早期所产生的积极成效，让包括我在内的有些人认为，我们已经把企业文化的议题完全解决了。然而，令人遗憾的事实表明，人们对变革的抵触情绪依然根深蒂固，很多人想，‘这个家伙 3 年以后就走了，可我在这儿还得干 20 年呢，为什么是我应该改变呢？’在有 30 万员工的企业中实施变革，这样的抵触情绪是在所难免的。相对来说，让公司的高管层‘就范’要容易得多，如果他们抵制变革，我可以解雇他们，但是，我不可能判断所有员工对变革的反应，比如，我不能自行判断在税收部门或者物流部门，谁正阻碍变革的进程。”

就这样，亚瑟·马丁内斯发动了大刀阔斧的变革行动，他关闭了 125 家零售商店，并解雇了 325000 名员工中的 35000 人，为此，他“赢得”了“来自塞克斯的板斧”的绰号。但是，人们对变革行动的怠惰和抵御合在一起，让他的变革进程步履维艰。“当我们实施变革的时候，尤其当我们变革的势头减缓下来的时候，情势变得越来越清楚，那就是人们又回到了以前的行为方式。启动变革 4 年以后，我们的‘新文化’并没有保持和加速企业的良好发展势头，我认识到，我们对企业的改变并不理想。我们的变革平复了表面的波澜，但是，强大的‘潜流’依然抵御着组织重大变革的进程。”

2000 年，西尔斯公司的首席财务官艾伦·莱西接替了亚瑟·马丁内斯的职位，他说，一个具有百年历史的企业文化也有其自身的优点：“我们拥有一个员工的行为要得当的文化传统，我们拥有要为客户出色工作的员工，但是，我们传承的文化发生了这样的变化：人们对竞争优势的丧失并不感到痛心，而且容忍和放纵不再实用的管理方式。然而，具有讽刺意味的是，即便如此，组织似乎仍然不想对自己实施变革。”

“因为我们的组织架构设置得如此不合常理，所以，在组织中，没有人承担责任，也没人拥有相应的权力。随着我们对组织架构的转换，人们的职责变得越来越清楚了，衡量人们工作表现的标准也越来越明确，组织对人们改善自己工作表现的期望也越来越清晰。事实上，组织架构的变化使团队工作的环境也得到了极大的改善，组织形成了比以往更为强烈的客户导向型文化取向。”

“我想，我从变革的开始就很好地把握住了变革的动力，而且这种动力在变革的过程中持续得到强化。我们在企业中已经实施了大规模的变革行动，与 18 个月以前比起来，我们的管理人员数量削减了 1/3，过去，让能力平平的人来管理公司运营的状况已经让我们习以为常了，而向管理层引入优秀管理人才的策略则意味着我们可以很快判断出员工的能力，而且可以很快找出那些表现最差的 1/3 员工，从而，我们可以很快对其采取相应的措施。”

“随着你对组织架构变革的逐渐深入，”艾伦·莱西补充说，“从后来产生的结果来看，这项变革对组织文化变革所带来的机遇比我预想的还要好。我们对管理人员实施的大刀阔斧的变革让我们没有回头路可走，企业运营方式所发生的根本性变化使人们失去了过去的参照物，所以，人们不能再退回到过去的老路上去了，因为在企业中，所有的‘老路’都消失殆尽了。事实上，在这种背景下，我们完全可以加快变革的进程了，而且也可以更为专注地实施变革了。”

实施变革的领导者有时候需要“迂回前进”

为什么艾伦·莱西在西尔斯公司的变革中大获全胜，而同样的变革，亚瑟·马丁内斯却认为难以完成呢？金考公司的加里·库辛对其前任的评论，不但可以解释在西尔斯公司发生的情况，同时，也适用于任何像西尔斯公司一样拥有强大文化传统而且依然存在着“企业创建者崇拜情结”的其他组织。“在有些组织中，企业的缔造者和他创建的原初企业文化依然发挥着巨大的影响力，所以，组织第一次从组织以外聘任的领导者如果试图将企业文化‘推倒重来’，那么，他的行为无异于自杀。”加里·库辛说，“或许，他的所有变革策略都无可挑剔，但他仍然会以失败告终。在我们的企业中，那个第一位‘外来’领导者的失败是注定了的，无论他是谁，我想，你可以找到足够的理由对这样的结果提出质疑，不过，在这种情形下，我劝你还是不要以‘第一位外聘领导者’的身份去那样的公司，为什么不做‘第二个外聘领导者’呢?”

然而，无论是“第一位外聘领导者”还是“第二位外聘领导者”，引领变革永远都是险象环生的命题。“大多数情况下，新领导者都没能完成企业变革的全过程。”零售业巨头劳氏公司的前首席执行官罗伯特·提尔曼说，“他们的变革通常都会半路夭折，他们因为在组织中受到广泛的敌视，所以他们很快就会被‘放逐’。”

为了降低你的变革风险，你要切实熟悉企业文化的精妙之处和企业文化的特质，要弄清企业力量之所在，要认识到，你从上司那里获得的授权并不会天然地保证你的下属会听命于你，此外，你不要试图在上任后的第一个100天内就“改变整个世界”，谨记这些要点至关重要。当实施大规模的组织文化变革时，耐心通常是领导者的必备品质。

在施奈德公司，企业文化的变革是以精心设计的节奏来完成的，是通过管理团队——试图通过变革自身来变革组织的管理团队——的谨慎协调配合来完成的。首席执行官克利斯·洛夫格兰解释说：“企业创建之初，甚至到20世纪90年代早期，我们始终是一家运营卓越的公司。我们的主导业务是装载和运输，随着时间的推移，我们不断扩展服务领域。但我们面临的一个挑战是，领导者完全是从组织内遴选出来的，所以，我们没有能满足公司 5 年以后发展需要的领导者，没有对企业发展方向做出判断的多样性观点，我们不能在短时间内得到必要的人力资源，以完成我们设定的公司增长目标，所以，我们必须从企业外吸引并留住优秀人才。对一个高速成长的企业来说，为保持企业的健康发展，以妥当的方式吸引并留住优秀人才是至关重要的，当从企业外招揽优秀人才加盟时，保持企业内部人才与外聘人才之间的比例均衡非常重要，因为组织内本来就有很多优秀人才。因此，吸引人才加盟更像是一个整合、完善的过程，而不是大规模的变革。"

克利斯·洛夫格兰是成功整合、完善企业文化的典范。1994 年，他以一个"外来者"的身份来到施奈德公司，今天，他是公司的首席执行官。

诱导变革

正如路易·郭士纳谈道的："改变成千上万人的态度和行为是一项异常艰难的工作。你不能只是向公司发表了几次演讲或者为公司制定了新信条以后就认为你已经完成了公司文化的变革过程，你不可能通过行政命令的手段来变革公司文化，也不可能通过操纵的手段完成企业文化的变革。你所**能做**的就是为企业文化的变革创造良好的条件。你可以为组织建立激励机制，你可以客观陈述企业的市场现实和企业目标，但是，在某种程度上，你还必须确信人们有能力自己完成变革工作。事实上，管理层并不能变革企业文化，但管理层可以诱导人们能动地进行企业文化变革。"

组织有很多方法可以让变革对人们更有感召力。

采用全新的成功评价标准

促进人们改变行为方式的最有效手段之一，就是改变成功的评价标准，这个步骤新领导者可以在上任的初期完成。比如，为了向吉列公司引入绩效评价文化，吉姆·基尔茨创建了一个评价体系，这个绩效评价体系与经营损益、市场份额直接挂钩，并且用一个健全的激励体制为其提供支持。需要考核的并不是泛泛的目标，相反，经理们被告知，"这是你的预算目标，这是你的市场份额目标，这些目标可以精确地衡量。所以，如果你完成了目标，那么，你就成功了，而如果你成功完成了目标，那么，你就可以得到比以往更多的红利；从另一方面说，如果你没有完成设定的目标，那么，你得到的奖励就会显著减少。”吉姆·基尔茨解释说。

在有些企业中，选择成功的评价标准、确立相关的市场目标、建立绩效表现评价体系，要比在其他企业中容易得多。在消费品生产领域，比如，吉列公司的剃须刀产品和金霸王电池，它们的市场占有率可以被尼尔森市场调查公司（A. C. Nielsen，尼尔森市场调查公司为全球最大的市场调查机构。——译者注）以及信息资源公司（IRI，Information Resources，Inc.，信息资源公司是全球领先的企业市场信息解决方案提供商，在业界率先利用实时市场信息。——译者注）一类的机构精确地测算出来，然而，在其他企业中，绩效表现的测算就没有这么清晰、分明了。

比如，在盖普服饰公司，保罗·普雷斯勒上任的早期就意识到，公司管理团队的工作表现需要新的考评标准，以便使他们的工作在公司总体表现和为股东创造价值方面承担更多的责任。公司现存的绩效考核标准关注的是每个品牌的表现，考核的内容没有与公司的总体财务目标有机联系起来。公司的这种绩效考核体系是公司以往采用的分权制管理的产物，在这样的考核体系中，公司管理团队习惯于只优化自己所在部门的表现，但对那些有利于其他品牌的发展，同时也有利于企业整体利益的行为往往漠不关心。尽管这种分权制管理的手段在公司发展历程的大部分时期非常有效，但是，这种管理方式无意中造成了公司内部的很多竞争，而且也浪费了公司的资源和资金，此外，它还导致了“盖普”、“香蕉共和国”和“老海军”等品牌面对市场中同样的细分消费者进行设计和促销。为了改变人们的行为方式，保罗·普雷斯勒为公司高层管理团队制定了一个全新的薪酬体系，这一体系将他们为公司整体表现所作的贡献与他们各自所在部门的表现综合起来进行评价。“这个薪酬体系实施的开始，我遭到了很多反对。”保罗·普雷斯勒回忆说，“人们问我，‘我怎么能对那些不属于我管理的事情承担责任呢？’”保罗·普雷斯勒这样回应他们：“你当然要负责，因为我们是一个团队，而团队就要为我们所有品牌的运作情况和公司的总体表现分担责任。今后，我们还要共同制定公司的议程，共同确立我们需要优先处理的公司事务。”保罗·普雷斯勒的新策略产生了这样的结果：“对于如何像一个团队一样有效地协同工作，我们还有很多东西要学，不过，我们实施的新策略确实有助于我们改变自己的思维方式和行为方式。”

设置新的运作程序

作为领导者，你还可以通过改变公司运作程序来鼓励和促进员工行为方式的改变，比如，通过定期举办议程明晰的管理会议的方式。正像我们在第三章谈到的，埃德·布林在泰科国际公司设置了他称之为“杰克·韦尔奇日程”的会议机制，这是一个定期召开的要求所有企业的领导者参加的会议，同时，也是提升领导力的会议，还是一个企业管理程序。“你和管理团队一起度过 8—10 小时的时间，向他们无休无止地提出问题，通过这种方式，你很快就可以了解到谁对什么最在行、谁在某些方面能发挥良好的作用了。”他说。

就与所有的直接下属讨论公司运营事务、找到公司目前的当务之急并跟踪上一周会议议题的实际进展而言，这个会议是对每星期一早晨召开的为期一小时的管理会议的补充。“人们非常看重这种会议形式。”埃德·布林说，“他们对企业运营的事务更投入了，而且他们还知道其他人正在做什么，此外，这种会议形式还可以快速传播优秀的管理方法。”

组建新的管理团队

进行管理团队的人事变动是进行企业文化变革的另一条途径，人事安排的变动需要实施得精妙、谨慎。很多来自组织以外的新领导者会把能推动和强化变革进程的“心腹知己”也带来。比如，吉姆·基尔茨就依托一个由三位长期合作伙伴构成的小组来实施自己在新组织中的变革，他们是彼得·克莱因（Peter Klein）——被委任为负责公司战略和企业发展工作的高级副总裁，约翰·曼弗雷迪（John Manfredi）——担任负责公司日常事务处理的高级副总裁，乔·谢纳（Joe Schena）——担任负责企业计划编制的副总裁。加里·库辛直到聘任方允许他将丹·康纳斯以公司高级领导者的身份带到金考公司中来才接受了聘任。

然而，如果你将自己的“嫡系部队”带到新组织中来，很可能会在组织中诱发人们的怨怒情绪。当吉姆·麦克纳尼离开通用电气公司成为 3M 公司的首席执行官时，直到人们看到他并没有将自己在通用电气公司的经理班底带到3M公司的时候，人们对3M公司会成为另一个通用电气公司的忧虑和恐慌情绪才得以缓解。

提出新的期望

你还可以通过诱导管理团队自身实施某些必要的变革。当比尔·施莱耶（Bill Schleyer）（比尔为威廉的昵称）成为阿德菲亚传播公司的首席执行官时，这家麻烦重重的有线电视运营商正面临着企业文化变革的迫切需要，公司处于破产的边缘，对公司前首席执行官的刑事诉讼正闹得沸沸扬扬。为引起公司高管层对企业新秩序的关注，比尔·施莱耶上任后的举措就像向经理们兜头泼了一桶冷水，这一天成了他上任后第一个100天工作的标志性事件。“2000年4月，我们召开了40位高级管理团队成员参加的首次会议，在会上，我向他们亮明公司管理的新策略。在前首席执行官的领导下，阿德菲亚传播公司都是由公司首脑来做决策的，事实上，公司鼓励管理人员‘不参政’的行为，如果有人‘违规’自作主张，那么，他们会为此受到申斥。我对他们说，‘从现在起，你们都要对我们设定的激进目标负责，如果你们不能在这种新环境中工作，那么，你们现在就得离开这间会议室。’那是一个语气强烈的‘宣言’：这就是我们需要的行为方式，如果你受不了，你就得走人。但是，我们还不能像过去那样四平八稳地开展工作，对我们来说，最重要的是要有紧迫感，我们必须在短时期内让企业达到业界其他企业表现的平均水平，如果我们摆脱了破产的危机，但不能在绩效表现和利润水平等方面达到业界的平均水平，我们的未来依然会前景黯淡。”

找到引导变革的领导者

你可以在组织内搜寻那些愿意引领变革的人，让他们当你的“传声筒”，将你的变革理念在组织内广泛传播。当加里·布里奇来到思科系统公司，担任在公司中广受尊敬的全球互联网解决方案集团的领导者时，他发现，公司中“几场惨烈的争斗正进行得如火如荼。为做好本部门的业务，人们不愿共享资源，而且花费很多时间来相互攻讪、大搞‘窝里斗’。公司管理团队各自为战，躲在各自的‘象牙塔’里”。针对这种情况，加里·布里奇在管理层中寻找那些与他拥有共识同时也有威信的人，让他们成为引领变革实施的领导者，同时，让他们在组织内传播新的变革理念。加里·布里奇说，这种方法非常灵验，因为“如果你深入到高管层以下的管理层面时，你确实可以发现一群很有能力的人，而且他们对新事物充满渴望。我还花费了大量时间让管理团队走出‘象牙塔’，为他们引入‘通用语言’，提高他们的交流技能，使他们可以彼此有效地倾听和学习。决策时，我会确保自己不会主观地偏向任何人，但是，我的所有决策都是依据事实推出的，此外，我总是告诉他们，某些工作我为什么要那么做”。各个部门和分支机构的领导者也沿用了这种管理方式。“构建管理团队、让人们依据适当的考核标准各负其责是第一位的；其次，我反复告诉公司的员工，思科系统公司是依靠客户的成功而取得自身成功的公司，是一家让客户‘难以割舍’的公司，这就是我们最显赫的优势所在。”

身先士卒、率先垂范

在领导力和企业文化变革的所有重要环节中，作为领导者，为他人做出表率尤其重要。“如果员工不能在你的言行和管理风格中看到任何重大变化，那么，企业文化的变革很难成功，”泰科国际公司的埃德·布林说，“如果你需要变革新环境的企业文化，或者想复兴企业文化。我所面临的则是创建企业文化，你最好用实际行动尽快做出表率，否则，企业文化的状态还会回到过去的样子。”

旗开得胜

作为新领导者，要想在上任后的第一个 100 天内成功启动企业文化变革的行动，领导者还需要认识到，你的最初行动是表明你想让“企业如何运转”的重要信号。

加里·布里奇在思科系统公司采取的最初行动之一，就是集中精力改变公司的运作程序。他改变了公司会议的召开时间，借此打破了人们将公司总部所在地——加利福尼亚的圣何塞——当做“全球注目中心”的观念。“我不但主张我们要有全球化的理念，而且还要求人们的**行为方式**也要符合全球化的要求，这一点对公司来说绝对必要。”他说，“我来到公司以前，公司高级管理会议是在下午四点召开的，因为对总部的人来说，这是最方便的时间。我对他们说，‘你们有没有意识到，你们在这个时间开会，身在欧洲的参会人员却要在午夜或者凌晨一点（取决于是否实行夏令时）爬起来，和你们一起讨论诸如人事安排决策和产品促销策略等重要议题？’”

“此后，我把开会的时间完全改变了。早晨七点是在圣何塞召集会议的新时间，因为这时候，东海岸已经上午十点了，身在欧洲的人也几乎做完了一天的工作。这个时间调整让身在欧洲的人信心大增，因为他们据此认为公司很看重他们，而且公司对他们的运营很关切。”

单单是改变日常工作的时间表就已经足可以让人们深受震动了，不过，还有让你上任后的最初行动发挥更大作用的更为大胆的方式，比如，对组织文化的根基所发起的进攻。

再次激起3M的创新风尚

吉姆·麦克纳尼在3M上任早期的重大变革行动之一就是改变“威廉·麦克奈特法则”，这些法则源于在3M公司担任总裁职务时间最长的威廉·麦克奈特[①]的思想，他在3M公司得到的尊敬就像老托马斯·沃森（Thomas Watson Sr.）在IBM公司受到的尊崇一样。威廉·麦克奈特将组织管理架构进行了“扁平化”变革，从而确保管理层可以有效监控那些偏离企业家创新精神的行为。“人们不可避免地会犯错误，”威廉·麦克奈特说，“但是，如果犯错误的人从根本出发点上说是正确的，那么，他所犯的错误从长期来看，远不如独断专行的管理层所犯的错误那么严重。”

“威廉·麦克奈特法则”之一就是“30%/4”原则：3M公司的年销售收入必须有30%来自那些在过去4年中新研发出来的产品。这是一个要求很高的标准，但是，吉姆·麦克纳尼觉得这个标准已经变得有些徒有其表了。“为了完成指标，有些经理会求助于某些很值得怀疑的‘创新’项目，比如，将

① 威廉·麦克奈特（William L. McKnight）是3M公司的第四任总裁，任期从1929年到1949年，从1949年到1966年担任公司董事会主席职务。

黄色的即时贴做成粉色。所以，很多时候，这个原则的执行成了儿戏。那么，这种‘创新产品’能为公司带来什么呢？我们有很多产品，也有很多可以投放市场的创新产品，但是，我们的企业并没有因此而增长。每到年末，人们总是宣称他们已经完成了指标，可是，公司并没有从中受益。”

“所以，我们必须再度关注那些能为公司的增长带来积极影响的产品商品化过程，而不是将我们的注意力集中于那些搁置在库房里的新产品数量。我对‘30%/4’法则产生的影响非常担心，因为这一法则是 3M 公司成功神话中‘最为动听的一段’，公司的 100 多位高级经理花费大量的时间来讨论这个法则，可现在，我们将更多的注意力集中在了公司的稳定增长上，而不再那么关注新产品的数量了。看起来，这不过是个小小的变化，但是，它为公司的投资带来了富有喜剧性的成果，在新原则指导下，公司会投资于那些市场前景更好的产品，投资于那些可以开拓市场新领域的产品，而不是将资金用于扩展那些既有产品的外延产品和衍生产品。新的原则为公司的投资方式带来了颠覆性的变化。”

另一个“威廉·麦克奈特法则”就是“15%”原则，这个原则允许公司的技术人员无须得到管理层的许可，就可以将工作时间的 15% 用于研发自己感兴趣的产品。吉姆·麦克纳尼上任以后，也将这个原则改变了，“15%”原则为公司营造良好的创新环境提供了制度上的支持，这个原则也确实催生了 3M 公司许多偶然的、同时也大获成功的创新产品，比如，丝高洁防污剂（Scotchguard）（也译为“苏格兰布料保护者”），就是 3M 公司一位科学家将化学品偶然洒到自己的网球鞋上，从中得到了灵感而创新出来的产品；“即时贴”的发明也是源于一位研究者的一个想法——他想找到在教堂赞美诗集里做标记的更好方法，而这种标记物应该长期有黏性，但可以随时粘贴、随时取下。这些产品和其他很多类似产品的创新故事，已经成为 3M 公司企业文化神话中的重要部分。

吉姆·麦克纳尼在实施变革中的作用，为领导者在文化变革过程中承担“催化剂”的角色做出了表率，尤其在变革的早期，当人们对变革的态度更为开放的时候，领导者在变革中的作用更为重要。他的变革之所以如此成功，除了基于他对完成企业文化变革所需条件的客观评估和有效沟通以外，除了得益于他与众多经理人进行的广泛交流以外，还得益于他对这个历史悠久的组织和企业文化所实施的变革是以人们乐于接受的方式，从而，人们愿意追随这样的变革。

吉姆·麦克纳尼上任的早期，有些员工担心，3M 公司闻名遐迩的对创新的热忱会被新领导者浇灭，吉姆·麦克纳尼很敏锐地感觉到，人们很担心他会步入威廉·麦克奈特一直表示反对的独裁性管理的道路。“我想，在促进创新方面，我们是一家处于世界前沿的公司，如果我打消了人们的创新热情和积极性，那么，我就会把企业引入一团糟的境地。”但是，对于企业的过去可能对企业目前以至于未来的发展造成的干扰和阻碍，他也同样保持着清醒的意识。“公司的神话是‘不放过任何可能性，据此，我们发明了即时贴’。公司的法则激发出了很多重要的而且是积极的行为，”他说，“但是，当它徒有虚名时，它会导致公司运营的失调。所以，你要引导人们以更现实的态度来观照世界。”

那么，吉姆·麦克纳尼自己对 3M 公司及其企业文化的评价是什么呢？“我们的企业并没有陷入危机，我们要做的不过是学会更快地行动……我不会去更换‘发动机’的。”他说，他把自己在 3M 公司的角色比做了汽车修理工，“我只是想更换一个新底盘、安装一个新的离合器和一个新的涡轮增压器，但是，当我完成修理以后，它还是一辆汽车，而不会变成一艘船。”

吉姆·麦克纳尼到 3M 公司任职两年以后，3M 公司变得更为精干了（75000 名员工中，有 6500 名员工在此间被裁掉了），不过，它依然还是公认的 3M 公司。吉姆·麦克纳尼说：“我确实改变了公司的运营节奏，我们把很多时间花在运营成果的讨论上，此外，我们召开了很多旨在强调‘言必行、行必果’的会议，这些变革其实很简单，我不过是实施得很快而已。”

明确界定企业文化需要变革的环节

1994 年春天，路易·郭士纳在 IBM 公司第一次召集了高管层会议，会议旨在启动企业文化的变革。他想让高管层将才智和精力投注到公司以外的领域，而不是用于彼此观照。在对 420 位高级领导者发表的讲话中，路易·郭士纳使用了一个图表，来阐释行为方式的变革方向，行为方式的变革对于取得企业文化变革的成功、对于公司的长治久安是必要的前提。

IBM 公司行为方式变革的目标

从……	到……
向外推出产品（我告诉你）	按客户需求开发产品（站在客户角度）
按照我的方式来运作	按照客户需要的方式来运作（为客户提供真正的服务）
获得信心	取得成功
根据“秘诀”和“神力”做出决策	基于事实和数据做出决策
关系驱动型	绩效表现和表现评价标准驱动型
服从（中规中矩的行政管理）	思想和观念的多样性
质询当事人	质询运作过程（提出为什么的问题，而不在是谁的问题上纠缠不休）
追求卓越和表现卓越同样甚至更重要	职责（永远追求重大进步）
以设在美国纽约州阿蒙克（Armonk）的 IBM 总部为主导	全球机构共担责、权、利
法规驱动型	原则驱动型
注重我（个体）	注重我们（全体）
太过注重分析导致无法行动	根据紧迫程度做出决策并付诸行动
不发明创新	学习型组织
向一切投资	以重要性为序安排投资

调侃、美国在线以及在纽约经历汽车被拖走

即使组织中的大部分人都欢迎变革，也总会有深植在企业文化中的某些抵御变革因素向变革行动发难。所以，作为领导者，在处理这类“逆流”的时候，既要充满同情心，又要客观冷静。如果你足够大胆，幽默感也是你可以利用的策略。

2002 年 8 月，当乔纳森·米勒成为美国在线的首席执行官，面对重建连接美国在线和时代华纳其他分支机构之间饱受摧残的桥梁的棘手任务时，就使用了上述策略。华纳兄弟娱乐公司（Warner Bros.）、时代公司（Time

Inc.）、家庭影院频道（HBO）、特纳广播公司（Turner Broadcasting）以及时代华纳有线电视网（Time Warner Cable）不但认为美国在线并没有兑现并购时做出的承诺，而且他们还对乔纳森·米勒的前任针对他们的总经理们实施的裁员政策和独裁统治怨声载道。

乔纳森·米勒上任以后，他所面临的第一项任务，就是与时代华纳其他分支机构的高级经理们会面。乔纳森·米勒知道，甚至在他开始讨论他们各自的企业如何与美国在线协同工作之前，他就必须找到一条能修复企业之间产生的裂隙的途径。他谈到当他走进纽约和洛杉矶的会议室时人们是如何怒火中烧地“欢迎”他的经历。

乔纳森·米勒很快就找到了如何减少人们敌意的方法。他解释说：“我问他们，‘你们有过在纽约被人拖走汽车的经历吗？他们把你的汽车拖到曼哈顿西区的一个大型停车场，之后，你会来到这个停车场取回自己的汽车，在那儿，你会像其他所有想取回汽车的人一样，心情恶劣，你会排在长长的队里等着轮到自己取车，当你终于排到收费处的时候，你早就想好了要给收费的人一点儿颜色看看。但是，收费处的窗口上有这样一段文字：**‘在这儿工作的人并没有拖走你的汽车，我们是帮助你取回自己汽车的人。如果你愿意配合，你可以更快地取回自己的车。’**之后，我说，‘我并没有拖走你们的汽车，我是帮助你们取回自己汽车的人，如果你们愿意配合，你们可以更快地取回自己的车。’”

人们的对立情绪得以消解以后，乔纳森·米勒就可以进行下一步的讨论了：“我想谈谈我们如何为他们以前的运作增加价值，我还想谈谈我们如何对我们的运作提升价值，这不是一个‘如果你获胜，我就是输家’的游戏，而是一个合作框架，在这个框架中，我们要协同工作，而且我们的运作方式要像出自同一个企业。”

时机就是一切

为企业文化的变革和转换创造适宜的条件需要你使出浑身解数。比如，你不能通过行政命令将一个以自我为中心的企业文化神奇地转化为客户导向型的企业文化。为了完成企业文化的变革，你必须不断推动、暗示、诱导人们，最终让他们确信，你设想的企业新环境确实是最有利于企业发展的新环境，而且更重要的，也是最有利于他们自身发展的新环境。这个过程需要时间，同时，也需要你把握良机。

在回想自己上任后第一个 100 天的经历时，有些领导者说："如果我可以重新再来一次，那么，在那些重大的人事变动问题上，或者在那些战略行动的实施上，我不会迟疑那么长的时间。"有些领导者则为自己当初的克制行为感到庆幸。在大多数情况下，领导者引领变革的方式取决于企业的具体情形。

"我想，如果企业的情势危急，你必须放弃自己要有耐性的观点，要敢于'下赌注'。"吉姆·麦克纳尼说，"如果企业的运营状况非常糟糕，公司的管理团队缺乏威信，那么，你必须在上任的第一天就开始实施变革。如果企业的运作状况并不很坏，就像我就职于 3M 公司的情况那样，那么，你所面临的议题就是尽可能完善已经运行良好的运营模式。不过，你完成任何形式的变革都需要时间，如果你的行动过于匆忙，那么，18 个月以后，你就不得不把以前做过的工作再重做一遍。"

"变革的进程取决于企业的具体情况。"他总结说，"如果企业正处于灾难重重的状况，那么，你常常会后悔自己当初没有更快地行动；如果企业运行状况还不错，那么，你可能会懊悔自己当初的步子迈得太快了。"

"在倾听、了解情况的过程和停止倾听并付诸行动的过程之间应该达成平衡。"丹·柯沛敏在回忆起自己在柯达公司上任早期的工作时说，"但是，在你的日程表上并没有这样一个'开关'，可以让你在两个过程之间方便切换。当你获取了做出决策所需的足够信息和信心时，无论那是你上任以后一周的时候还是一个月的时候，你都要做出决策。我来到柯达公司的几天内，就有一个这样的机会。当时，我出席了公司'每月运作情况检视会议'，这是处理公司损益问题很严肃的运作机制，不过我想，这种会议的效率并不高，所以，我马上就做出了改革这个会议议程和会议机制的决定，我订立了一个只有 3 页的会议议程范本发给他们，以取代他们正在使用的长达 60 页的议程模本，因为我认为，如果会议需要讨论的问题不能用 3 页的篇幅说清楚，那么，我们就会陷入繁冗的细节问题讨论，这样，反而难以取得明晰的讨论结果，此外，我还将会议的时间砍掉了一半。"

如果你就任的公司危机重重，那么，"燃烧的平台"所造成的危急情势会有助于你实施变革，在这种情形下，人们通常会乐于接受剧烈的变革措施，即使是在企业文化最为刻板、僵化的组织中，上述论点也同样适用。事实上，路易·郭士纳就认为，他在IBM公司之所以可以自由实施大规模的变革，完全得益于他最大盟友的支持——那就是IBM公司当时的运营状况正急转直下。但是，他也很清楚地意识到，将人们从麻痹的状态解放出来，让他们“协同思考和行动，像富有主动工作精神的人那样充满成功的渴望和求知的欲望”，至少需要5年的时间，后来，路易·郭士纳坦承，他当时还是低估了转换人们行为方式所需的时间。

从另一方面说，如果你就任的组织总体上运作良好，那么，你需要考虑的就是如何通过审慎的行动让良好的运作态势持续下去，就像吉姆·麦克纳尼在3M公司所做的那样。

上述两种情形都是极端的例子，可如果你就任的既不是危机重重的组织，也不是运营顺畅的企业，而是处于两者中间状态的公司，那么，不可避免地，你就要面临如何选择变革道路的问题了：你是上任伊始就启动变革呢，还是抑制自己早期的变革冲动，慢慢地实施变革呢？如果你就任的组织并不是处于需要马上变革的危急状态，你是不是应该“人为”地“制造”危机呢？

史蒂夫·班尼特认为答案是肯定的。当他成为直觉公司领导者的时候，公司此前曾经经历过长期的辉煌时期，所以，公司并没有迫切的、显见的变革需要。但是，史蒂夫·班尼特和公司董事会都觉得，公司的运营远没有发挥出自己的潜能，为此，史蒂夫·班尼特找到了一条在没有“狼来了”的危急情势下激励人们付诸行动的途径。

“当我开始启动变革的时候，”他解释说，“我说，‘我的工作就是对三类人——员工、客户和股东——负责，而且既要为他们的短期利益也要为他们的长期利益负责。’我走到员工中间，向他们提出了这样的问题：你认为我们运作得怎么样？你认为，我们在哪些方面做得很好？我们在哪些方面存在不足？那时候，就连现在也还是一样，我们的员工给我提供了大量的观察结果、反馈和见解。”

“之后，我也走到客户中间，向他们提出了同样的问题。我将员工的声音和客户的声音当做了我们变革的平台，事实上，他们的声音和他们对更好表现的渴望对我们的变革来说就是‘燃烧的平台’。”

调整自己的步调

作为领导者需要谨记的是，过多的变革会破坏企业文化，也很可能让变革的实施者遭殃。所以，你必须调整好自己的步调，并不断客观评估组织对变革的耐受力。“我没能很好地把握我要实施的综合变革，没能找到在一个拥有高度民主化文化的组织中更有效实施变革的方法。”哈佛大学的校长劳伦斯·萨默斯后来坦承，“我实施变革的根基还不太稳固，有时候，我采取的行动确实不够民主，如果我的变革步调稍微慢一些，我就可以更民主地实施变革了。如果我能更策略、更民主地实施变革，那么，我就可以更快地取得变革成果了。现在，我知道了，是我的急躁冒进阻碍了变革的进程。”

实施并引领企业文化的变革是新领导者最重要也是最具挑战性的任务之一，但是，它同时也是最讲策略的任务之一。现在，你已经了解了如何在上任后的第一个 100 天为未来的成功播撒种子了，那么，接下来，是你将注意力转移到“金字塔”更高层次的时候了，那就是如何与董事会或者老板建立富有成效的工作关系。

小　结

启动组织文化变革的十个指导原则：

1. 作为一个新领导者，你需要弄清组织文化的内涵，判断出组织需要什么规模的变革，并要采取得当的措施来启动组织文化的变革过程。
2. 你要认识到，很多新领导者实施的变革之所以失败，是因为他们在还没有撼动企业文化根基的情况下，就强行实施了变革，从而造成众所周知的“身体对移植器官的排拒”效应。
3. 有效评价组织文化的方法就是观察和倾听。人们是如何描述他们所在的组织的？人们的语言是了解组织文化的重要线索，任何普遍性中都隐含着特殊性——核心事实。你可以通过观察外在的事实来了解组织的文化——人们的穿着、沟通的方式、是不是兴高采烈以及办公室家具的摆放形式和艺术品的陈列方式，等等。

4. 下一步，你需要弄清“这里是怎么运作的”。你需要找到组织中的信息传播网络，具有重要影响力的人，决策做出的程序，弄清作为组织神经系统，并非写在纸面上但不言而喻的组织习俗和惯例。
5. 作为新领导者，你需要谨记这样的事实：对成功变革而言，即使你拥有从董事会或者老板那里获得的变革授权还是不够的，你还需要弄清组织中其他力量源泉的所在，并确保自己能够从那些力量中获得支持。
6. 面对一个千疮百孔的企业文化，你可能需要进行组织架构和人事安排上的变革，但是，当你实施这类变革的时候，你需要求得具有重要影响力的权力中心的认同，同时，为变革你从前任那里传承来的组织文化，你还要制订一个能取得共识的变革计划。
7. 为组织文化变革创造适宜的环境：采用新的成功考评标准；制定新的组织运作程序；组建新的管理团队；提出新的期望；确定引领变革的领导者并且以身作则、身先士卒。
8. 确保变革的旗开得胜。在你上任的早期，人们对变革举措大都持开放态度，这段时期，你可以通过对历史悠久的组织架构及其文化实施深思熟虑的、坚实的变革而扩大你对组织的影响力。
9. 为了确保员工全身心地投入到变革过程中去，你可以尝试多种方法，不过你要弄清什么方法效果显著、什么方法并不灵验，据此优化你的引导措施。
10. 作为领导者需要谨记的是，过多的变革会破坏企业文化，也很可能让变革的实施者遭殃。所以，你必须调整好自己的步调，并不断客观评估组织对变革的耐受力，你需要根据得到的反馈调整自己的变革步调。

第六章

应对更高权威
——与老板(或者董事会)
建立富有成效的工作关系

当希伯来公司（Hebrew National）想向公众强调它的热狗质量时，它用了这条后来广为人知的广告语："符合更高权威的标准。"

与此相似的，作为新领导者，取得未来成功的关键之一，就是要与你的老板建立富有成效的工作关系。无论你是升迁到承担更多责任职位的新经理，还是一位刚刚上任的首席执行官，与董事会或者老板建立并保持良好的工作关系，不但会让你上任以后第一个 100 天的工作获益良多，而且还是决定你在接下来的日子里是否能取得成功的重要因素之一。

因为我们为写作本书所做调研的着眼点集中于总经理层面，所以，我们在本章中的很多建议是针对新首席执行官提出的，我们的建议旨在帮助他们与更高的权威——董事会——建立起牢固的工作关系。考虑到公司董事会在公司生活（包括首席执行官的选拔、考核和薪酬的确定；评估企业的战略；对新企业的创办、对其他企业的合并和购并以及多元化经营战略的核准；审计并控制公司的财务；监管对员工的股权激励制度等）中的中心地位，对任何一个经理人来说，尤其是怀有远大抱负的新首席执行官，弄清董事会的运作方式无疑是很有价值的。[①] 此外，我们不难理解，我们在本章提出的建议的精髓也适用于任何类型的经理与其上司建立工作关系的过程。"每个人都有自己的老板。"百事可乐公司的总经理史蒂夫·雷蒙德指出，"任何职位都存在与其他职位相互制衡的问题。"

---

① 如果你觉得董事会与首席执行官之间建立关系的主题并不适合你的情况，你可以略过本章直接阅读第七章。

当理查德·帕森斯在其职业生涯中第一次成为一位总经理——纽约戴姆储蓄银行（Dime Savings Bank，也译为“一毛钱储蓄银行”）总经理——的时候，他的前任曾经给过他一个稍显夸张的建议。“首席执行官工作的50%就是与董事会打交道。”他告诉理查德·帕森斯，“首席执行官需要时刻保持与董事会的联系，需要让董事会知晓组织的运营状况，需要让董事会免受焦虑的干扰，需要求得他们的支持，需要与董事会和睦相处、同心协力。”

在戴姆储蓄银行执掌帅印 4 年以后，1995 年，理查德·帕森斯成了时代华纳公司的总裁，2002 年，就任时代华纳公司的首席执行官，2003 年，又加上了董事会主席的头衔，他的这些职位使他有充分的机会反复检验并核证他当年得到的忠告和建议。理查德·帕森斯说：“怎么强调你与董事会建立牢固关系的重要性都不算过分。”

首席执行官和董事会的关系是一个微妙的动态平衡关系，是既有显著区别又相互依存的不同角色之间的伙伴关系。作为首席执行官，你负责制定企业的战略，他们则负责核准你制定的战略；你负责执行企业战略，他们则对你的执行过程提出建议并提供咨询顾问服务；你埋头于企业的日常运营工作，他们则为你提供更广阔的观察视角。职业经理人和老板之间的关系与此类似，在设定并完成组织运营目标方面，在如何将不同的项目和职责与整个组织的目标保持一致方面，双方同样是相互依存的关系。

在这种关系中，双方都需要知道何时应该“上手”——自己承担职责，何时应该“收手”——将职责传递给对方；都应该知道何时应该前进，何时应该撤退。有时候，这种职责的划分是泾渭分明的，但更常见的情形则是，当领导职位发生更迭的时候，双方的角色需要重新定位，角色定位的结果常常取决于你如何看待自己的新角色、如何确定自己的新角色，角色定位的过程需要你深思熟虑而且策略地进行，以避免你和董事会之间的伙伴关系恶化为“你与他们”、“势不两立”的敌对状态。

现在，大部分首席执行官与董事会之间的制衡作用比以往更为显著，尽管美国绝大多数首席执行官同时也兼任董事会主席职务，但是，过去几年来，由于更为严苛的公司治理法规的出台，人们已经可以感觉到，公司的权力天平正在从首席执行官向董事会倾斜。曾几何时，是首席执行官选择董事会成员，并制定董事会成员的薪酬标准，是首席执行官负责制定企业的战略议程，总之，大权独揽的是首席执行官，不过，现在则是董事会负责一切了。

我们曾经在本书的“导言”中谈到过，现在，随着权力不断转移到自己一方，董事会对首席执行官的要求越来越高，而对首席执行官的不良表现也越来越不能容忍。刚刚走马上任的首席执行官们很清楚，他们的职位是被董事会指定的，而不是“神授”的，自己的职位不是不可撼动的。所以，首席执行官需要确保自己从上任伊始便与董事会建立起正确的工作关系，以便占尽先机，为自己的工作创造良好的前提条件。

无论你的上司是一位老板，还是一个董事会，下面列出的原则的大部分都是通用的：统一各方预期；倾听和了解影响企业运营的主要问题；确定并阐释你的工作方法；界定你的职权范围；融入组织文化并启动企业文化的变革；就你采取行动的理由和行动的结果不断进行有效沟通。尽管你在自己以往的职业生涯中，很可能有过要对职权更高的人负责的丰富经验，但是，对大部分新首席执行官来说，对一个董事会负责则是一种完全不同的经历。

了解你老板（或者董事会）的动机

作为新领导者，你与你的老板或者董事会建立富有成效工作关系的最佳切入点，就是弄清楚你上司的动机。如果你的上司是老板，那么，他们中的大部分都会说，他们强烈渴望达到的目标就是：让企业的年收入不断增长，控制成本，制定企业战略，进行投资和管理人力资源。如果你的上司是董事会，情况大同小异，他们笃信不疑的是：他们的职责是为股东效力，是保护股东的利益，是遴选首席执行官并责成首席执行官承担职责。

尽管通常情况下这些目标都是确定无疑的，而且也是老板和董事会思考和行为的重要着眼点，不过我们的经验告诉我们，除此之外，他们还有其他的潜在动机和偏好，尽管那些潜在动机和偏好听起来并不高尚，但它们的重要性却一点也不差。

如果你的上司是老板，那么，站在你上司的角度，仔细思量自己所扮演的角色就成了至关重要的一个环节。你的老板自然希望你尽职尽责，希望你完成组织的目标，但是，你仅能做到这种程度还是不够的。恒康保险公司的首席执行官戴维·达历山德罗（David D' Alessandro）在他名为《职场战争》（*Career Warfare*）的书中写道：“除此之外，老板还希望从他的经理那里得到三样东西：忠诚、良好的建议以及‘为他们的个人品牌锦上添花’。”经理最不能忍受的就是下属的背叛。公司运作的游戏规则天然决定了公司职位存在等级差别，所以，即使你的某些工作做得没错，但是，如果你的行为打破了公司的“权力和命令的链条”，或者，更坏的情况是，如果你的行为背叛了你的老板，那么，你的行为无疑会引发管理团队其他成员的忧虑，因为他们担心你以后也会同样对待他们。

老板还渴望得到良好的建议，他们不需要只会虚伪阿谀的“应声虫”，也不需要那些只能扮演瞻前顾后、畏首畏尾角色、让人丧失斗志的人。所有富有智慧的老板，都能本能地将自己的下属分为三个特点显著的类别：趋炎附势的拍马者、处处作对的人和一小部分能有条不紊开展工作的人，所以，你也不可避免地会被你的老板归入到其中的一个类别中去。

最后，因为你的老板像你一样，也非常关注自己的职业生涯，所以，老板**非常希望**你能使他们看起来更聪敏、更成功。“你要明白，提升老板的声誉也是你的工作。”戴维·达历山德罗毫不含糊地写道，“不要只让自己看起来很优秀。”

下面，我们一起来仔细研究一下董事会，研究董事会的切入点就是了解各位董事的个人情况。通常情况下，他们都是已经功成名就的人；他们非常关心公司的运营是否能成功，但是，他们并不能保障公司的成功，因为他们不是管理人员；按照他们的标准，他们从公司得到的酬劳也不算很高；此外，他们总是处于忙忙碌碌的状态，因为他们在自己的公司的运营中要承担很多职责，他们还在其他董事会任职，他们要管理自己的金融事务，他们要参加很多慈善活动，另外，他们还经常著书立说、发表演讲。总之，比起追求企业的发展来，大部分董事会成员更关注如何防止企业运营出现下滑态势，更关心如何管理自己的宝贵时间。这也是为什么在目前的公司治理环境下，在股东激进行为频出的情况下，避免出现公司丑闻、避免出现各方利益冲突以及严格遵守财务制度等议题让董事会成员深表关切的原因。因此，如果首席执行官在上述环节出现任何不良行为的迹象，董事会就会立刻对其采取相应的措施。相反地，只要首席执行官能以自己完美的职业操守和财务掌控能力获得董事会的信任，只要首席执行官能将自己的美德和能力得当地应用于公司可靠的战略议程的执行，那么，他或她就能获得董事会的支持，尤其是在首席执行官上任的早期。

让董事会成员烦恼不堪的另一件事情，就是董事会会议和电话讨论会，无论他们被邀参会是讨论一个兼并和购并动议、商议一项紧急议题，还是处理某些危机事件，占用他们晚上和周末的时间先是让他们感到懊恼，之后，他们会为此感到沮丧，最后，频繁地参加这种会议会让他们愤怒。当董事们的家庭计划一再被破坏之后，他们的配偶总是会问：这种日子什么时候能到头？为什么他们如此努力地工作，可他们得到的报酬却与他们付出的时间和精力不相匹配呢？

如果首席执行官忽视了董事会成员对自己角色的定位，如果对自己如何影响他们的生活视而不见，那么，首席执行官与董事会建立的工作关系往往是空洞无物的，也是脆弱的；相反，如果首席执行官能将董事会成员公开亮明的以及不言而喻的动机了然于胸，那么，他们就可以与董事会建立起富有成效的伙伴关系。

现在，有些事情已经完全不同了

到3M公司就职之前，尽管在通用电气飞机发动机公司和照明企业担任总裁和首席执行官职位的经历，让吉姆·麦克纳尼积累了企业运营、人力资源管理以及制定公司愿景和公司战略执行的丰富经验，不过，他说，他和董事会打交道的经验很有限，而且还没有完全做好与3M公司董事会建立工作关系的准备。

“你可能会对我的天真和无知感到惊诧，”他回忆道，“离开通用电气公司以前，我从来不知道首席执行官还要把自己的管理人员带到董事会议上去，后来我才了解到，大部分首席执行官都会那么做。我想，我必须弄清董事会的运作程序，所以，我提出了很多问题：董事会的结构是什么样的？他们在什么地方处理什么议题？我和3M公司首席执行官选拔委员会的几个人建立了密切的关系，所以，在我还没有在3M公司露面的时候，我就和他们讨论了这些问题。”

“我需要学很多东西，而且我依然还在学习。我和也做首席执行官的朋友们建立了联络网，我和公司董事会也建立了联络网，我还进入了波音公司和宝洁公司的董事会，这些经历对我很有帮助。”

保罗·普雷斯勒在成为盖普服饰公司首席执行官的第一周，就与董事会发生了“一场遭遇战”。“我曾经参加过迪斯尼公司的董事会议（当时，保罗·普雷斯勒任迪斯尼公司主题公园和旅游度假事业部的主席），但是，我在会上只提交过企业运营最新情况的报告和企业运营计划，”他回忆说，“我从来也没有从头至尾地参加过公司的董事会议，我确实不知道出席董事会议时我应该做些什么。”

“在我上任以后出席的第一次董事会议上，我的讲话主题集中于公司的人力资源管理，谈到了我对公司的观察结果，此外，我还提出了想从董事会得到的支持和帮助。会议结束时，我为自己说了很多而向参会人员道歉。”

后来的结果证明，保罗·普雷斯勒的坦诚和直率，他承认自己是个“新手”的率真，恰好是很得体的方式，董事会为能与新首席执行官建立起坦率和相互尊重的伙伴关系激动不已。“后来，当我开始向他们陈述企业战略的时候，他们热情高涨，而且听得非常投入。”

对非首席执行官新领导者而言，与你的老板坐下来，了解他或她喜欢什么样的工作方式同样很重要。他或她喜欢用什么方式确立组织中的首要议题？他或她想用什么方式得到组织运作的最新情况？他或她想以什么频度了解组织的运作状况？他或她是喜欢正式的书面报告呢，还是更喜欢非正式的交流？他或她喜欢使用电子邮件呢，还是更喜欢使用语音信箱？与其他部门或者其他公司的交流有什么特殊的规则吗？

此外，你还可以与公司中那些曾经和你的老板有过共事经历的人交流。按照他们的经验，用什么方式与你的老板打交道很奏效？什么方式并不灵验？其他部门的人是如何评价你的老板的？在公司内，什么样的运营结果和组织行为可以增加你老板的美誉度？

作为新领导者，如何让你的老板取得成功，你要有自己的判断，你还应该与老板就他或她喜欢的工作方式以及他或她对你的期望取得一致，你们共事几个星期以后，你要回顾一下你们之间的合作，看看哪些方面还需要改变，哪些方面还可以进一步改进。要记住，对你取得短期和中期职业生涯的成功而言，没有哪个人能比你的老板更能给你直接影响的了。所以，你需要弄清他或她喜欢的工作方式，需要对有助于他或她取得成功的方式了然于胸，这样，你上任伊始便可以从老板那里得到很多支持和帮助了。

谁参与工作？

当一位新首席执行官被任命时，实际上，他或她继承来的，并将与之打交道的是前任的董事会。新首席执行官除了与首席执行官选拔委员会有过交流以外，无论是董事会，还是新首席执行官，事实上，他们以前都没打过什么交道，尤其是那些来自组织以外的新首席执行官。然而，从现在开始，新首席执行官和董事会即将成为合作伙伴了。如果你的情况就是这样，那么，你如何为与董事会之间建立富有成效的工作关系奠定坚实的基础呢？

就像所有的商务伙伴关系一样，作为新首席执行官，你也需要了解你的合作伙伴是谁。“董事会就像任何群体或者任何人一样，”西尔斯公司的前首席执行官和百事可乐公司的现任董事亚瑟·马丁内斯说，“在这个群体中，也有1/3 的人承担职责，1/3 的人随声附和，还有1/3 的人对一切都不闻不问，只管自己‘睡大觉’。”

你所面临的问题是，每个“1/3 的人”都是谁？哪些董事会成员大权在握，而且经验老到？他们的权力和经验主要集中在什么议题上？哪些董事会成员对工作并不怎么投入？哪些成员确实进行独立思考？哪些董事会成员对前首席执行官依然心存感激？如果前首席执行官还保留着自己在现董事会的座位，那么，这种感激之情很可能会引发严重的问题。

让首席执行官更难以琢磨的是，董事会还有自己的文化，他们的文化可能与组织的文化相似，也可能相去甚远。此外，你还可能在董事会的群体声音中听到董事会成员个人发出的刺耳的不谐和音。尽管很多董事会都鼓励人们发表独立见解，但是，他们总是有一种形成一致性结论的自然倾向。

群体的思考并不一定意味着董事会会天然地支持或者反对首席执行官，这两种极端情况都是很危险的。但是，董事会也可能陷入对首席执行官无意识“纵容”的境地。

梅瑞狄斯公司（Meredith Corporation）的董事会主席和首席执行官比尔·克尔（Bill Kerr）解释了个中原因：“作为董事会成员，每年你要出席五六次董事会议，总体说来，就你掌握的知识和信息而言，你没有充分的理由对企业战略的某一部分提出质疑，所以，你必须在很多事情上相信公司管理层的判断。有些事情你可能觉得不对头，但是，首席执行官会说，‘是吗？我们已经完成了X、Y和Z，而且我们的举措还得到了麦肯锡公司的支持，我们看不出其中有什么问题，我们认为，我们的策略是正确的。’我想，很多董事会成员在这种情形下都会‘知难而退’。”

从另一方面说，群体思考可能将董事会对组织的忠诚引入歧途——那就是他们最擅长的形成“铁板一块”，从而，在董事会和首席执行官之间竖起一道无形的高墙，使董事会“默契”地将首席执行官“钳制”住，并将其排除在自己的“圈子”之外。

认清董事会的文化，是建立自己在董事会中的威信以及与董事会建立健康的、富有成效工作关系的必要初始步骤。福特汽车公司的前董事会主席和首席执行官雅克·纳瑟尔为新首席执行官提出的忠告是，无论你是从组织内提拔上来的，还是来自组织以外，你都应该用你上任之初与管理团队交流的同样方式与董事会成员进行沟通和互动。“领导职位的转换是了解董事会新观念的良机。”雅克·纳瑟尔谈道，“你需要访谈董事会成员，和他们谈谈他们喜欢和不喜欢的东西；谈谈某些一般性的话题，比如，组织中的信息是如何沟通的；和他们聊聊某些运作机制上的问题，比如，董事会议召开的频度等。你在上任伊始的这段时间与他们交流这类问题很合适，因为你‘即将写出新篇章’，这正是他们期待的。”

除了弄清董事会作为一个群体的情况以外，了解构成董事会的每个人的情况也很重要。从了解董事会到了解个人，这个过程的转换，可以把你的目标从“你们中的谁会帮助我？”转向一个新目标——谁能在某些特定的议题上给我提供有价值的帮助，而谁又不能提供这样的帮助。“这个过程就像你对组织内人员的评估一样。”波音公司的董事会主席和惠普公司的前首席执行官，同时也是经验丰富的董事会成员卢·普雷特说，“只是了解他们就需要花费很多时间。”

首席执行官必须与董事会保持步调一致，然而，很多新首席执行官并不完全了解董事会的兴趣所在，正如我们在前面谈到过的，所以，他们很可能不能与董事会建立并保持广泛的合作关系，而这种关系对于公司最佳战略和最佳策略的确立是必不可少的，这也正是为什么新首席执行官需要花时间了解董事会成员、倾听并分析他们的关切所在之所以至关重要的原因。

那么，新首席执行官应该从董事会寻求什么呢？金考公司的前董事会主席乔治·泰姆克建议说：“我为新首席执行官提出的首要建议就是：弄清谁是董事会‘团队’的头儿是极为重要的。董事会是不是也有一位‘领导者’？或许，董事会中并没有这样的明确任命，不过，在其中是不是有人承担着类似的职责呢？哪两个或者三个董事会成员塑造了这个董事会？作为新首席执行官，你必须了解他们，你还需要与他们共度一些时光，你需要得到他们对组织运作现状的见解，获取他们对企业目前地位的判断，了解他们认为什么议题对组织而言是很重要的；你需要找到一条与他们形成互动、达成默契的途径，以免遭受工作关系建立初期的痛苦。这些过程对你未来的工作而言非常重要。”

美联社（The Associated Press）的董事会主席伯尔·奥斯本（Burl Osborne）为新首席执行官补充了如下建议：“你需要了解他们对组织的期待是什么，他们对成功的定义是什么，他们是不是能接受你在追求成功的过程中出现失败。没有什么比用下面这句话作为对话的开始更能让董事会惊悚的了：‘哦！我根本不知道你们想让我那么做。’所以，所有的首席执行官都必须能用与董事会使用的同样语言进行表述和倾听，上面谈到的那种南辕北辙的情况无疑是非常危险的。”

公开的“摊牌”

就像首席执行官遵循统一各方的预期以及塑造管理团队的程序一样，作为一位新首席执行官，他或她也应该用同样的程序与董事会进行交流和沟通。无论首席执行官是成长于企业内部，还是来自企业以外，他或她都应该与董事会成员进行一对一的、旨在倾听和了解情况的会晤，这个过程可以打开沟通的渠道，可以获取他们对公司和企业运营状况的洞见，可以发现智慧的源泉，而且还可以找到潜在的问题所在。亚瑟·马丁内斯说，这个过程还可以为首席执行官带来额外的好处，那就是“对人们经验的尊重，大大有助于培养董事会对首席执行官的忠诚”。

正如我们在第二章曾经详细描述过的，当凯文·夏尔成为安进公司的首席执行官时，做了一个很有意义的尝试，他要管理团队的每一个成员通过回答他的六个问题，来表达他们对企业的见解和关切（对安进公司而言，哪五个最重要方面我们一定要保持下去？为什么？我们需要变革的三个重要方面是什么？为什么？你们最希望我做些什么？你们对我的什么行动最表关切？你们对我有什么建议？你们想与我讨论或者问我的其他事情是什么？）。但是，他的这个程序并没有只停留在公司 100 位高层经理的层面上，他还把这个搜集信息以及建立沟通桥梁的对话过程延伸到了每一位董事会成员身上。“我的这种做法与我的前任大相径庭。”凯文·夏尔强调说，“我向董事会成员提出的问题主要是：‘你们希望董事会如何开展工作？你们喜欢董事会以前的什么工作方式？你们喜欢什么不同的方式？’我自己在董事会有过七年的工作经历，这对我是个优势，所以，我很了解他们。但是，作为一个新首席执行官，我还是应该这么做。所以，你也需要去倾听你的董事会成员们。”

吉姆·麦克纳尼在出席最初几次董事会议之前，他和每位董事在会前都有过几次交谈，“以确保每个人都参与到这个过程中来”。他与董事会成员间的交谈有的是通过电话完成的，有的则是晚餐时的一对一交流，还有的是在没有时间压力和商务事务压力的非正式社交场合进行的，这些交流的目的旨在寻找双方的共同点。“这个过程完成以后，我们之间的沟通变得更注重问题的解决了——议题导向型，而不是只为沟通而沟通——沟通导向型。”他回忆道。

董事会的每位成员不但能为首席执行官提供专家级的观点，而且还能成为首席执行官的私人咨询顾问。很多首席执行官在工作中会仰赖管理团队中的“心腹知己”，他们的知己可以充当他们的“智囊团”角色，首席执行官可以通过他们，将自己的理念和思想传播到公司的其他部分，他们还是首席执行官搜集和检测管理人员见解的接收“天线”，此外，必要的时候，他们还可以成为首席执行官的“替身演员”，扮演那些首席执行官不能或者不应该扮演的角色。同样，在董事会中找到扮演同样角色的人——无论是一位独立董事，还是董事会的领导者，或者非执行董事会主席——也会让新首席执行官受益良多。

当加里·库辛成为金考公司首席执行官的时候，乔治·泰姆克就扮演了这样的角色。“在公司中，以前的高层领导者必须与董事会各成员单独打交道，董事会成员总是在不告知首席执行官的前提下自行召开会议。我和乔治坐下来讨论了这种情况，我们都认为，这种情形不能继续下去了。我对他说，他必须为我对董事会的运作方式实施干预，我们必须阻止董事会成员在我不知情的情况下研究、讨论企业的事务了。可我没有时间与董事会处理这类事情，我必须走出去，全身心地投入到市场运作的工作中去。”

乔治·泰姆克为董事会的同事们制定了新规则："就我看来，我觉得他们中很多人的行为超越了董事会成员职责的界限，不合时宜地扮演了企业管理者的角色，我曾经与两位'越界'表现尤其突出的董事会成员就此进行过交流，我这样开始了我们之间的对话，'我知道，过去你们为什么会有那种感觉，因为那时候公司管理层没有做好自己的工作，或者因为他们没能与你们就公司的重大事项进行适时的有效沟通，所以，你们觉得只能自行采用自己的方式来参与企业的运作了。不过，'我说，'那个时期已经过去了，如果你们对某些事情不满意，如果你们觉得你们没有得到自己想得到的或者需要的相关信息，你们可以给我打电话，我们可以好好谈谈，而且我们会找到解决这类问题的办法的。但是，从今以后，你们不能再在我不知情的情况下干预公司的运作事务了，我不想再让人们对究竟谁在管理公司的问题感到迷惑。'尽管他们对我说，他们以后会照章办事的，但他们还是违规了。我知道以后，马上给他们打电话，再次告诉他们，'如果再出现类似情况，我们下次的谈话会很简短的（意为离开董事会）。'"

在与其中的一个违规者吃晚饭的时候，加里·库辛反复重申了乔治·泰姆克的警告："我很清楚，那个家伙惯于在背后干预公司的事务，我们谈到了这一点，我告诉他，我不想再看到类似的事情发生，而且我希望他能尊重并遵守规则。他说，他绝对不会再犯了。可第二天，他又和一位董事会成员就公司事务嘀嘀咕咕。"加里·库辛给乔治·泰姆克打电话说明了这个情况，乔治·泰姆克召见了那位违规者，正像他以前承诺过的，他们之间的对话确实"很简短"，那个家伙就在当天从董事会"辞职"走了。加里·库辛若有所思地说："这就是我所说的对董事会的'干预'。"

通过与"心腹知己"和与董事会成员进行一对一的对话，新首席执行官不但可以从中了解董事会成员对企业运营的见解，获取他们的专业意见和建议，而且还可以重新塑造自己与董事会的关系。在巧妙地引导、转移董事会的热情，使之成为新首席执行官的董事会而不是前任的董事会的过程中，与他们的有效交流是新首席执行官应该采取的首要步骤。新首席执行官提出的问题、如何向董事会成员提出问题以及他们的回答，都能表明新首席执行官并不是对前任的脚步亦步亦趋，都能表明借助董事会的支持和帮助，他或她已经为做出成绩、取得成功做好了充分准备。

做出成绩

上任伊始，因为有董事会的帮助，更理想的情况是，可以从董事会的领导者或者非执行董事会主席获取帮助和支持，所以，新首席执行官常常有机会也有优势处理好与董事会相处的问题。大部分新首席执行官与董事会建立的工作关系会与他们的前任有所不同，而且人们大都认为这是个好事情。梅瑞狄斯公司的比尔·克尔对此笃信不疑。

“我之前的首席执行官们在与董事会打交道的时候要谨慎得多。”比尔·克尔说，“之所以出现那种情况，部分原因在于，有段时间，董事会不想更独立，首席执行官们也不想让董事会更独立。我的前任杰克·瑞姆（Jack Rehm）成长于他的前任鲍勃·伯内特（Bob Burnett）影响力的荫蔽之下，鲍勃·伯内特则在公司担任过很长时间的首席执行官，他有自己与董事会打交道的一套方法，对杰克·瑞姆来说，就如何与董事会打交道的问题，他只有一种模式可供观察，那就是鲍勃·伯内特的方式，而鲍勃·伯内特不想让董事会在企业运营的事务上成为自己活跃的伙伴，他更倾向于只是让董事会核准自己的运营策略。”

“在企业运营状况良好的最佳时期，或许，你可以摆脱董事会自行开展工作。”比尔·克尔继续说道，“但是，商业周期就是商业周期，你总会碰到企业运转不灵的时候，而那些时候，你会非常渴望得到董事会的帮助，非常希望他们能参与到让企业运营更为成功的过程中来，而不是听他们说：‘你从来也没和我们谈到过这些问题。’”

比尔·克尔确信，他与董事会建立起来的关系得益于他对组织来说是个“外来者”。他不但比自己的前任拥有更多可供调用的丰富经验，而且他对首席执行官与董事会之间关系的认知，也没有因为对意志坚定的上司的长期观察而定型为某些特别的形态，相反，董事会认为，比尔·克尔并不像鲍勃·伯内特那么“盛气凌人”，所以，他们对为比尔·克尔提供咨询顾问服务以及向他表达自己的观点更有信心。

从企业内部升迁到领导职位的凯文·夏尔也精心策划了自己与安进公司董事会建立工作关系的过程。对从企业内部升任领导职位的人来说，他或她与董事会关系的转换尤其重要，因为这种转换传达出了很清楚的信息：每个人的角色和职责都要变化，不但新首席执行官的职位发生了变化，董事会成员的角色和职责也即将发生变化。

“我改变了董事会议的议事日程。”凯文·夏尔说，“每次召开董事会议，我都先用两小时的时间坦率地向董事会报告企业的运作现状，这样做，他们没有余地再说‘啊呀，我不知道凯文在想些什么’了。当然，他们是我的老板，但是，即使是这样，我也开诚布公地与他们打交道，我要让他们将公司运作事无巨细的所有情况都了解得一清二楚。这种方式在我和他们之间建立了良好的坦率对话机制，而且这种形式在董事会议中当做正式程序一直保留了下来。我曾将这种形式告诉过其他担任首席执行官职位的朋友，现在，他们自己也开始实施这种方法了。”

“尤其是当你制定完变革日程的时候，你会更希望董事会站在你身后。”凯文·夏尔强调说，“如果你不能与他们完全坦诚相见，那么，他们很难给你迫切需要的全部支持，因为你的某些日程会让他们大感意外，从而无从下手。”凯文·夏尔曾经在公司多项重大战略行动的启动过程中寻求董事会的支持和帮助，从可转换金融创新产品的推出，到包括对伊姆尼克斯公司（Immunex Corporation）和图拉瑞克公司（Tularik Inc.）等公司购并的重大事项。

并不奇怪，过去的10年中，一个备受关注的“王朝”的更迭，使首席执行官和董事会之间的关系也发生了重大变化。尽管通用电气公司的杰夫·伊梅尔特是在即将离任的首席执行官杰克·韦尔奇一手提拔之下走向领导职位的，但是，他很清楚地意识到，他与董事会之间的关系必须改变。“你必须很清醒地认识到你从董事会那里继承的是什么，你必须对自己有清醒的认识。”他说。他从董事会那里继承来的东西之一就是一个问题：他是否会像杰克·韦尔奇一样与董事会相处。然而，杰夫·伊梅尔特从上任的第一天就决意按照自己的方式行事。

“我总是对人们说，‘我不是杰克·韦尔奇。’我之所以这么说，并不是因为我认为自己不称职，我在很多方面做得都很好。但是，领导者会因为说自己必须像自己的前任那么行事而陷入圈套，那么说确实太蠢了。我与董事会相处可能犯的最大错误就是：我自以为会从他们那里得到和杰克·韦尔奇曾经得到的同样多的自由。如果我要这么想，那么，我真是疯了。所以，我想，我必须‘自己杀出一条血路来’。”

作为与通用电气公司董事会重新塑造关系过程的一部分，杰夫·伊梅尔特认识到，他要改变董事会议的议事日程。“以前，董事会议的会议日程是对企业运作状况的检视和回顾，我认为，如果等我告诉你企业的运作结果就太晚了。”

“当我成为首席执行官时，我的工作日程之一，就是引导董事会了解企业的即时运营状况，并把我和他们之间的关系带到我们工作的新环境中去。不妨想一想我们的董事会当年享有的‘奢华’——他们在公司空前繁荣和空前稳定的时期拥有世界上最卓越的首席执行官。我知道，与这个董事会友好相处是我的首要工作，因为我知道，我需要他们和我一同渡过艰难时期。比如说，我们需要讨论我们再保险业务所面临的挑战。你可以看到‘山雨欲来风满楼’，所以，我认为，‘我最好让这些家伙以迅雷不及掩耳之势行动起来。’”

“所以，从第三次董事会议开始，我们重新调整了需要董事会关注的议题。我们挑选了十个我们认为对公司来说是风险重重的领域，比如，再保险业务，公司运营的透明度，等等，我们在会上对这些议题进行了深入论证。这样做的结果就是：他们在对再保险业务的赢利水平（比如说亏损）提出质询之前的一年，就已经预见到了可能出现的结果。”

树立自己的威信

当新首席执行官开始想在自己的工作中做出成绩的时候，他或她必须向公司的更高权威表明，他们当初的选择是正确的，尤其是在首席执行官任命确定的早期。随着时间的推移，企业的运营结果自然会说明一切，但是，在新首席执行官上任以后的第一个 100 天内，甚至在他或她上任后的一年内，企业运营的结果可能并不足以直接表明新首席执行官的努力成果，而此间，他或她还必须做出让企业的年收入持续增长、让企业的赢利水平得以改善的决策，因此，新首席执行官上任的早期必须全神贯注于与董事会建立关系以及树立自己的威信上面。同样，这一点也适用于新上任的部门经理。

树立自己的威信需要调用多重手段和技巧，主要手段和技巧有：制定可靠而切实的战略议程，明察秋毫、纵览全局，倾听你的老板或者董事会成员并向他们讨教，清楚地沟通，构建强大的而且富有责任感的管理团队以及必要的谦恭态度。

一个优秀的董事会应该会认同和欣赏著名棒球运动员塞特切尔·佩奇（Satchel Paige）的观点，塞特切尔·佩奇说："不要往后看，因为别人可能比你跑得更快。"罗伯特·坎贝尔（Robert Campbell）对此表示赞同，这位桑诺科公司（又译为太阳石油公司，Sunoco）的前董事会主席和首席执行官，1996 年曾经在首席执行官选拔委员会主持选拔自己在桑诺科公司职位的继任者的工作，2002 年，他领导的首席执行官选拔委员会将理查德·兰尼（Richard Lenny）作为首席执行官引入到了好时食品公司（Hershey Foods）。他回忆说："在那两次选拔中，我都告诉即将上任的首席执行官，'出现任何问题的时候，你都不必为担心董事会会站在哪儿而谨小慎微，我们会百分之一千地支持你。组织中现存的很多议题需要你全力去处理，所以，你大可不必花时间对董事会小心戒备，你会得到我们的全力支持的。'如果我们以前对他们只说过一次，那么，现在，我们还要反复告诉他们这一点。"

尽管很多新首席执行官能从董事会得到帮助和支持，不过，杰夫·伊梅尔特依然告诫说："你之所以能来到公司就职，是因为有一群人在某个夜晚共同举手同意。不过，你还必须从董事会中找到几个忠实于你的成员，你不会得到全体成员的忠诚，但是，你确实需要有人忠实于你，因为他们的忠诚有助于你取得成功。他们都说自己会忠诚于你，可是，那是因为他们必须那么说。不要以为上任伊始，你就自然拥有了你前任所拥有的威信。"

我们的观点是，你应该记住上述两种看似相互矛盾的建议。你当然希望得到老板或者董事会给予你的支持，你会对他们给予你的支持充满乐观的期待，充满信心，他们对你充满活力的工作也确实会给予报偿，而且会追随你的引导。但是，你还需要明智地让你的想法对老板或者董事会更有影响力，需要切实地了解他们，以确保他们的支持能够成为你渴望的"具有强大影响力的忠诚"。

入主美国在线之前，乔纳森·米勒曾经花费了很多时间来学习如何与董事会协同工作，如何与董事会建立良好的工作关系。他既在董事会工作过，也曾经担任过向董事会负责的职位，他的经验让他认识到，树立自己威信最有效的途径就是借助规定严格的管理程序。"在董事会工作的经验告诉我，"他说，"董事会成员想看你作为首席执行官是否能深刻理解并有效运作企业。如果你能做到言必信，行必果，那么，他们就会信赖你。作为董事会成员，他们不会每天固守在企业中，因为那并不是他们的工作，但是，他们要确保他们与你能达成必要的制衡，并最终信任你——首席执行官，这是他们的职责。他们对你的信任会反映在对企业运作程序和运营结果的信任。最重要的，董事会会看你是否在妥当地运作企业，看你是否将企业战略贯彻到了企业运营的过程中，还要看企业的运作结果是不是让你，当然也让他们，充满信心。”

对现实达成共识

正像我们在第七章将要详尽论述的，沟通在新领导者上任后第一个 100 天“金字塔”中是非常关键的一个层面。同样，在你工作过程的各个方面，沟通也都是非常重要的环节，从上任前倒计时准备期期间对未来工作的计划，到统一各方预期；从制定和沟通你的战略议程，到塑造你的管理团队，当然，还有与更高权威的有效合作，沟通都是不可或缺的过程。对一位首席执行官来说，当他或她实施任何重大变革时，他或她面临的最大危险之一，就是没有与老板或者董事会就企业的现实情况取得共识。然而，我们看到，还是有数量惊人的总经理没有将董事会成员纳入到沟通覆盖的范围内。

“很多首席执行官呈递给董事会成员的正式报告很不严肃，内容单薄，而且常常包含一些轶事一类的内容，情况之严重令我吃惊。”GlobalSpec 公司的首席执行官杰夫·柯里恩说，目前，他是三个公司董事会的成员，在其职业生涯中，曾经担任过五家公司的董事职位。

“你与董事会是否能成功合作，部分取决于你和他们的沟通方式。就像所有处于创建初期的公司一样，我们公司每月也定期召开董事会议，而不是每季度召开一次。尽管如此频繁的会议大大增加了财务部门的工作量，而且也让管理层的日程更为紧张，不过，作为创建初期的公司，我们确实有很多问题需要讨论。除了频繁召开的会议以外，我还遵循另一个并不常见的沟通原则，那就是写作我称之为‘每月评论’的信件。写作这类信件会花费我差不多三个小时的时间，不过，我一直坚持了下来，因为我觉得这是与董事会沟通的有效途径。这类信件长 6—8 页，我在其中简明扼要而且清楚地表述了让我担心的议题，也谈到了我认为应该采取的措施和企业面临的首要问题。后来的结果证明，这种信件是我和董事会交流非常有效的平台，它让我们关注同样的议题，而且把我们紧紧地联系在一起，是的，确实是紧密地联系在一起。”GlobalSpec 的董事长彼得·德劳（Peter Derow）对杰夫·柯里恩的沟通方式赞赏有加。“杰夫的‘每月评论’非常有价值，尤其是谈到他最关切的议题是什么的那部分。这正是他一贯表现优异的原因所在：将大量的时间用于与全体管理人员的双向沟通。”

在金考公司，加里·库辛和乔治·泰姆克为每次董事会议也进行了类似的准备，他们对企业各个职能部门的运作现状也进行了概述，更重要的是，他们准备的报告还罗列出了上一次董事会议提出的问题和议题，并谈到什么问题已经得到解决，什么问题正在处理中。“因此，”乔治·泰姆克说，“如果董事会成员们看到了这样的报告——我认为他们确实都会看的——那么，他们谁也不能问心无愧地说他们不知道企业的运作状况是什么了。”

这种定期进行书面沟通的方式，可以让你的老板对你正在从事的工作了如指掌，可以让他或她了解在你心目中企业面临的主要挑战是什么。当你投入一定的时间总结并向你的老板呈报企业运营现状的书面材料以后，你就可以将报告中的内容有针对性地进行修改（借助电脑便捷的文字处理程序），并就你的见解和你认为需要优先处理的事务与管理人员进行沟通了。能力出众的专业管理人员，完全可以凭借这种信息和企业的运作状况弄清自己的职责如何与组织运作的大背景结合起来，此外，这种沟通还为你从管理团队获取反馈信息创建了有效的途径。

“当你就职于一个新组织而你对人们尚没有足够了解的时候，”雅克·纳瑟尔建议说，“我给你的建议永远都会是：要让你的上级和那些与你一同工作的人可以自如地向你提供非正式的反馈信息，无论是关于你工作程序的反馈，还是对诸如你的工作风格之类的其他方面的反馈。”

现在，越来越多的新首席执行官也要求他们的董事会为自己提供反馈信息。考虑到近年来不允许领导者在工作中有任何懈怠的现实，首席执行官从董事会获取反馈的要求不但是明智的，而且也是必要的，因为这种交流形式可以让首席执行官和董事会学会在事情变得不可收拾之前就使企业运营策略的偏差得以及时修正。此外，建立能快速获取某些间接反馈信息的途径也很重要。保罗·普雷斯勒和盖普服饰公司的董事会就很热衷于进行信息反馈，以至于他们在会议议程中特别留出了用于信息反馈的时间段，他们还让这种信息反馈成为“双向沟通”：大家的讨论不但会包括保罗·普雷斯勒的表现是否达到了董事会的预期，而且还要涵盖董事会对企业运营的参与如何更有建树、更有价值等方面。“我们在每次董事会议即将结束的时候都要进行信息反馈，”保罗·普雷斯勒说，“我对他们的反馈集中于他们在哪些方面可以做得更好，他们也对我需要改进的环节提出意见和建议。这是了解他们对企业运营好恶非常有效的方式。”

“为了更好地运营企业，为了更好地进行信息反馈，我们付出了很多努力。”史蒂夫·雷蒙德补充说。信息反馈为检视他和百事可乐公司董事会在联合处理各种企业运营事务上的表现提供了有益的帮助，信息反馈还帮助他们确定了自己欠缺的能力。此外，信息反馈还为公司提供了一个寻找董事会新成员令人耳目一新的方法，“根据反馈的结果，我们找到了两个董事会新成员，他们的情况完美地满足了我们在信息反馈过程中发现的企业需求。”

迫使自己成为领导者

即使你没在董事会议上建立起信息反馈机制，你也要强迫自己引导自己与董事会之间对话的顺畅进行，吉列公司的吉姆·基尔茨建议说。他强调，对话过程中要坦率和诚实，没有哪个董事会愿意看到你蒙蔽、欺骗他们，而且，他们的丰富阅历很可能让他们一下子就看穿你的把戏。

这也是为什么吉姆·基尔茨毫不迟疑地说自己并不知道问题解决方案的原因，他甚至在向董事会说明自己不知道解决方案这一事实的时候还要更干脆些。“我上任两天以后，就向董事会呈递了一份报告，报告旨在说明我认为企业的重要议题是什么，我想怎样安排我的工作时间，并提到想了解他们的想法。”他说，“我想，我这么快就和他们谈到这些问题要更好些，因为那时候我可以起身对他们说，‘我刚到企业两天，很显然，我了解的情况还不多。’”（尽管他在上任前的倒计时准备期完成了不同寻常的“功课”）

“首先，你要告诉他们，即使在你觉得自己还没有准备充分的时候也要告诉他们，‘这些是我要做的工作，这些是我要首先处理的事务，我认为这些是为接下来的两个月的成功起到关键作用的驱动因素。’当你有勇气站起来宣称自己还不了解某些情况时，你的董事会会欣赏你的勇气和坦诚的。但是，当你告诉他们你在想些什么时，他们也会欣赏你的，所以，你需要迫使自己成为领导者。”

成为一个领导者的另一个关键因素是，作为首席执行官，你要鼓励董事会成员在自己不在场的时候公开谈论自己，正如这种讨论的名称——“秘密会议”——所指称的，它是一种表达相互尊重的形式。就像首席执行官希望得到董事会的完全信任，从而不插手企业的日常管理事务一样，作为首席执行官，你也应该有信心让董事会作为一个独立的工作群体而存在。使这种“秘密会议”产生良好效果的方式就是坦率沟通，“秘密会议”结束以后，对非执行董事会主席或者主持“秘密会议”的董事会成员来说，最好的方法就是会后及时与首席执行官坐下来，将“秘密会议”的讨论内容反馈给首席执行官，以便使首席执行官的工作不致出现偏差，同时，帮助首席执行官在很多都很紧迫的任务中、在可能都需要关注的领域中确定工作的优先次序。

拉董事会“上船”

杰夫·伊梅尔特正式接手通用电气公司5个月以后，他召集了一次董事会议，会上，他请求所有的董事会成员承担起自己的职责，要他们花时间深入地了解企业在当前的运营环境中所面临的风险。那是2002年2月，正值安然公司大溃败的时期，当时，人们纷纷指责这个破产的能源公司的董事会成员们忽略了公司迫近崩溃的迹象。

“我告诉我们的董事会，‘我们在公司中要实施很多变革，那会是一段艰难的时期，你们必须了解更多的情况，你们必须深入到更多的领域中去，而且你们要更投入地工作。我给你们30天时间考虑自己去留的问题，如果你们想留下，请告诉我，如果你们想离开董事会，那么，请便。’”那次董事会议以后的几个月，通用电气公司的16位董事中被更换了5个。

一个有效的途径

在首席执行官与董事会建立起来的坦率的、富有协作精神的工作关系中，董事会是首席执行官管理触角的延伸，是首席执行官的支持团队，是首席执行官的助手，是智慧和建议的源泉，是首席执行官的另一双眼睛，而且还是一个独立的但很有帮助作用的顾问团。如果董事会已经准备停当，已经拥有帮助首席执行官的愿望和能力，那么，首席执行官如何最大限度地利用他们的智慧和能力呢？

在通用电气公司，杰夫·伊梅尔特依靠董事会对公司的运营状况做出判断，让他们审视公司的运作是顺畅地隆隆向前，还是存在某些运转不灵的地方，需要引起注意。"我让董事会的每位成员每年视察两次通用电气公司的企业。"他说，"一个人永远也不会完全弄清公司错综复杂的情况，企业的规模确实太大了，但是，他可以感受到企业的文化。所以，当他们来到通用电气飞机发动机公司（GE Aircraft Engines）或者通用电气医疗设备系统公司（GE Medical Systems）的时候，我让他们自己来视察企业的运作状况（没有公司的管理人员陪同），所以，他们就可以据此得出自己的判断了——比如，我们是不是太激进了？或者，我们的干劲是不是还不够大？"

在家得宝公司，所有的董事会成员每年都会受邀视察公司的 18 家商店，他们在每家商店都要花上两个小时的时间与员工和顾客交流。2000 年，当鲍勃·纳德利成为首席执行官以后，他继承了这个传统，并把它发扬光大："我让每两位董事会成员与每个分支机构的总裁和每个职能部门的领导者结成一组，共度一天的时间。我想从他们那里得到建议和见解。这些董事会成员自己也是首席执行官，而且是阅历丰富的资深人士，我要从他们身上吸取经验，而不是被他们的判断吓倒，我会走到他们跟前，对他们说，'请你们走进去自己判断，然后把你们对领导者个人以及他们的班底的见解告诉我。'所以，在这个过程中，董事会对我很有帮助。"

在百事可乐公司，史蒂夫·雷蒙德将公司董事会当做在很多方面最大限度提高自己工作效率的"工具"。作为从公司内部升任到领导职位的人，董事会让史蒂夫·雷蒙德获益良多，因为董事会已经很了解他了。"他们对我的优势和劣势知道得很清楚，"他说，"我从上任一开始，就把他们当做了为我共同提出建议以及以个人名义为我提供建议的顾问团。在企业战略和人力资源等议题上，我更是最大限度地利用他们的才智。在我们公司的董事会中，有几个人自己曾经作为首席执行官处理过非常棘手的问题，所以，当我们一起讨论变革的问题时，他们的历练确实很有帮助。"

就像杰夫·伊梅尔特一样，史蒂夫·雷蒙德也找到了将董事会成员融入到企业运营过程中去并让他们与公司经理良性互动的途径。比如，史蒂夫·雷蒙德成为公司首席执行官以后不久，他就启动了一项由公司 40 位中层经理参加的培训计划，培训在弗吉尼亚大学丹顿商学院（University of Virginia's Darden Graduate School Business）进行（他就是在那所学校获得了工商管理硕士学位），同时，他邀请百事可乐公司董事会的成员也参加培训课程，不过，他并不是让他们在课堂上对中层经理们发表演讲，而是让他们坐在课堂里参加受训学员们的集体讨论，并让他们将自己的理念与大家一同分享。

尽管史蒂夫·雷蒙德毫不迟疑地请求董事会就他应该关注什么领域的问题以及如何提升自己的表现等方面给予反馈，不过他也毫不犹豫地在自己的权力范围与董事会的权力范围之间划出了界限："我不想让董事会插手企业的日常运营事务，他们不想那么干，而且我也不想让他们那么做。但是，他们对我是否能取得成功具有强大的影响力，所以，我还是要不断从他们那里获取建议。"

划清新旧时代的界限

在首席执行官的"势力范围"和董事会的"势力范围"之间划清界限，同时谨慎区分双方各自的利益所在，是首席执行官与董事会之间保持富有成效的工作关系的关键，但是，对新首席执行官来说，如果公司的前首席执行官依然在公司董事会中保有座位，那么，他或她就很难轻而易举地在不同"势力范围"和不同利益之间划清界限了。

从一方面说，公司的前领导者对新首席执行官来说，可能是获取信息和经验的宝贵资源，他们还有助于维持组织运作的连续性，从而使新首席执行官引领变革的进程更为顺畅。当克利斯·洛夫格兰作为第一个非家族成员成为施奈德公司的领导者时，公司的前首席执行官丹·施奈德在公司中持续发挥的影响力就让他备受鼓舞，而且心存感激，丹·施奈德的行为有助于董事会的其他成员适应公司领导职位的更迭。"我们必须从'丹·施奈德的董事会'与我在董事会议上形成互动的状态，顺利过渡到我与'自己的董事会'在更为广阔的议题上形成互动的状态。"克利斯·洛夫格兰说，"因为丹·施奈德还在公司里，所以，所有人都对他敬重有加，不过，他会看着我对我说，'你想怎么处理这些事务？'这是个进化的过程。"

从另一方面说，尽管公司的前首席执行官可以为企业作出很有价值的贡献，不过，他或她在公司的存在也可能阻碍变革的顺利进行。在公司前首席执行官依然还在董事会的情形下，董事会的其他成员在公开讨论公司新战略的时候，可能会欲言又止、迟疑不决，因为新战略可能是公司旧有战略的反动，对新战略的认同可能被人理解为对旧有战略的批评。这种敏感和微妙的心态是董事会成员介入战略讨论时的自然反应，它们可能成为董事会成员行使个人职责的障碍，而这种情形的出现在任何时候都难以避免。

百事可乐公司的董事亚瑟·马丁内斯回忆起董事会如何本能地服从董事会前主席和首席执行官罗杰·恩里科（Roger Enrico）时说："出于一片好心，人们会捕捉罗杰身体语言——他表示轻蔑的方式，或者他挑眼眉的方式——所暗示的内容，可是，这为史蒂夫·雷蒙德清楚表述自己的运营策略增加了很大难度。"

对百事可乐公司的主要竞争对手可口可乐公司而言，公司从 1998 年到 2004 年所经历的大部分麻烦——高管层发生的内乱和公司饱受抨击的系列策略——都可以归因于公司前总裁和首席运营官唐·基奥（Don Keough）所拥有的权力和发挥的影响力。充满活力而且魅力超凡的唐·基奥，作为公司的第二号人物，曾经在公司中任职 12 年，直到 1993 年退休，但是，他退休以后对公司的影响依然存在，开始是作为公司的紧密顾问和公司的"心腹知己"，之后，又担任公司董事职务。

唐·基奥在可口可乐公司的故事有界限分明的两方面意味，2004 年 5 月，人们对任命公司的前高级经理内维尔·艾斯戴尔（E. Neville Isdell）为首席执行官的举措依然众说纷纭。一方面，公司中的有些人认为，唐·基奥之所以在可口可乐公司流连不去，是因为他对没有在 1981 年被任命为公司首席执行官的过去耿耿于怀，当时，董事会选拔生于古巴、才华出众的化学工程师罗伯托·郭思达（Roberto Goizueta）任职首席执行官，这个结果导致了唐·基奥后来对公司事务的大规模干预；另一方面，很多人将唐·基奥当做了可口可乐公司的"守护天使"，是 1997 年 10 月罗伯托·郭思达去世以后保证公司顺利运营的"幕后英雄"。正如在公司董事会长期担任董事的詹姆斯·威廉姆斯（James B. Williams）对《财富》杂志谈到的，唐·基奥的经验如此丰富，对公司具有如此重要的价值，以致于"你可以从他那里得到一切"。

然而，总体来说，大部分首席执行官和董事会成员更认可桑诺科公司前首席执行官罗伯特·坎贝尔的说法："我认为，作为首席执行官，你不应该让前首席执行官再在董事会中保留席位。当我接手桑诺科公司的时候，两位前任都在董事会中，其中的一位是我的前任，另一位是我前任的前任，那种状况对新首席执行官来说不是什么好环境。新首席执行官被引入到组织中来是为了实施变革，你当然不想在对前任的身体语言和面部表情的观察上面浪费时间。如果我是前首席执行官，如果我把对企业的统御权交给了新首席执行官，那么，我会希望上帝保佑新首席执行官，我会祝他好运，以后，我会立刻离开董事会。”

在通用电气公司，杰克·韦尔奇就是这么做的，他坚持认为，如果他在公司中流连不去，那么，他的存在将会阻碍新首席执行官行使新的领导职责。他的经验来自20年前自己从广受赞誉的前任雷金纳德·琼斯（Reginald “Reg” Jones）手中接过帅印的经历。

何时接替企业的创建者？

杰夫·柯里恩在与更高权威建立富有成效的工作关系时，所面临的则是一个不同的挑战。当他成为GlobalSpec公司——一个为工程技术和科学研究市场提供在线数据服务和专业化搜索服务的公司——的首席执行官时，他必须与公司的主导创建者稳健地建立起协作关系。当杰夫·柯里恩第一次与董事会会面时，他说：“我不知道如何区分流量传感器和过载传感器，但是，不管他们所从事的专业是什么，我知道，这些家伙们干得非常出色。他们所建立的买卖双方的关系是我见过的最神奇也是运作得最好的关系。”

杰夫·柯里恩很喜欢这家公司，他也喜欢公司的董事会，而董事会也很喜欢他。但是，他们之间的关系也存在美中不足。GlobalSpec公司是一家由创办者来管理的公司，有过在两家同样是由创办者来管理而且都经历了抽资脱离的公司——Forges. com和Barnes&Noble. com——担任最高领导职位的经历以后，我们不难理解，杰夫·柯里恩对GlobalSpec公司的新职位仍然心存疑虑。

杰夫·柯里恩说：“当我对新公司的工作兴趣变得难以遏制的高昂时，我对首席执行官选拔委员会提出了一个请求，那就允许我做‘功课’。我想做所有传统性的‘功课’——查阅公司财务表现历史资料、仔细审核公司账目、阅读企业的商务运营计划和企业运营的基础，之后，我还想与企业的四位创建者进行深入的交流，尤其要和主要创建者约翰·施奈特进行深入沟通。”

对杰夫·柯里恩来说，确定企业运营中的核心问题并不困难。“就企业中的产品设计和系统设计而言，我从来没见过谁可以做得这么出色，但是，他们在销售组织的建设上却乏善可陈，而且市场运作能力很有限。”他回忆说，“无论谁来任职首席执行官，他都会把公司创办者的专业能力进一步发扬光大，但是，他同时也会彻底改造公司的市场运作能力和销售职能。”

公司的 DNA 是工程技术，致力于开发完美的产品，不过总是对“巧舌如簧”的销售人员和“华丽”的市场运作计划持有怀疑态度。杰夫·柯里恩认识到，必须就企业的现状与约翰·施奈特取得共识，他必须找到他们之间的共同语言，以打消约翰·施奈特的疑虑，并使他相信，杰夫·柯里恩是理想继任者。“我意识到，如果我不能让约翰·施奈特确信我是个理想的领导者，如果我不能让他确信我们可以很好地协同工作，那么，我就不应该接受这项聘任。”

“约翰对公司未来发展机会的判断有很大的局限性。”杰夫·柯里恩继续说道，“我一定要让他确信，我不会毁了他呵护备至的‘婴儿’——成长初期的企业，此外，我还要让他确信，这个企业的发展前景要远远超过他的期望。我在说服他的过程中还要注意不能伤害他的热情和渴望。当然，你不可能只通过一次访谈就达到目的，你必须以建立伙伴关系的名义、通过讨论有关企业发展议题的方式来达到说服的目的，而且要在很多层面上进行很多次对话。”

通过与约翰·施奈特进行的 10 次一对一对话——每次交流都持续几个小时，杰夫·柯里恩了解了他的梦想、他的目标和他经受的挫折。杰夫·柯里恩还与企业的其他创建者进行了交流，与公司的每一位高级职员也至少会晤过一次，此外，他还孜孜不倦地翻阅了 500 磅重的资料，确切地说，是花了六个星期的时间仔细翻阅了公司的资料。“在这个过程即将结束，我们握手言欢时，我说，‘我知道，我们都很开明，不过，工作是在前面等着我们的，我们只是在原则上达成了一致。’这个通用电气公司成就卓著的设计工程师，这个 45 岁的麻省理工学院的博士，说出下面这番话确实非同小可，约翰·施奈特说，‘杰夫，我们一言为定，你要把我训练成世界一流的总经理，你要引导我成为首席执行官，你要教我如何与董事会打交道，你把我安置在公司里合适的职位上吧。’他的意思是说：‘尽管我依然还是企业的创建者和公司总裁，但是，请指导我。’”

“如果我们未曾一起交谈过10次，这种结果是不可想象的。”杰夫·柯里恩总结道，“约翰对我越有信心，董事会给我的支持就越多，同时，也越能让他们确信群体的力量远大于个人力量的总和。”

要记住更高权威对你的希望

不要忘了，通常情况下，更高权威总是希望你能竭尽全力。如果你能时刻牢记你的老板对你的真正希望——优异的绩效表现、忠诚和有价值的建议，同时，坚持使用他或她更喜欢的工作方式和沟通方式，那么，你与他们建立富有成效的工作关系的胜算就会大大提高。如果你是一位首席执行官，这一原则同样适用于你与公司董事会奠定合作基础的过程，适用于将你们之间的关系发展成真正合作伙伴关系的过程。与新商务合作伙伴塑造富有成效的关系，尤其是与那些有权聘用你同时也有权解雇你的商务伙伴建立关系，永远都是个挑战。“这种关系必须建立在双方彼此完全信任的基础上。”劳氏公司董事会现已退休的主席和首席执行官罗伯特·提尔曼说，“同时，双方还必须绝对坦诚。我从不对董事会隐瞒什么，同样，我也希望他们与我坦诚相见。”

你可以看到，在你与老板或者董事会建立富有成效工作关系的过程中，有效的沟通是个“主旋律”，事实上，对于取得上任后第一个100天的成功而言，对确保接下来的100天的成功而言，有效的沟通都是非常重要的环节，为此，我们用下一章的全部篇幅来论证为什么说领导层如何沟通是贯彻实施你战略议程的关键因素。

小　结

与更高权威建立富有成效的工作关系的十个准则：

1. 作为新领导者，你需要弄清你的老板或者董事会表述出来的以及未曾说出来的动机。他们的潜在动机并不是要你单单完成工作目标，单单为股东创造价值，他们还需要你让他们更成功，需要你维护他们的声誉。

2. 如果你是一位新首席执行官，你可以启动一个把董事会“拉上船”的程序，这个程序与你和新经理们进行的访谈过程类似。与董事会的每一位成员坐下来进行交流，以确定他们的渴望，询问他们在董事会工作的感受和经验，了解他们最有热情而且也最擅长的领域和学科，同时，搜集他们对董事会在什么架构下才能最有效地运作的见解，了解他们对什么类型的议题应该交由谁来处理的见解，同时和他们讨论诸如董事会议的召开频度和信息如何传递一类的董事会运作机制问题。
3. 如果你不是一位首席执行官，那么，你应该与你的新老板讨论一下他或她喜欢的工作方式是什么，他或她如何确立事务处理的优先次序以及他或她喜欢什么样的沟通方式。比如，他或她是喜欢你呈递企业运营状况的正式书面报告呢，还是喜欢更随意的沟通？他或她喜欢使用电子邮件呢，还是更喜欢使用语音邮件？
4. 你需要尽量精确地判断董事会或者部门中的哪些成员在哪些方面最有影响力、经验最丰富，需要判断董事会的哪些成员对工作并不热心，哪些成员确实会独立思考。
5. 你需要了解董事会的文化，之后，有针对性地调整你的沟通风格和管理风格。董事会的运作方式是刻板的、尽量远离企业运营事务呢，还是更随意而且更愿意插手企业事务？当你在董事会逐渐树立起自己的威信时，你应该将董事会的文化转化为更有建设性而且让你觉得合作起来更自如的形态。
6. 如果你是一位首席执行官，你应该在董事会中培养一位或者几位“心腹知己”，他们既可以是董事会的非执行董事会主席，也可以是执行董事。你可以将他们视为自己的“顾问团”，让他们帮助你制定董事会的议事日程。在你上任的早期，当你忙于企业运营事务的时候，你甚至可以让他们帮助你管理董事会的运作事务。
7. 通过制定可靠而切实的战略议程，通过对企业运营过程的明察秋毫、纵览全局，通过倾听你的老板或者董事会成员的声音并向他们讨教，通过构建强大的而且富有责任感的管理团队，通过建立切实可行的管理程序，同时，通过保持谦恭的态度，来树立自己的威信。
8. 与你的老板或者董事会建立有效的沟通机制，包括建立正式的信息传递途径——比如每月提交管理报告，也包括建立非正式的沟通机制——比如在每次董事会议召开之前的电话交流、非正式的会晤、与老板或者董事会成员共同进餐等。

9. 与你的老板或者董事会建立定期信息反馈的机制。如果你是对董事会负责的首席执行官，你可以鼓励董事会将“秘密会议”当做每次董事会议的组成部分，这种会议是董事会在你不在场的情况下讨论你的表现，讨论的结果经过综合整理以后，以富有建设性的方式反馈给你。
10. 让董事会成员参与到企业的运营中去，以便他们更清楚地了解企业，同时也使他们的工作更有效。你可以为董事会成员创建一个与公司经理们形成互动的平台，让他们视察企业和设施，让他们深入到重要的企业中去，这种方式有助于提高他们评估企业战略并支持企业战略的能力，可以让他们更好地行使自己最重要的职责，以确保领导职位的顺畅转换。

第七章

沟　通
——贯彻实施战略议程的关键

四千年以来，澳大利亚的土著人一直通过口口相传的方式将本民族的文化和知识一代代地传下来。在古希腊，苏格拉底首创了类似的口头传播知识的传统，人们对口头沟通的重要性如此笃信不疑，根据传说，古希腊学者甚至对书写的新发明持排拒态度，因为他们担心书写的应用会使年轻人不再使用自己的记忆。相反，拿破仑则对书面沟通的方式宠爱有加，有人说，他总是迫不及待地想把他的信息传播出去（而且他拥有特殊的才智禀赋），以至于他可以而且常常同时向五个书记员口授五个便函，以便快速记录他的想法。（他先为第一封便函口授一句话，之后，再去口授其他四封便函，然后，再回到第一封便函！）几千年来，当领导者们试图改变他们的世界时，沟通一直居于他们行动的中心地位。

在当代的商务世界中，沟通的重要性也丝毫没有降低。

作为星巴克咖啡公司（Starbucks Coffee Company）① 的创办人和董事会主席，霍华德·舒尔茨（Howard Schultz）凭借世界上最有价值的消费品品牌之一创造了活力四射的全球性企业王国，星巴克咖啡也影响了数百万充满热情的消费者的生活。那么，他是如何让投资者、员工、消费者以及媒体摈弃常规的逻辑，以一个全新的视角来判断一度不过只是一种商品的咖啡的呢（人们为一杯咖啡花 3.75 美元而不是 50 美分）？

霍华德·舒尔茨的成功很大程度上取决于他的宣讲。

---

① 霍华德·舒尔茨曾经为创办于 1971 年的同样名为星巴克咖啡的公司工作，之后，他离开这家公司自己创办了名为埃尔·吉奥内尔（Il Giornale）的咖啡连锁店，后来，他在西雅图的派克市场收购了最初的星巴克咖啡公司，并于 1987 年创建了现在的星巴克咖啡公司。

霍华德·舒尔茨创建了独具特色的合伙企业文化，其核心特质之一，就是员工持股以及为公司七万名员工提供全部医疗福利。他曾经反复讲过发生在他父亲身上令人动容的故事，他的父亲是个工作勤恳努力的蓝领工人，在工作中不幸受伤，因为老舒尔茨没有医疗保险，公司也没有为他提供医疗福利，他为其工作的那家“没有良心”的公司辞退了他，为此，全家不得不搬到位于布鲁克林的社会救济机构提供的居所，艰难度日。作为一个孩子，由于自己的父亲失去了自尊，舒尔茨饱尝世态炎凉，经历了一系列不幸事件为家庭带来的灾难性影响。霍华德·舒尔茨谈到过去的经历时，热泪盈眶。后来，有一天，霍华德·舒尔茨似乎是得到了“神谕”，他发誓，“如果我有机会为他人承担责任，我**绝不会**让我父亲的经历在他们身上重演。”

1987年，现在的星巴克咖啡公司创建完成，其后不久，在霍华德·舒尔茨呈递给公司董事会的报告中，他父亲的故事，连同为公司所有员工——只要他们每周的工作时间达到了二十小时——提供全部医疗福利待遇以及建立股权激励机制的提案，成为报告的核心内容。起初，董事会担心公司承担不起这么大的开销，毕竟，这是一家处于成长初期的公司，尽管董事会为此驳回了霍华德·舒尔茨的提案，不过，霍华德·舒尔茨对董事会“动之以情，晓之以理”，他的缜密分析和充满感情色彩的论证那天还是博得了董事会的喝彩。霍华德·舒尔茨认为，如果能将零售业和食品业中普遍存在的员工高更替比例减少一半，那么，只要三年的时间，实施这个计划的开销就可以收回。霍华德·舒尔茨声情并茂地谈到了他渴望建立的公司——他希望自己的父亲能为这样的公司工作，他的宣讲牵动了董事们的心弦，最后，董事会通过了霍华德·舒尔茨的提案，就此，“星巴克咖啡豆股票”计划得以诞生。从这一天开始（顺便提一下，星巴克咖啡公司的这一计划在降低员工更替率方面极为成功，仅用了一年的时间，公司就收回了实施计划的投资），这个计划始终居于公司文化和组织战略的核心地位。二十年以后，对所有即将承担新领导职位的领导者而言，霍华德·舒尔茨在上任早期对战略议程这一部分的实施依然极具指导意义。

沟通能力是高效领导力的最重要特质之一。企业的愿景和战略在得以实施之前，在很大程度上说，它们不过是“真空空间”中的珍藏，同样，你的战略议程在与他人取得沟通并产生效力之前也不过只是一纸空文。

时代华纳公司的理查德·帕森斯（Richard Parsons）是另一位高效的沟通者，对如何将重要信息传递给所有人的问题，他总是深思熟虑。“我们不妨以

‘授权’为例来说明，”理查德·帕森斯说，“问题是，如果人们不知道企业的全局是什么样的，不知道自己如何融入到企业的运作过程中去，不知道自己的职责和使命是什么，那么，他们就会走向不同的方向。所以，我想听到他们这样说：‘好的，我知道这些事情应该朝什么方向去做了，我也知道我在其中的位置了，因此，我被授权付诸的行动是符合企业的全局要求的。’”

如果人们不知道向哪个方向前进，他们就不会知道自己的目的地在哪儿，人们就会丧失热情，人们的前进势头就会受到遏制，士气会因此而骤然跌落，而且公司也会漫无目的地随波逐流，这可不是什么美妙的景象。理查德·帕森斯说，要想确保所有的人都能看到同样的公司图景并且同样明了公司图景的内涵，需要领导者“与人们更频密地接触，创造更多与人们交流的机会，更多地沟通”。

沟通的双向性

有人存有这样的奇异幻想，他们觉得，企业中的领导者进行沟通的过程，就像摩西从西奈山走来向人们传播神的旨意和圣训的过程一样。当然，如果你确实有指导企业成功运营的“《旧约全书》”和“《新约全书》”，这种方式或许很适合你。然而，对我们大多使用“世俗的”沟通工具进行沟通的人来说，沟通的过程更是一个不断平等交换意见的过程，是一个在形成结论之前持续进行的探究、消化吸收以及顺应人们思想的对话过程。沟通的过程也是倾听和学习的过程，是吸收信息、整合信息从而达成共识的过程。

换句话说，沟通远远不只是发布信息，沟通更是一个广纳各种想法和广泛收集各类信息从而最终完善主导思想的过程。这也是为什么交互式沟通方式得到越来越广泛应用的原因。全体员工大会会设置一个公用话筒，以便人们参与会议中的问答程序，企业的领导者与小型团体可以通过共进便餐的方式达成沟通，定期举办的圆桌会议为人们提供了参与对话的机会，让人们有机会表达自己的思想。作为新领导者，所有这些沟通手段在你上任后的第一个 100 天内显得尤其重要。

让人们看到你乐于采用不拘礼节的沟通方式还可以达到另一个重要的目的：你对沟通的态度显示出你是什么样的人。“如果你想顺利实施自己的战略议程，你必须让人们看到你展示出来的领导能力。”保安全公司的首席执行官戴夫·彼得施密特说，“你和人们的沟通必须取得这样一种成果：当人们和你刚刚谈完走开的时候，他们觉得，‘这个人很坦率，也很诚实，他并没有和我云山雾罩、敷衍塞责’。”

“保罗在哪儿?”

保罗·普雷斯勒成为首席执行官以后，他使用电子邮件、语音邮件、公司内部互联网、面对面的交谈以及报告录像的综合性手段，与盖普服饰公司分布在全球的 165000 名员工进行了沟通。这种沟通要达到四个目标：

- 通过建立自己的可信度，增强人们对保罗·普雷斯勒领导力的信心；
- 帮助员工在新领导层的领导下获得在盖普服饰公司工作的更好感觉；
- 帮助员工认识到，保罗·普雷斯勒在为盖普服饰公司勾画企业愿景之前，他会将自己上任后的第一个 100 天用来“倾听和学习”；
- 通过使用这些反映保罗·普雷斯勒个人管理风格的沟通手段，为员工提供信息反馈的机会，同时促进双向沟通。

保罗·普雷斯勒是 2002 年 10 月 21 日开始在盖普服饰公司工作的，就在这一天的工作即将结束的时候，他给所有的直接下属发了一封电子邮件，他在邮件中扼要概述了自己上任第一天的工作，并在其中谈到了他的“第一个 100 天计划”。同一周的星期五，所有的员工都收到了发自保罗·普雷斯勒的语音邮件，邮件概述了他上任第一周的工作，并反复谈到了他的“第一个 100 天计划”（“无论我到哪儿，我都会提出很多问题：盖普服饰公司的哪些最重要方面是我们应该绝对保留的？为什么？我们最需要改进的三个重要方面是什么？你们希望我做些什么？你们希望我**不做**什么?)，同时，鼓励所有人都看一下他的“盖普网络日志”。

这个称之为“保罗在哪儿?”的网络日志是七封用第一人称写成的信件，同时辅之以图片，图片记录的是保罗·普雷斯勒上任后的第一个 100 天期间，在美国各地分支机构视察的活动。网络日志的条目描述了他在干什么、他在学习什么以及他的工作为什么对公司和员工来说是重要的，等等。对保罗·普雷斯勒来说，他在各地视察的方式给了他了解特定团队和员工的机会，此外，这种方式还有助于员工真正了解他。

下面是2002年12月2日刊登的一个典型的网络日志：

首先，请允许我以感谢我们商店的所有同事作为这个网络日志的开头，感谢他们在忙碌的“感恩节大采购周末”所表现的专注和勤恳工作精神让公司收益颇丰，我用整个周末的时间拜访了商店，我为自己看到的情景欢欣鼓舞。

星期五，我在加利福尼亚南部格伦代尔市（Glendale）步行商业街的“盖普”商店工作，我真的想扮演一下我们的商店同事们所扮演的所有角色，所以，我在那里度过了颇不轻松的一天，但是，我学到很多东西！下面，是我作为商店店员工作的一天：

上午6:00：与地区经理一起抵达商店。

上午6:00—6:30：商店总经理简要和我谈了“品牌经营标准”和“退换货过程改进项目”，这些项目的操作不但可以使工作团队全神贯注于经营目标，而且还可以切实鼓励所有人协同工作。

上午6:30—7:30：接受商店经理的培训，指导我“预习”一天中我要扮演的所有角色的“功课”。

上午6:45：我们的培训因为“一分钟会议”的召开而中断，开始“课间休息”（我一直纳闷，这些会议是不是真的只有一分钟，结果，确实超过了一分钟）。

上午7:30—9:00：和商店中的“搭档”一起布置店面。引导顾客进入试衣间试装，主要精力放在女性套头衫的销售上。（我居然完成了销售目标！）

上午9:00—11:00：清点储藏间的产品，和库房“搭档”一起补充货物。我们的工作很有趣，补充货物是我最喜欢的工作之一。

上午11:00—中午12:30：我去格伦代尔市步行商业街的“盖普”儿童用品商店，跟随商店经理学习如何销售15种最畅销的商品。

中午12:30—1:30：我饿得要死！在成人服装店和员工一起吃午饭，和员工们谈了他们所面临的挑战，就如何应对这些挑战的问题，有几个同事有很棒的点子，提出了非常好的建议。

下午 1:30—2:30：回到“盖普”儿童用品商店学习如何收款、包装。商店经理教我怎样才能让排队等候的人慢慢向前挪动，教我如何包装商品。把那些磁感应标签弄下来可真不容易，不过，我最终还是驾轻就熟了。我很喜欢这个工作，因为我在工作中有机会向顾客提出各种问题，这样，还可以让他们觉得自己排队等候的时间短了点儿。

下午 2:30—3:30：从“盖普”儿童用品商店，我去了步行商业街的“盖普”婴儿用品商店，在那儿，跟随商店经理行使职责。

下午 3:30—4:00：从商店的同事们那里学到了一天中最重要的几课，那可真是浅尝辄止、走马观花，所以，我还没能完全掌握，不过，我绝对知道，“号码、颜色和款式”是销售过程中非常重要的部分。

下午 4:00—5:00：完成了在“盖普”商店的工作以后，我拜访了位于格伦代尔市步行商业街的“香蕉共和国”商店，经理带我参观了商店，看起来棒极了！

总之，那是收获颇丰的一天，我觉得自己已经完全融入到商店的环境中了。我很看重我从商店的同事们那里得到的信息反馈，我希望，当我不断进行这类的拜访时，我会从人们那里听到更多的想法，当我们持续改进更好地为顾客服务的措施时，我会参照人们的建议的。

本周我将拜访我们所有的产品配送中心，我期待着下周参加纽约产品发展部为“盖普”、“老海军”和“香蕉共和国”举办的秋季产品发布会。

——保罗

除了名为“保罗在哪儿?”的网络日志、标准的自传和一个讨论他个人兴趣的“访谈保罗·普雷斯勒”以外，盖普网（Gap Web）还开辟了一个名为“向保罗提问”的问答板块，在这个板块中，员工可以提出对企业表示关切的问题。就公司负责沟通管理的团队了解并关注员工关切的问题而言，这个专栏是收集反馈非常重要的工具，此外，这个板块还为保罗·普雷斯勒开辟了一个与员工讨论公司发展的战略方向以及公司面临的首要问题的平台。

2003 年 1 月，当保罗·普雷斯勒上任后的第一个 100 天即将结束的时候，公司的沟通管理部门对全国各地各个层次的 300 名员工进行了一项调查，让他们对公司的沟通“闪电战”做出评价。结果如下：

- 98%的人说，他们对保罗·普雷斯勒担任盖普服饰公司的首席执行官充满信心。
- 98%的人认为，保罗·普雷斯勒兑现了自己要利用上任后的第一个100天"学习和倾听"的承诺。
- 75%的人说，他们现在在盖普服饰公司工作的感觉要比保罗·普雷斯勒上任前的感觉要好。
- 就沟通工具的使用问题：

—— 92%的人认为，盖普网对传播保罗·普雷斯勒的信息是非常有效的沟通手段；
—— 93%的人认为，面对面的沟通更有效；
—— 86%的人认为，语音邮件是最有效的沟通工具。

总之，员工们认为，盖普网的沟通手段有助于他们了解他们的新首席执行官，而且保罗·普雷斯勒发布的内容让他们深受鼓舞。在数量空前的反馈电子邮件中，一封典型的邮件是这样的："我觉得，保罗作为一个领导者值得我们忠诚，我之所以这么说，是因为他的讲话录像资料和他的文章让我看到，他是领导者的典范。"

当然，并不是每一位领导者都会像保罗·普雷斯勒一样，可以自如地告诉他人自己的日常工作和学习过程的，而且保罗·普雷斯勒应用的方式也不是领导者上任早期可以采用的唯一有效沟通方式。

严肃的事情

吉姆·基尔茨2001年2月来到吉列公司以后，他在公司互联网上进行的访谈听起来口气完全不同。访谈中，他从没有谈到过自己喜欢什么杂志，没说过自己最喜欢的运动项目是什么，吉姆·基尔茨的问答板块是很严肃的专栏，事实上，问答专栏中最富个人色彩的问题，是问吉姆·基尔茨最初是如何进入消费品领域的。[吉姆·基尔茨的回答是："那时候，我17岁，刚刚从中学毕业，我决定在上大学之前先工作一年，因为我是个化学迷，所以，我参加了通用食品公司（General Foods）举办的实验室技术人员考试。我在考试中得了满分，并被通用食品公司在芝加哥的酷爱（Kool - Aid，也译为‘苦艾’）工厂录用。”]他在访谈中的语气与保罗·普雷斯勒的语气大相径庭，但是，他们对卓越表现的追求却是一样的，而且两个人都认为，清楚而广泛的沟通是取得卓越成就的重要因素。

下面选取的是吉姆·基尔茨问答访谈中的一则：

问：在你看来，吉列公司的员工了解你的什么职业理想是很重要的？

答：截至目前，我职业生涯的最重要特点就是：我用毕生的精力来**建设品牌**（**黑体字**是吉姆·基尔茨所强调的）。我已经和世界上一些最伟大的消费品公司合作过，比如，通用食品公司，奥斯卡梅尔公司（Oscar Mayer），卡夫公司和纳贝斯克公司。我的职业激情就是品牌建设，这也是我在吉列公司将倾尽全力去做的工作——让这个优秀的公司更卓越，让公司的优秀品牌更伟大。

问：你认为，要想将吉列公司引入到销售收入和赢利都能持续增长的轨道上，公司面临的最大挑战是什么？

答：在我对公司运营的所有方面和环节、我们的竞争对手以及市场进行完全彻底而且严密的分析之前，我实在没有办法谈论吉列公司面临的最严峻问题以及我们的最大机遇所在。根据我对公司状况的客观评估，我想，我能判断出公司的优势和劣势是什么，公司的问题和潜能是什么，然后，我们才能制定出公司的战略和行动方案。然而，根据我过去 30 年的职业经验来设想未来，我可以肯定地说，吉列公司绝对应该有一个极为清楚的目标：品牌建设，发挥组织的优势，在公司运作的所有层面和所有环节控制成本。如果我们能完成这些目标，那么，其他的重要议题都将迎刃而解。

问：董事会将你的“果决的管理风格”当做任命你为公司首席执行官的理由之一，你能举出些例子来说明你的管理风格吗？

答：概括来说，我的管理哲学就是“保持简单”。我当然希望进行严密的分析和审慎的评估，但是，我不希望把事情复杂化。如果公司的战略和行动方案不能让所有的人都明白，那么，就不会有人比照执行。所以，通过“保持简单”，组织上下就可以果断地付诸行动，就可以清楚地沟通。

让我给你举个例子，1998 年，当我进入纳贝斯克公司的时候，公司的一个主要运营单位纳贝斯克饼干公司（Biscuit Company）正让销售队伍的情况弄得焦头烂额，前一年，销售队伍的重建遭受失败，而对已经经历了重组的销售队伍再“修修补补”则会把局面搞得更糟。我和公司负责运作该项事务的同事一起分析了情况以后，创建了一种全新的组织结构，并迅速贯彻实施，结果，在一个月之内我们就看到了显见的积极成果，不到一年的时间，纳贝斯克公司的销售队伍就再度回到了以前的状态，又成了业界最强大的销售组织。

问：就在几天以前，当员工来公司上班的时候，他们都收到了你的信件，尽管那天是你正式到任的第一天。几天以后，你又同意接受这次访谈，那么，这是不是表明沟通对你很重要？

答：沟通是我管理哲学的组成部分，我们需要沟通。比如，每周一早晨，我们要召集管理会议，我们每季度也要召开管理会议，会上，我们会讨论公司需要优先处理的首要问题、工作成绩以及下一季度的目标。我对与管理人员以及与吉列公司整个组织进行沟通的效用笃信不疑。通过出版物、演讲、会议和共进午餐等任何适当的方式传播信息并了解人们的想法是我职责的一部分，我相信，管理人员与他们所在组织的沟通也是他们职责的一部分。

问：你希望员工了解你什么最重要的思想？

答：就我本人来说，你们所见即所得，就像我谈到的，你们从我身上得到的信息就是：我会不遗余力地增加品牌的价值——这是个很重要的信息，我曾在我所到之处反复宣讲，这是我的信仰。我们的角色就是品牌价值的建设者，这是我们的全部追求，吉列公司的每个人在其中都承担着重要角色。

放大沟通的效能

大部分领导者都认为，领导者应该将企业的运营状况尽可能详细地告知员工，无论是企业存在的问题，还是企业面对的机遇。如果所有的人都了解了企业运营的同样现实，那么，人们就可以朝着同样的方向前进——以共识为基础进行经营、管理，这是企业成功的必要条件。让员工切实了解企业的状况确实很重要，不过，这个原则也同样适用于与股东、董事会、客户和供应商的沟通。

作为领导者，你要确保企业中所有的人都能完全了解企业的状况，无论是好是坏。你需要以适当的方式尽可能详细地将企业运作的事实告知人们，让他们了解你们所面临的市场状况和可能出现的财务状况。

“我试图将相互分离的事实联系起来。”3M 公司的吉姆·麦克纳尼回忆说，“我在与下属进行一对一的沟通以及与员工群体和退休员工团体进行大的沟通上花费了大量时间。我上任以后召集的最初几次董事会议开会之前，我和每一位董事会成员都通过几次话，就是为了确保所有的人都进入到沟通的过程中来。”

尽管你不可能把重要的信息沟通得“过了头儿”，不过，你还是可能把自己宝贵的时间过多地花在了沟通上（要知道，在你上任以后的第一个 100 天内，你只有 1204 小时可资利用）。这是一个艰难的抉择。一方面，你传播信息的方法越趋于针对个人，你的信息越容易被人牢牢地掌握，通过与人亲自交谈从而又得到了一位支持者，这种结果尤其可以给你带来满足感，很多人觉得很难拒绝这种强烈满足感的诱惑；另一方面，考虑到你的时间是有限的，那么，你在沟通上花费的时间越多，你投身于其他重要事务中的时间相应地就会越少。

这就涉及你如何让自己的时间产生最大化的效益问题了。“你当然需要进行一对一的交流，但是，为了更有效地利用你的时间，你还需要进行‘一人对多人’的沟通。”直觉公司的首席执行官史蒂夫·班尼特说，“你要找到所有的交流平台，找到‘撬动沟通的支点’，以便进行‘一人对多人’的沟通。”

当你试图将信息传达给数量不断增加的听众群时，找到这类的交流平台尤其重要。“当你管理9万人的时候，你不可能去参加每一个鸡尾酒会。”时代华纳公司的理查德·帕森斯说，“所以，你必须建立一些交流机制，通过这些机制将信息传达出去，并通过这些机制与员工接触。”

无论你领导的是一个部门、一个成长初期的企业，还是拥有数千名员工的大公司，你都应该为目的明确的沟通建立一个常设的机制，以便人们可以自如运用这些沟通渠道，同时，这些机制还有助于使公开的对话成为组织DNA的有机组成部分。每当戴夫·彼得施密特就任一个新职位，到任以后，他马上就会建立起这样的沟通机制，他的这种策略已经在三个技术类公司实施过：保安全公司、英克托米公司和赛贝思公司。

“在我担任领导职务的每一家公司，”戴夫·彼得施密特说：“我都确保每周一早晨七点半与公司所有的重要经理人召开企业运营会议，会上，我们会一同检视企业的状况，看看我们前一周都完成了什么工作，同时，一起讨论本周的工作安排。因为这是重复性召集的会议，所以，它成了激励人们清楚沟通以及确保所有人明白自己的工作和目标的会议形式。在小型公司中，我们每月末会召集全体员工会议，会上，我们会告诉所有人本月的运营情况：我们是不是得到了资金？我们的现金缺乏状况怎么样了？在英克托米公司，即使当我们的员工总数达到了1500人时，我们在每个季度也会举行全体员工会议，以便让所有员工了解企业的运作状况，这种会议形式成了令人期待的沟通论坛。”

员工们关心什么？

如果你忘了这样的重要事实，那么，你为沟通所付出的大部分努力都将付诸流水：你沟通效能的好坏并不取决于**你**宣讲得多么动听，而在于人们对你发布的信息是否能**真正理解**。你必须“因材施教”，必须评估受众的接受能力，也就是说，你要了解信息接受者的背景和情绪，要判断他们是否已经为接受信息准备就绪，之后，有针对性地调整你的信息内容和沟通方式，使之不但与接受者的接受能力相称，而且还要让接受者容易消化和吸收。

当史蒂夫·班尼特想将传递给投资者的信息传递给员工时，他就学会了采用这种策略。

成为直觉公司首席执行官 6 个星期以后，史蒂夫·班尼特站在一群投资者面前，向他们表述了这样的信息："这是一个运营状况一直很好的公司，但是，就我们所拥有的资源和我们所面临的机遇而言，公司应该可以表现得更好，我们以前没能充分利用我们所面临的机遇。"史蒂夫·班尼特解释说："这就意味着我要提高公司的运营标准，意味着公司的运营也将出现新局面。"

但是，当史蒂夫·班尼特将同样的信息传达给公司员工时，他很快就意识到了一个问题，"员工并不会被一个新来的首席执行官'下车伊始'便谈到的我们应该如何为股东创造更多价值的宣讲所动，他们不会就此就被动员起来，不会为此而群情激昂。"他思忖着说，"他们并不在乎这些。"

为此，史蒂夫·班尼特又回到了与直觉公司员工达成沟通的基础层面，他搜集了大量信息，在他上任以后的第一个月内，他视察了公司的 20 个分支机构，而且召集了全体员工大会，并鼓励员工在会上提出问题以及表达自己的忧虑。他还与直觉公司的客户进行了交流，以发现客户喜欢公司的什么产品和服务，对公司的什么产品和服务尚不满意，并且了解客户与公司的关系状况。经过反复权衡，史蒂夫·班尼特认识到，他已经很清楚什么样的信息可以激发员工的工作热情了。

"如果你是一个员工，你真正在意的是如何为客户提供服务。"他说："你很在意你是不是能和其他的优秀员工一起为客户创造价值。所以，我们传递出的信息的焦点在于，我们要创建一个优良的工作环境，要建设一个能为客户创造价值的高绩效组织。"之后，他总结说，"如果我们拥有优秀的员工，而且他们愿意为客户创造价值，那么，我们自然就可以为股东创造价值了。"

工程师们可能说另一种语言

杰夫·柯里恩所面临的则是另一种两难处境。当他作为 GlobalSpec 公司的新首席执行官开始与公司的创建者约翰·施奈特建立工作关系时，杰夫·柯里恩必须找到一种共同语言，只有利用这种语言，他才能构建起使两个完全不同的人甚至背景截然不同的人达成沟通的桥梁。事实表明，寻找共同语言的努力，在达成沟通中的作用与在企业文化变革中的作用同样重要。

“我认为我是个表述精确的沟通者，但是，我骨子里全是有关销售和市场的事情，”杰夫·柯里恩说，“而不是技术产品构成成分的事情，当然也不是为一个拥有博士头衔的总经理设计工程技术项目的事情。因为约翰是个有博士学位的设计师，我发现，他既没有商务语言的使用经验，也不能将商务事务归纳为我能很好明白的商务语言和商务概念。当我们刚刚谈到有关传媒产业的某些问题时，我就意识到了这一点，所以，我必须对我们之间的沟通方式做些修正。当我用某些简略的词汇谈到某些事情时，比如，当我们讨论企业财务问题的时候，我说，‘你要确保按照项目进度足额注资。’不难想象，这时候，约翰会问，‘你说的是什么意思？怎么来操作？’”

“我发现，我在和约翰讨论企业取得的成绩时，我必须表述得非常精确，而且要抵御使用很多‘夸张词汇’的自然冲动。约翰说：‘你总是夸大其词，你的口气让情况听起来很好。’我说：‘约翰，情况**确实**很好。’之后，他会说：‘可是，你说的让人们觉得我们比实际情况还要好。我们是工程师，我们不会使用**了不起**的和**卓尔不群**这类的词汇，我们会说你完成了自己的工作。当你说工作团队把工作做得无与伦比时，他们不会相信你是由衷地这么认为的。’最后，我们一致同意，任何他认为我‘夸大其词’的时候，他都会提醒我注意，任何我觉得他过于冷漠、缺乏激情的时候，我也都会告诉他。”

杰夫·柯里恩详细阐述了他是如何学会在工程技术类企业文化背景下进行有效沟通的过程。“约翰非常迷恋企业运营应该完美的理念，他提到设计建造大桥时遵循的理念，那就是大桥的设计建造不能失败。我说：‘可是约翰，我们并不是在建造大桥，如果我们的失败来得很快，而且我们可以从中汲取教训，从而让我们尽可能快地增长，那么，我想，失败也没有什么大不了的。对我来说，我更倾向于在八个事情上做得很完美不过有其他两件事情失败了，而不是没有任何失败地只干三四件完美的事情。’约翰·施奈特说：‘我们没有经历过要接受很多失败的训练，我们也不希望我们的运作过程中有很多失败。’我说：‘这正是我们要协同解决的企业管理问题。’”

通过充分的交换意见，杰夫·柯里恩、约翰·施奈特以及GlobalSpec公司的其他管理人员创立了沟通的共同语言，而且还在描述企业运作的标准、驱动因素以及重大议题上统一了表述语汇。在这个案例中，你还可以清楚地看到，沟通的过程是如何与融入并适应企业文化的过程相互盘根错节的。

作为沟通者，你要先了解你自己

我们都喜欢调动满堂听众的情绪，都喜欢让自己陶醉在他们对你精彩演讲的喝彩和欢呼声中。在我们选聘美国电影协会首席执行官杰克·瓦伦蒂的继任者过程中，我们有幸与这位富有传奇色彩的 83 岁老先生一起坐在了主席台上，享受了一次被人欢呼和喝彩的迷醉。在 600 多名来自全国最有声望的商学院的工商管理硕士生面前，杰克·瓦伦蒂和大家谈起了传媒业和娱乐业的领导力问题，这位 LBJ 是以前的演讲稿撰稿人，以才思泉涌的演讲内容、声情并茂的演讲风格以及传媒业和娱乐业历史上最杰出领导者的趣闻轶事，让年轻的听众们激动不已、欢呼不断。当然，并不是每个人都能成为像杰克·瓦伦蒂一样的杰出演讲者和沟通者，但是，正如他在名为《自信地大声讲话：如何准备、学习并发表有效演讲》（*Speak Up with Confidence：How to Prepare，Learn，and Deliver Effective Speeches*）的书中写道的，每个人都能通过勤奋的准备和持续的练习而提高他们的沟通技巧和沟通效能。

作为领导者，你必须清楚自己在沟通技巧和能力方面的优势和劣势，此外，你还要清楚自己在什么场合下可以最有效地与人沟通。有些人擅长在大庭广众之下发表演讲，有些人则更长于在群体内的交流。你的最佳方式是哪一种？

2001 年 5 月，当史蒂夫·雷蒙德接替罗杰·恩里科担纲百事可乐公司首席执行官时，这位在公司工作了 15 年的“老兵”很清楚地认识到了他们两人沟通风格之间的差异。“罗杰是对公众发表演讲无与伦比的演说家，”史蒂夫·雷蒙德说，“所以，他利用大型集会的场合来传播重要信息的方式是很明智的。可是，我却没有这样的优势。我也可以做到这一点，或许，我还可以做得越来越好，不过，我不喜欢那么做。我想，在小团体中进行讨论对我来说沟通的效率要更高些，在这种场合下，我可以就企业运作的问题进行高效的对话，可以有效了解人们的想法，而且一对一的沟通方式还可以让我真正了解交流对象本人。”

史蒂夫·雷蒙德指出，如果你成长于自己担任领导职务的公司，那么，你或许更擅长进行小范围的沟通或者擅长一对一的交流，作为“内部人士”，通常情况下，大家对你都已经很了解了，尤其与那些来自组织以外的新领导者相比，因为他们只有很短的时间给人以印象。通过与公司董事会一位董事的交流，史蒂夫·雷蒙德获得了充分利用自己沟通优势的信心。“如果你没有很多特长的话，你就没有机会担任这个职务。”那位董事告诉史蒂夫·雷蒙德，“在工作中充分展示你的长处，即使你的特长完全不同于你前任的特长。”

在危机情况下的沟通

定期平等交换意见的机制应该成为所有公司的沟通惯例，当公司陷入困境之中时，这种机制显得尤其重要。

“在艰难时期，我给领导者的建议是：沟通，沟通，再沟通！”约瑟夫·图西（Joseph Tucci）说，当EMC——一个在业界居于领先地位的数据存储公司——在技术产品市场几乎全军覆没的时候，他受命担纲首席执行官一职。“当你觉得自己已经做得很充分的时候，你要再度沟通。”

在危机情势下，沟通的首要法则，就是将信息尽快地发布出去。在这个每周7天、每天24小时“连轴转”的时代，你当然总能找到传播所有重要信息的手段，无论你是否喜欢运用那些手段。如果你不能将信息妥当地公之于众，或者，如果人们认为你将坏消息封锁的时间过长，那么，你就会因此而错失解决问题的机会，此外，你还很可能为此而丢了自己的饭碗。我们只要看看发生在业界巨头壳牌石油公司三位高级总经理身上的故事就能明白其严重性了。2004年年初，当有人举报说他们在长达两年的时间内一直虚报壳牌石油公司的石油储备量时，他们就立刻被迫离开了公司。

因为你要将信息发布出去，所以，你描绘出的企业运营现实画卷必须是精确的，这个“画卷”需要承认情势的严峻性，而不是掩盖企业的危机，没有这个直言相告的前提，你就不能获得重建企业的威信。但是，你一旦描绘出了这样的画卷，你就可以全神贯注于与企业的关键“盟友”——员工、董事会、客户、投资界和传媒——的持续沟通了。

让我们一起来看看领导者在危机中应该如何沟通的典范吧。

泰科国际公司

很少有人像埃德·布林一样，经历过那么深重的危机，2002 年 7 月，他接手泰科国际公司，当时，这个饱受丑闻打击的制造业企业集团，因为战略逆转的打击，因为人们对公司会计账目的担忧，因为被迫辞职的前首席执行官丹尼斯·克茨洛斯基正受到个人逃税和侵吞公司资产多项指控的攻击，正站在破产的悬崖边摇摇欲坠（埃德·布林担任公司首席执行官职务的消息一经公布，泰科国际公司股票的价格立刻应声上涨了 40%）。

“与员工的沟通是我的首要工作，是重中之重。”埃德·布林说，“你必须要站在那些没有意识到危急情势的员工角度来看问题，他们了解的只是我知道的情况的一小部分，他们只是对公司的未来感到有些担心。我对公司所面临的困境表述得非常坦率，我告诉所有的员工们，我想完成的目标是什么，我们需要改进哪些方面，此外，我还告诉他们，我们需要一段时间才能完成既定的目标，所以，需要大家振作精神、重整旗鼓，我还对公司的未来表现出了乐观的期待，我说，如果我不是对泰科国际公司的长期健康成长信心十足的话，我就不会前来就职了。”

“但是，我还谈到，我们还有很多工作要做，我们需要实施重大的变革，而且要马上着手实施。我表明了这样的态度：如果我不能彻底变革，那么，公司就会维持现状，进而，一切都不会改变。”

当你处于危机情境时，作为领导者，你必须要显示出自己的信心，你必须要看到而且要缓解人们对不确定性的担心，你可以将自己的工作看成是振动“缓冲垫”，它可以缓冲公司中的变革动荡与员工对稳定和安全的深层渴望之间的冲突，这样，当人们不断检视你的每一个姿势和每一个表情，试图捕捉那些暗示事情可能比已经看到的情况还要糟糕的隐含信息时，你的信心和“缓冲垫”功能可以有效缓解人们的焦虑。

鲁迪·朱利亚尼

在危急的情势中进行有效沟通最令人难忘的典范之一，就是前纽约市市长鲁迪·朱利亚尼（Rudy Giuliani）在“9·11”恐怖袭击发生之后的沟通行为。现在，你依然还可以想象出他当时的表情——严峻、果决但充满悲悯情怀；你还能回忆起在燃烧的瓦砾中、在每天举办的简短新闻发布会上他无所不在的身影；你还可以想到他与事故处理团队、与媒体以及与纽约市民们频频沟通的情态。鲁迪·朱利亚尼在此间显现的领导能力和沟通能力，让公众将他从一个正在经历广受关注的离婚风波的“无能公务员”，一下子“升格”成了民族英雄。因此，作为领导者，你需要认识到，危急情势下的有效沟通会大大放大你的沟通效能，谨记这个原则非常重要。

朗讯科技公司

同样，亨利·沙赫特也很清楚在危机情势下表现出某种姿态的重要性。2000 年 10 月，当公司首席执行官理查德·麦克金（Richard McGinn）被迫辞职以后，亨利·沙赫特，这位朗讯科技公司的前首席执行官和董事会主席再度回到了公司，当时，朗讯科技公司刚刚经历过了互联网泡沫破裂的重创，很多客户就此“人间蒸发”了，那些“硕果仅存”的客户也从此大幅削减了支出预算。亨利·沙赫特的财务分析报告明确地表明，朗讯科技公司的现金在 90 天内就会花光。是亨利·沙赫特在企业处于危机中的沟通计划和他与公司最大客户的沟通方式将公司解救于水火之中。

“在危机中，没有什么比首席执行官的镇定更能平定人们的焦灼情绪了。”亨利·沙赫特说，“同时，没有什么比一个癫狂的首席执行官更能给组织带来恶劣影响了。如果自作聪明的人下车伊始便告诉所有人应该干什么，那么，有一半的人会因为自己将被解雇而吓得半死，而另一半的人则会想，这个不可一世的家伙根本不知道他谈论的是什么问题。人们希望领导者深思熟虑，希望领导者能详尽论述自己的主张，人们希望听到领导者说：‘我们能行，下面我谈谈，为什么说我们能行……’”

亨利·沙赫特补充说，即使是在危机中，你拥有的时间也很可能比你想象的要多。“公司不会很快停业，”他在上任的初期告诉员工们，“我们不想那么做，我们要把事情理顺，我们彼此之间也要充分理解，所以，当我们再度启动的时候，我们就都很清楚我们要干什么了。”

那么，亨利·沙赫特是如何具体操作的呢？“我回到朗讯科技公司的第一天，”他解释说：“我就告诉全体员工，我没有成竹在胸的解决方案，我那时候也不能提出解决方案。我说：‘这个公司掌握很多资源，我们需要团结一致，我们要先深呼一口气，把事情运作的节奏调慢，而且要确保我们在正确轨道上前进。’”

“狂热的治理措施只能加剧公司的动荡。因为，第一，你的举措可能是错误的；第二，即使你的举措是正确的，也不会有人知道你到底要干什么；

第三，因为你还没有真正倾听过任何人的声音，那么，‘下车伊始’便‘乱砍滥伐’的举措无疑会损害你想与员工建立的关系。现在，如果你的现金流五六天以后就会‘断流’，比起你的资金还可以让你坚持九十天来，你采取的措施也要有所不同，这就是我称之为‘燃烧的平台’的问题。如果你正处于‘燃烧的平台’上，那么，你就没有多少从容的时间可供利用，所以，这种情形下你必须采取两个步骤，首先，你必须将你的管理团队召集到一起；其次，你要对他们说，‘伙计们，我们在做任何事情之前，我们最好先把大火扑灭，之后，我们再深吸一口气。’”

危机时期，你的客户可以成为你最忠实的盟友，但是，如果处理不当，或者误导、粗暴对待客户，他们也能很快变成你最凶恶的敌人。这就是亨利·沙赫特上任之后立即着手解决的问题。

“当我回到朗讯科技公司以后，”他说，“我把我的时间分成了相同的两半，一半用于与公司内部的同人们交流，另一半则用于与客户沟通。哦！老天！我的收获颇丰。朗讯科技公司的大约 10 个客户消化了公司 80% 的产出，他们都怒气冲天，因为朗讯科技公司做出了为他们的竞争对手提供产品支持的决策，在他们看来，公司完全忽略了他们的利益。我拿着笔记本找到每一个客户，对他们说：‘我需要知道些什么？’那种交流就像揭颈静脉——最致命的部位——上的疮疤。我和每个客户都要谈上四五个小时，甚至六个小时。最后，我说：‘我明白了。现在我还不知道如何答复你，不过，我很快就会回来的。’三星期以后，我又回到了客户那里和他们再度沟通，一个月以后，如法炮制，我又和每一个客户进行了深入交流。”及时与客户进行的这种交互式倾听、允诺和积极答复的过程平复了客户的怨怒，而且有助于为集中精力处理企业变革的其他事情创造稳定的外部环境。

阿德菲亚传播公司

威廉·施莱耶扑灭了 2002 年的另一场“公司大火”，那就是熊熊燃烧在阿德菲亚传播公司的烈焰。当公司的前首席执行官约翰·里加斯（John Rigas）和他的两个儿子被控欺诈公司，并将公司引向破产边缘的时候，这个全国第五大有线电视运营商成了公众瞩目的焦点。在连篇累牍的头版新闻背后，公司的运营状况也没好到哪儿去。按照最新的财务评价标准，阿德菲亚传播公司的表现处于业界的最低水平。“我对公司运营状况之差的震惊，不亚于我对那些犯罪指控的震惊。”2003 年 1 月，在被聘任为公司董事会主席和首席执行官之后不久，威廉·施莱耶在接受访谈时说。但是，他同时还宣称："把我引入到公司中来，就是为了治理公司，我的目标就是把阿德菲亚传播公司从破产的边缘完整无缺地拉回来。"

"在深重的危机中，最重要的议题就是要让公司镇定下来，以便新的管理团队能够将精力集中于企业运作和提升财务表现上面。"威廉·施莱耶说。他解释了他是如何确定公司的首要事务的，同时，他还谈到了自己保持沟通一贯性和持续性的重要。"首先，我们要得到15亿美元的贷款，以确保公司的运营。我们必须让所有的金融界'盟友'们确信，他们的资金投向我们是值得的。我们必须争取所有主要债券持有人、金融顾问、法律顾问、银行和债权人的支持，要达到这个目标，需要一次又一次地与他们会晤，我上任后，前三个月的大部分时间都花在了纽约，因为他们都在那儿。我每天工作15个小时，每周工作五天，每天一大早就和银行人士和债券持有人会晤，晚上，又和他们一起共进晚餐，以便让他们了解我们对自身的判断。我们告诉所有的人的情况都是一样的，更重要的是，我们还告诉他们，我们对所有人谈到的情况都是一样的，我们对他们一视同仁，我们和他们中的每一个人接触时所谈到的情况也都是始终如一的，而不是对不同的对象推出不同的'情况版本'，这种沟通方式让我们大受裨益，我们在金融市场中获得了很多信任。现在，所有的金融'盟友'都很尊敬我们，而且让我们放手去干，从而，我们赢得了更多关注企业绩效表现和将企业从破产边缘解救出来的时间，此外，我们的财务表现每月都在得到改善。"

对那些"空降"到正处于危机状态的组织的新领导者，威廉·施莱耶的建议是什么呢？"首先，你要尽可能地坦率，不要采用拖延战术，你要告诉人们你了解了什么情况以及你尚未了解什么情况。如果我不知道有关诉讼的事情，我会告诉他们我正在深入了解，这样做会为你赢得时间，因为人们知道你是诚实的，而且正在试图把事情做好。其次，不要设定不切实际的期望值，这一点也很重要，因为如果预期脱离实际，那么，你就必须要不断地向下调整，从而，不可避免地，你要花费很多时间来修复脱离实际的预期给组织所造成的伤害。"

与董事会的沟通

如果你是一位首席执行官，就像我们在第六章谈到的，你面临的另一个沟通难题就是与董事会的沟通。你需要建立一个与他们沟通的机制，就像新领导者需要适应其他情况一样，与董事会的沟通机制也需要根据具体情况做出调整。朗讯科技公司的亨利·沙赫特为新首席执行官提出了有效应对危机的可靠建议：

"如果我是一位来到正经历艰难时期的新组织的新首席执行官，我会和董事会'谈条件'。我会告诉他们，'我会及时告诉你们我们采取的每项措施，但是，与你们打交道并不是我现在面临的最重要问题，你们聘用我来领导企业并且给了我管理企业的授权，对此，我很感谢你们，现在，请给我一些自由发挥的空间。两三个星期以后，我会拿着公司运营情况报告再回到你们面前的，如果临时有其他事情需要商议，我们会在电话中交流。但是，现在，我最重要的盟友是公司里的同人，是我们的客户。'"

"自那以后，我在回到公司的第一年，我们召开了 51 次董事会议，但是，我们之所以如此频繁地召开董事会议是因为公司处于危机之中——每个季度我们都要损失 20 亿美元，所以，我每个星期五都向董事会报告我们的运营状况、我发现的问题、处于危机之中的议题、我对企业运营的评价以及我们马上要采取的补救措施是极为重要的。"

综合来看，亨利·沙赫特看似简单的建议和经历，为新首席执行官与董事会如何有效协同工作提供了很有价值的启发，就像我们曾经在第六章详细论述过的一样，他设定的期望值与他对企业首要议题的评估一脉相承，他没有轻易允诺什么，不过，他"超额"兑现了他的承诺，他让董事会对企业的运作状况了如指掌，他建立了与董事会坦率沟通的机制，而且这种机制尽可能给董事会以方便，尽管企业处于危机之中。所有这些措施都让董事会对自己聘任的新领导者充满信心。

与媒体的交流

当组织处于危机之中时，就领导者应该如何与媒体交流的问题，存在两种特点鲜明的倾向。一部分领导者认为，自己不应该对媒体隐瞒什么，就像我们前面谈到过的，如果你有什么坏消息，那么，你必须尽快把它发布出去，而且要立刻取得与他人的沟通，因为你的亲和力在艰难时期显得尤其重要。毕竟，当你与媒体谈到某些问题时，你可以借此机会告知外界你所面临的难题，此外，你还可以利用这种机会取得他人对你观点的认同。如果你在一家令人瞩目的公司担任领导职务，尤其是在企业处于危机状况时，无论你怎么做，媒体都会把你的情况发布出去，记者总是要做自己的工作的，无论你是否喜欢，他们都会照做不误。所以，人们通常认为，在危机情势下，直截了当地、始终如一地而且以事实为依据地与媒体交流不失为上策。

让人迷惑的是，亨利·沙赫特则处在相反的阵营中。在朗讯科技公司的危机期间，他回忆说："我根本不和媒体交流，也不与金融界沟通，我只是说，'目前，我无可奉告，你们可以找别人了解情况。'那时候，关于朗讯科技公司的文章连篇累牍，但是，你从来也找不到一句话是引述自我的，因为我从来也不和他们交流。我关心的'盟友'只有董事会、企业同人和客户。"

无论你是在与媒体、金融界、客户交流，还是和企业内部的员工进行沟通，你都要抵御描绘超出企业现实的"瑰丽的图景"的诱惑，你要时刻记住，你交流对象的态度是很认真严肃的，你要依靠他们实施你的战略议程，所以，你要以自己的直率、诚实和虚心的态度表明你对他们的尊重。

"你必须能够向他人清楚地表述公司的发展方向和愿景，但切记不要把自己置于这样的尴尬位置——承诺很多，但兑现很少，这是商界领导者所能犯的最严重的错误之一了。"鲍勃·纳德利忠告说，"不要试图让自己看起来更聪明，也许，你交上了好运，让你侥幸'得逞'，同样，你的自作聪明最终也可能让你无地自容。"

发送信号

沟通既可以通过清楚的外在方式完成，也可以通过隐含的方式来实现。外在的沟通方式是指通过备忘录、演讲、员工大会、公开的电子邮件以及诸如此类的手段，有意识地而且清楚地传递信息，而隐含的沟通，则是通过你行为中那些微妙的信号以及没有明确表述出来的语言来实现的。如果父母告诉孩子“按我说的做，而不是学我的样子做”，他们往往得不到预期的结果，同样地，沟通中的隐含信号也常常传达出更重要的信息。

作为新领导者，上任的早期，你说出来的和没有说出来的话、你问到的问题和没有问到的问题，甚至你的面部表情和手势，都会传达出某种特定的信息，当然，你穿什么衣服以及不穿什么衣服也会传达出特定的信息。

人们的着装方式所传达出来的完全是无意识的信息，但是，他人对此的反应则可以切实地度量出来。路易·郭士纳就讲到了他无意中发出“经典信号”的故事，那是他作为 IBM 公司的首席执行官上任后的第一天出席这个“蓝色巨人”管理会议的时候发生的故事。与会者是公司的 50 名高级管理人员，所有的先生们都穿着白色衬衫——只有郭士纳是例外，他穿了蓝色衬衫，与 IBM 的总经理们泾渭分明。当这群人几周以后再度坐在一起的时候，郭士纳回忆说，他穿着白衬衫出现在大家面前，他发现，其他所有人都穿了除白色以外的其他颜色的衬衫。路易·郭士纳的蓝色衬衫成了全国新闻，他后来说，他之所以穿蓝色衬衫是想传达出企业即将变革的明确信号。

IBM 公司高管层人员衬衫颜色的转换，比之其对公司战略的象征意义来，更具有企业文化的意味，但是，有些着装的信号则可能传达出很重大的信息。当保罗·普雷斯勒开始进入盖普服饰公司工作时，他就很郑重地将灯芯绒的裤子填充到了自己的衣柜里，这一行为具有特别的意义，因为衣柜中那些地方一直是阿米尼套装的地盘，此外，他还将自己着装的新动向在企业内部的互联网上公布出来。

当吉姆·麦克纳尼来到 3M 公司的时候，3M 公司也发生了类似的穿着变化，不过在 3M 公司，着装的信号是由公司员工发送出来的，吉姆·麦克纳尼一走进公司总部，就感觉到了信号的强烈。很久以前，3M 公司的 11000 名员工就不再穿套装系领带了，但是，公司高管层的着装风格依然还是笔挺的衬衫、商务套装和领带。这种反差对刚刚上任的首席执行官来说，就像“头版新闻”一样，颇有冲击力：它表明了高管层与员工的疏离状态。其后不久，人们从首席执行官那里了解到，他正试图修复管理层与员工之间的割裂状态，自此，正式的套装就像被扔掉的即时贴便笺一样，从高管层身上消失了。

恒康保险公司的首席执行官戴维·达历山德罗很喜欢颜色鲜亮的领带，这在保守、呆板的保险界多少有些不同寻常，他到任以后，同样看到了类似的变化——公司里，人们领带的颜色也都变得鲜亮了。

简言之，作为新领导者，你的每个行为都会被人仔细地观察、分析，因为你的既往行为不能供新组织的人形成对你的特定印象，所以，你来到新组织以后所发出的信号，哪怕是看似微不足道的行为，其效果都会被观察者“放大”。因此，沟通——无论是清楚的外在沟通方式还是隐含的沟通方式——在企业文化的变革过程中都会担当重要的角色，尤其是在你上任的早期。你的着装风格是正式还是随意，你是否准时，当你赴约或者出席会议时，你是否尊重他人的时间，你是喜欢使用电子邮件还是语音邮件，凡此种种，你的行为所发送出来的细微信息都会贯穿到整个组织中去，并对整个组织产生影响，从而，人们沟通的时候就会考虑到新领导者的好恶，而且会遵循新领导者喜欢的沟通新原则。

第一印象的数学模型

哈佛大学校长劳伦斯·萨默斯提出了一个模型，借以描述第一印象给他人带来的影响。他的见解可以帮助我们合理解释一个古老的谚语：**第一印象也是最持久的印象**。“人们会把对他人的印象进行‘平均化’处理，”劳伦斯·萨默斯说，“如果他们以前对你只有两个印象，那么，他们得到了关于你的第三个印象以后，他们就会把对你的印象分成平均的三部分。但是，如果他们迄今为止对你已经有了 96 个印象，当他们得到关于你的第 97 个印象时，你留给他们最后的这个印象就没有多大影响力了。”

在你上任后的第一个 100 天内，虽然选择你的衬衫颜色或者准时参加会议的行为可能远不如实施战略议程那么重要，不过，你在此间做出的所有决定都将表明你是否能够说到做到，所以，为了确保你的行为和你传递出来的信息相互一致，你必须时刻保持警觉，必须注意自己的决定是不是夸大了你传递出来的信息，会不会造成与你传递出来的信息之间的冲突。

妥善解决首要问题会产生奇效

对一个航空公司来说，没有什么比航班的硬件环境质量更能说明公司的运作状况的了。利奥·穆林（Leo Mullin）本能地意识到了这个事实，所以，他入主达美航空公司（Delta Air Lines）不久就承诺，要在 16 个月内，彻底整修达美航空公司每一架飞机的内部环境，这一举措为他赢得了“满堂彩”。

“我还记得我搭乘达美航空公司的航班去与董事会进行我就任前最后一次讨论时的情景，在机舱里，我发现我前排的座椅上有一个大口子，好像有人用刀扎的一样。之后，我环顾左右，我看到：机舱的地毯褴褛破烂，座椅七扭八歪，过道肮脏不堪。那种情况很清楚地表明，航空公司已经有三四年没往硬件环境的修整上花过钱了。当我注意听机组乘务人员和机场顾客服务部门员工与乘客的谈话时，我听到了他们语气中的真诚歉意，他们似乎在说：‘哦！让飞机看起来像个垃圾场，我们实在抱歉。’”

“做出承诺的时候我还没有完全意识到，不过，后来证明，那个承诺确实成了达美航空公司谱写新篇章的重要象征。我们的彻底整修计划表明，我们以后不会再让乘客坐那种破烂座椅了，我们真诚地想为乘客做些事情，那也正是我们存在的根本。这个行动具有很强的象征意义。事实上，实施这项计划的开销并不像人们想象的那么多。”

有问必答是错误的策略

有时候，即使你掌握了无与伦比的沟通技巧，即使你怀有最良好的愿望，你仍然可能在沟通中陷入困境。卡莉·费奥瑞娜在惠普公司就任的初期，这位声名显赫的商界女杰尽管以其高超的演讲技巧广为人知，但是，在一次非正式的见面会上，一个具有讽刺意味的缘由，不经意间引起了同人们的恐慌，按照惠普公司员工的说法，这个缘由就是：她有问必答。一位观察者说，面对别人的提问，她没有一次说过："哦！我还没想到这个问题。"或者，"现在，我还不能确定"。长期习惯于"苏格拉底式对话"的惠普员工们开始感到担忧，因为卡莉·费奥瑞娜看似并不想了解他们，不想了解公司的产品，也不想了解企业的运营程序。其实，卡莉·费奥瑞娜对公司以及公司的运营状况已经进行过非常深入的研究，以至于她找到了很多问题的答案，事实上，她的有问必答很可能是想让人们打消对她是否了解企业的顾虑。但是，她从不提出问题、对所有问题的答案永远胸有成竹的沟通姿态让惠普公司的很多人感到惊恐。值得庆幸的是，当这种恐慌情绪被反馈给卡莉·费奥瑞娜以后，她改变了自己的沟通策略，采用了更积极倾听的方式，同时，让自己善于沟通的先天禀赋结出了累累硕果。这个变化让她在企业中赢得了更多的信赖，在某些时候，还让她深化了对企业、企业面临的挑战和机遇的判断和认识。当惠普公司到了要并购康柏公司的决定性时刻，她已经在公司中获得了足够的信任，从而使她可以据此发动那场并购"战争"了。

在什么场合以及如何表达你的期望?

你所采取的行动，无论是大是小，都能传达出你的期望。很显然，搬迁公司总部的行动能够毋庸置疑地表明你和过去"决裂"的决心。但是，诸如每次开会前早到两分钟这种小事也能清楚反映出你的倾向。"这种行为说明，'我尊重你们的时间，也请你们珍惜我的时间，这是一个纪律严明的公司。'"美国维京移动通讯公司的丹·舒尔曼说。

你支配时间的方式在公司中可以充当指引变革的"巨大路标"。当郭士纳来到IBM公司以后，他说，他要把工作时间的50%花在客户身上。还有这样一位首席执行官，他就职的组织是众所周知的以自我为中心的"内视"型企业，首席执行官到任以后，他不断询问管理团队如何收集客户的见解和意见，得知公司目前尚没有这种信息沟通渠道以后，他责成管理团队，要立刻建立这样一个程序。

柯达医疗影像系统公司的首席执行官丹·柯沛敏，为了更切近地与一线人员接触，谢绝了为他在公司总经理办公区设立一间办公室的好意，这个行为不只简单表明了他要如何支配自己的工作时间。“作为来到柯达医疗影像系统公司的‘外来者’，我想从上任的第一天开始就让每个人都认识到，我信奉团队合作精神，而且我把自己已经当成了柯达医疗影像系统公司的一部分。”他说，“这样，比起稳坐首席执行官办公室来，我就可以与管理团队保持更紧密的接触了。对任何新领导者而言，尽早与员工接触都是确保成功的关键所在。这种富有象征意义的姿态可以让新领导者获益良多。”

花钱的权力

当威廉·施莱耶将财务支出的权力下放给下属的时候，实际上，他意在强调阿德菲亚传播公司发生的权力变革。面对这样一个拥有首脑决定一切的长期传统的公司，威廉·施莱耶下放了财务支出的权力，这一举措恰好触及了企业的痛处，因为它不单单只有象征意义，它还象征着变革的启动，象征着企业对员工日常工作的尊重。

“我想削减管理层到一线员工之间的管理层次，而且想把决策的权力尽可能下放到直接与客户接触的员工的层次。”他说，“这是一个重大的变化，我们把一个只有几个人做出决策的集权制组织，改造成了一个权力更分散的组织，在新组织结构中，地方分支机构就可以自行做出决策。有一次，我们想重建一个城镇的有线电视系统，负责工程实施的人要等待总部核准某项采购计划。我说：‘你们只管去采购吧，我为你们的盈亏负责，你们不必等待总部某个有 14 件事需要处理的上司的批准了。’在公司的一个数据传输项目中，有一位经理正在为不能从公司得到一种电子器件牢骚满腹。我说：‘如果你从公司内部解决不了这个问题，那么，你自己出去买吧，如果有必要，你可以从美国微波通讯公司（MCI）购买。我们会为你负责的，所以，你完全可以在一定范围内自己做决定。’”

把组织结构的重建当成沟通的手段

史蒂夫·班尼特对“扁平型组织”运作的高效率笃信不疑，而且他确信这种组织结构有利于职责的确定，有利于以客户为中心运营策略的实施，此外，他还信奉先倾听之后再重建组织结构的管理理念。但是，2000 年 1 月，当他成为直觉公司首席执行官的时候，他的这两种理念很快就产生了冲突。

“当我到公司就职的时候，我原想，在实施任何重大变革之前，要先利用三个月的时间了解公司情况。”他回忆说，“因为我不想让人们对变革行动只是下意识地、被动地做出反应。但是，不容忽视的事实是，当我在公司内巡查时，通过与管理人员和员工交流，通过我观察到的企业运作状况，我觉得有些变革已经很明显，必须马上实施了，所以，我到任以后的第五个星期就重组了企业的结构。”

“过去，我们公司一直以为推出优秀的产品就是一切，而不去关心客户的感受。我们完全以各个运营单位为中心，所有的客户服务和产品支持业务都隶属于特定的职能部门。但是，单独的部门并不能获取客户的所有感受，我的观点是，运作一个企业，你必须对终端客户的感受负责。”

“我刚到公司，”他继续说，“就去了亚利桑那州的图森（Tuscon），和那些为‘快克’财务软件提供技术支持的员工交流。他们给我讲了一个发生在加利福尼亚州芒廷维尤（Mountain View）的故事，芒廷维尤是维护‘快克’网站部门的所在地，在那里，我们的一位技术人员决定在 Quicken. com 上增加一个特色按钮，使用者可以通过点击这个按钮获取帮助。以技术人员的聪明和才智，他们很容易就增加了这个功能，但是，他们没有把情况告诉图森的同事们。第二天，图森的业务部门接到了 9000 个电话询问此事，当然，他们并不知道出了什么事情。而公司在芒廷维尤的技术人员的感觉则是：‘你们的服务出了什么问题?’”

“当我重组公司的时候，我就讲到了这个例子。我说：‘组织结构的重组并不能解决技术人员增加了新功能可没有告诉负责客户服务人员的问题，但是，结构的变革至少可以让我指定一个人对相关的工作负责，因为他可以使他人的工作首尾相连。’”

“那是一个强烈的信号。我采取的另一项措施是取消了高级副总裁这个管理层次。我一贯主张削减管理层次，管理层次就像运动衫一样，如果气温是20 度，可你穿着七层套衫，那么，你根本就无从知道气温的高低。我认为，在我和一线员工之间的管理层次越少越好，因为过多的管理层次通常都会降低组织的运作效率。以前，公司的运作是借助八个人的参与来进行的，他们之间的关系很好，各项工作大家轮流来做。如果你问他们，‘你的工作是什么?’他们会说，‘我们的工作就是协助比尔·坎贝尔（Bill Campbell，公司的前首席执行官和公司董事会现任主席）运营公司。’而不是具体地说，‘我的工作是这个、这个还有这个。’我把那八个形同虚设的职位都取消了，并让所有负责运营公司的人直接向我负责，从而，我的直接下属从八个人增加到了十五个人或者十七个人。当然，这种变化让所有的人都感到不解，‘你一个人怎么能管理十五个或者十七个直接下属呢?’但是，我的理论是，如果你有六个直接下属，那么，你会把所有的时间用于插手他们的工作，因为你没有其他的工作可做；但是，如果你有十七个直接下属，你最好要用人得当，因为你不可能‘看护’所有的人。所以，你要削减管理层次，要遴选优秀的人才，要告诉他们你的期望是什么，你要清楚自己如何为他们提供帮助，之后，你就可以放手让他们去干了。”

获取直接信息

就任新的领导职位以后，领导者面临的最令人惊奇的一个环节，就是汹涌而来的信息潮。很多人通过建立适当的沟通渠道来对抗信息潮的冲击，尽管这么做可能让领导者更好地支配自己的时间，同时，可以让领导者有效控制信息的沟通过程，但是，与一线形成直接的信息互动则可以给领导者在很多方面带来高得多的回报。当然，处理好这种获取信息的方式需要你投入更多的精力和更多的时间，但是，这些投入是值得的，它们可以让你从更高的威信、赢得的更多信赖和股东更积极的参与中得到回报。

2001 年 6 月，当加里·库辛成为金考公司首席执行官的时候，他就发现了获取直接信息的好处。“我上任以后的前 6 个月，我在公司分布在美国的全部 24 个区域市场都召集了全体员工大会。”他说，“参会人员最少的也有 150

人。我从中收集他们每个人的疑问，周末，我会去拜访上夜班的员工们。六个月之内，我拜访了350家商店，与公司2万名全体员工中的5000人进行了面对面的接触。”

“我总是直接与人交流，告诉他们，如果我们想生存我们必须做什么，我与他们的沟通不通过任何中间人。此间，我开始就两个星期以来我在巡回检查中的见闻、我们运作良好的方面以及我们在运作中尚需改进的方面等写成通讯，发往公司上下。我在通讯中坚持实话实说，这种方式让我从员工中得到了积极的信息反馈。”

与此同时，加里·库辛还鼓励人们向他直接反馈。“我把自己的电子邮件地址告诉了所有人，也就是说告诉了公司的2万名员工，我对他们说，‘请让我了解情况’。你猜怎么样？他们每天通过差不多150封电子邮件真的让我了解了很多情况。我对人们的意见和建议的积极反应成了公司的美谈。”

“我可以给你举个例子，”他继续说，“堪萨斯一个做技术工作的家伙给我发了封电子邮件，那绝对是我看过的最令人厌恶的邮件，但是，他的信中有一个非常好的新设想。他的邮件的中心要点是，‘这个公司根本不听取公司建设者的意见，但是，如果我们发现了一个明智的管理策略，我们为什么不自行实施呢？’我恰好有机会去堪萨斯，所以，我走进了他工作的商店，向他做了自我介绍，我原以为他会当场晕倒的。随后，我说，‘我们一起喝杯咖啡吧。’之后，我们一起坐下来谈了谈。自那以后，我们把他的思想贯彻到了公司运营过程中，因为我们确实应该那么做。”

“作为领导者，你必须从一线员工那里直接获取他们对公司的见解，获取他们对公司需要如何运作的看法，我怎么强调这种获取信息方式的重要性都不过分。如果长期安居于像‘象牙塔’一样的工作环境中，不能深入到一线清楚把握问题的主旨，领导者的思想就很容易变得非常狭隘。上任以后的第一个100天就像政治选举一样，在此期间，你必须要赢得‘选民’们的拥戴，必须要切实了解他们的想法，如果你只是和企业咨询顾问机构安坐在会议室讨论，你当然不可能‘赢得大选’。”

※ ※ ※

沟通是领导力的核心议题，实际上，也是所有人类行为的中心议题。作为领导者，在你上任以后的第一个100天内，沟通的效能会被“放大”，所以，你需要谨慎对待，而且要经常进行沟通，沟通的过程需要你积极地倾听，需要你根据自己的沟通禀赋和具体情况调整沟通的方式和手段，需要你给予直接反馈、获取直接反馈。沟通有助于战略议程和企业文化变革议程的实施；新领导者上任之初所面临的最常见的圈套会威胁到新领导者行使职能，而沟通则能帮助你避免陷入这类圈套，这也正是本书下一章的中心议题。

小　结

领导者有效沟通的十个指导原则：

1. 了解你的受众，以便根据他们对接收信息的准备程度、根据他们的关切所在，有针对性地调整信息内容和沟通方式。
2. 通过讲述动人的故事将你的观点赋予情感色彩。
3. 有效的沟通远远不只是发布信息，沟通的过程更是一个不断平等交换意见的过程，是一个在形成结论之前持续进行的探究、消化吸收以及适应人们思想的对话过程。
4. 在各种沟通平台利用各种形式进行沟通，以强化你的沟通效果，同时，这样操作还可以将你投入到沟通中的时间效益最大化。
5. 沟通是与企业文化的“亲密交融”，所以，适应企业的语言和约定俗成的表述方式，或者将一套全新的而且得到各方认可的共同语言引入到组织中来，将有助于企业文化的转换。
6. 你需要清楚自己最适合在什么场合下沟通——是面对广大的人群发表慷慨激昂的演讲，还是在小群体内进行交流——并据此发挥自己的长项。
7. 在危机情形下，你要尽可能快地将信息发布出去。承认你们所面临的挑战和困境有助于你赢得信赖，之后，你要在动荡的局面与员工对稳定的深层次渴望之间充当“缓冲垫”。
8. 要对自己传达出的信息保持警觉。上任的早期，你的每一个行为都会被人近距离地观察，你所传递出来的信息，无论是通过清楚的外在方式传递出来的信号，还是通过诸如你的着装风格、你的时间安排方式、你使用的沟通模式甚至你构建的组织结构等隐含的方式表露出来的信息，都会在企业文化的转换中直接担当角色。

9. 有问必答是错误的策略。人们需要看到你在倾听他们的声音，看到你在消化吸收他们的信息，如果你不能从滔滔不绝中停下来提出问题，不能将搜集到的更多信息整合到你的决策中去，你就会丧失威信，并失去他人对你的信任。

10. 要从一线获取直接信息，尽管这么做会花费大量的时间，但是，你可以从你更高的威信、赢得的更多信赖和股东更积极的参与中得到数倍的回报。

第八章

抵御诱惑
——新领导者容易陷入的十个圈套

多年以来，娱乐明星和体育明星吸引了公众的很多注意力，麦当娜、布兰妮、奥普拉·温弗瑞、大鲨鱼奥尼尔以及泰格·伍兹自不必待言，人们能够马上就认出他们来、对他们耳熟能详就是证明。但是，过去十年来，很多商界人士，或者因为他们的显赫声望（杰克·韦尔奇、沃伦·巴菲特、比尔·盖茨，当然还有唐纳德）[唐纳德·特朗普（Donald Trump），美国亿万富翁，地产大亨。20岁刚出头就成为拥有20亿美元的巨富神童。唐纳德·特朗普被称做是美国最招摇的富翁。——译者注]，或者因为他们的声名狼藉[玛莎·斯图尔特（Martha Stewart）、伯尼·埃博斯（Bernie Ebbers）和丹尼斯·克茨洛斯基]，也加入了这个声名远扬的阵营。[玛莎·斯图尔特：被认为是美国的女强人，被称为美国的“家政大王”。有人认为她是美国优雅生活的代言人，她的成名作《玛莎·斯图尔特生活》（*Martha Stewart Living*）一书曾经影响了一代美国人的生活，后来因为股票交易问题受到指控，并经历了5个月的牢狱生活。伯尼·埃博斯：美国世通公司前首席执行官，已被判25年监禁，罪名是他一手策划了美国历史上最大的会计欺诈案。丹尼斯·克茨洛斯基：泰科国际公司前首席执行官，丹尼斯·克茨洛斯基在即将受到偷逃销售税的指控之前辞去了领导者职位，他和公司的首席财务官被控从公司获得了6亿美元的非法收入。——译者注]

或许，人们对此已经习以为常了，我们不妨想象一下这样的情景：

晚上11:45，哥伦比亚广播公司（CBS）的电视频道，大卫·莱特曼（David Letterman）大声叫着：“女士们，先生们，今晚我们要为您献上一个特别节目。根据我们前线记者对嫌犯的长期追踪报道，通过我们对庭审过程的跟踪以及对全国多个秘密董事会议的探查，我们今晚即将推出'十大陷阱'——也就是让首席执行官一败涂地的十大缘由。"

当然，这种场景难免有哗众取宠之嫌，但是，事实上，新领导者败北的种子就是在他们上任后的第一个 100 天内种下的。本章的目标就是为新领导者辨识并帮助他们避免陷入那些最容易陷入其中、最容易在其中落败的圈套，从而让你不但可以在上任后的第一个 100 天奠定确保未来成功的基础，而且还可以让你为接下来的 100 天以及其后的很多个 100 天积蓄力量，并帮助你完成终极目标：持续的卓越表现。

如果说我们在本书第一章到第七章论述的内容是新领导者为取得长期成功需要遵循的行为准则的话，那么，反过来也一样：在你上任后的第一个 100 天内，你也可能错失此间呈现在你面前的良机，并为未来的失败埋下隐患。事实上，就像持久的成功不可能在上任后的第一个 100 天内就出现一样，决定性的败局也不可能在此期间出现。尽管很多领导力的崩溃在不时出现的优秀表现的点缀下看似是突然之间发生的，但是，我们在这里可以借用一个比喻的说法：水在沸腾之前其实已经被加热很长时间了。所以，新领导者在其上任后的第一个 100 天内，需要对那些会产生长期负面影响的领域保持清醒的认识，需要谨防败北的种子在上任后第一个 100 天的肥沃土壤中生根、发芽。

那么，什么是产生长期负面影响的领域呢？达特茅斯塔克商学院（Dartmouth Tuck School of Business）的教授和作家希尼·芬克斯坦（Sydney Finkelstein）为完成具有开创意义的《为什么聪明的经理人会失败》（*Why Smart Exectuves Fail*）一书，对领导力失败的课题进行了最深入的研究。按照希尼·芬克斯坦的说法，真正的失败——也就是"蔚为壮观的失败"——是经理人一系列（准确地说，是七个）破坏性行为带来的直接后果：

1. 他们把自己以及自己管理的公司当成了他们所处的竞争环境的主宰，即使这种判断远离现实。
2. 他们把自己完全等同于他们管理的公司，以至于人们看不出他们的个人形象和利益所在与企业的形象和利益所在的清楚界限。
3. 他们认为自己拥有所有问题的解决方案，他们常常给人留下这样的印象：他们能快速而果决地处理重大问题。

4. 他们认为，所有的人都应该100%地支持自己，他们会毫不留情地剔除“与自己持不同意见者”。
5. 他们是公司完美的代言人，痴迷于管理公司的形象和自己的形象，通常把大部分工作时间用于形象管理。
6. 他们低估企业发展所面临的根本性障碍的严重性，只是将其当做暂时的干扰移除或者索性回避。
7. 他们顽固地依赖自己曾经灵验的管理方略，固守那些最初为他们带来成功经验的战略和战术。

大部分领导者的失败都不是源于人们最经常归咎的原因，比如，缺乏才智、动机不纯、不诚实以及缺乏领导能力，等等。绝大多数高级经理人都具有领导公司战胜企业不可避免要面对的挑战的才智、能力和经验，结果表明，某些“软”问题，比如，沟通的不利、不能将各方面预期统一协调起来、对他人拥戴的渴望以及自己必须成为企业“救世主”的虚妄观念，给领导者造成的恶劣影响，常常比“真正的敌人”（比如，缺乏才智、动机不纯、不诚实以及缺乏领导能力，等等）要严重得多，尤其是在新领导者上任的早期。

在《为什么首席执行官会失败》（*Why CEOs Fail*）一书中，戴维·达特里奇（David Dotlich）和彼得·凯罗（Peter Cairo）论述了11个性格特点，他们的研究表明，这些性格特点可以使人们的职业生涯发展轨道发生偏离。他们肯定地指出，傲慢自大、谨小慎微、反复无常和通俗闹剧式的管理作风都可以引发领导力的失败。不过，在我们进行的研究中，我们的兴趣所在是发现新领导者上任初期最容易犯的错误，他们的错误是上述性格特点产生的结果。

在进行访谈的过程中，我们让首席执行官们和董事会成员确定他们上任早期最经常面对的两难处境，同时，我们还让他们谈谈此间受到的强大诱惑。我们不但访谈了首席执行官群体中的最成功人士，我们也与那些表现不尽如人意的领导者进行了交流。我们还将这个过程与研究经理人失败课题的其他相关研究成果相结合，从而总结出了新领导者上任初期最容易犯的错误。

新领导者面临的很多圈套是相互连接的，比如，我们稍后还要详细论述的“皇帝的新装”综合征。当你创建的是一个让人们屈从于威胁的沟通环境时，因为人们缺乏给你诚实反馈的勇气和信心，那么，你就不能做出集纳了各方信息的决策。在媒体面前以及在华尔街分析家面前，想让他们把你当成出类拔萃领导者的渴望——甚至是需要——可能导致你为企业设定不切实际的预期，而这样的预期则会迫使你透支未来，以满足目前的运营需要。

好了，我们闲言少叙，还是一起来讨论新领导者面临的十大圈套吧！一旦我们发现并标注了圈套所在，我们希望你能避免陷落其中。

1. 设定不切实际的预期

"对新领导者而言，最普遍的诱惑莫过于想尽快完成很多事情了，以至于他们常常大夸海口，迫使自己承担过多的责任。"GlobalSpec 公司的杰夫·柯里恩说。

设定不切实际的或者不能完成的预期目标，是对新领导者最有诱惑力而且也是最普遍的陷阱。新领导者之所以常常设定不切实际的预期，往往是因为他们所承负的现实压力使然，人类共有的人性缺点驱使他们要给更高权威——董事会或者老板——以及媒体留下深刻的印象，要向他人表明，现在，他们是头儿了；有些高级经理人则怀有隐秘的梦想——有朝一日要成为《财富》杂志和《商业周刊》的封面故事主人公；有些经理人只是想正当地激发组织的能力，他们设定过高的预期是基于这样的信念：制定艰难的目标可以激发出企业更好的表现。经理人经常觉得，如果他们强制推行过度延展的目标，并且嘉奖那些完成目标的经理，同时，处罚那些没有完成目标的经理或者索性让他们走人，那么，他们就可以取得他们渴望的增长目标（或者取得他们已经承诺了的目标）。

可问题是，如果你将这些过度延展的目标转化为预期，那么，它们就会成为考核你和组织的基准。如果这些目标并不是植根于企业面对的市场现实和企业的地位制定出来的，那么，企业就会产生严重的问题，令人窒息的压力会导致人们为完成本季度的目标"无所不用其极"，甚至不惜牺牲企业的长期利益。

这种压力常常成为引发严重问题的渊薮，比如，"折扣批发"问题，当吉姆·基尔茨接手吉列公司的时候就遭遇了这个问题；比如，"企业年收入确认"问题，这个问题成了桑杰·库马尔（Sanjay Kumar）2004 年 4 月被迫离开冠群电脑公司（Computer Associates）首席执行官宝座的加速器。

我们认为，杰夫·柯里恩在这一点上是正确的，他谈到，设定不切实际预期可能得到的最好结果是：“你发现，你必须成为‘超人’，你必须为企业的优秀表现殚精竭虑，但是，很可能，你管理自己生活的方式，以及管理企业的这种节奏和方式，是不可能持续下去的。”

当然，并不是设定了不切实际预期的公司都会“终结”于破坏性的行为，但是，领导者的领导力确实会因此而削弱，而且还会催生出不健康的企业文化。如果没有完成预定的目标，领导者会再次设定，这么做或许并无大碍，却会引发员工的消极反应。杰夫·柯里恩警告说：“如果你落后于预期的目标，而你又必须再度设定新目标时，你就不得不调用自己的政治资本了。”

由不切实际的预期引发的更严重问题还可能葬送你的工作。让我们一起来看一看德尔克·贾格尔的例子吧，他原是宝洁公司的一位总经理，1998 年 9 月，被聘任为公司首席执行官。他之所以获得董事会的首肯，得以从备受拥戴的约翰·佩珀手中接过首席执行官帅印，是因为人们认为他拥有引领这家全球最大的消费品公司快速增长的能力。不幸的是，德尔克·贾格尔在宝洁公司的首席执行官生涯有一个很“不吉利”的开端：他被任命为公司首席执行官那天，公司股票的价格应声下跌了 10%。然而，让他“在劫难逃”的，是他一直未能兑现他做出的关于收入增长和利润增长的多次承诺。德尔克·贾格尔继上任后的第一年没有完成预期目标之后，2000 年年初，他又以第三季度的利润水平将低于预期的预告让投资者和分析家们惊恐不已，公司股价立刻暴跌 30%！在随后举行的新闻发布会上，德尔克·贾格尔信誓旦旦地承诺：“我们不会再让你们失望了。”但是，2000 年 6 月，他不得不再次告诉投资者，第四季度的赢利预期低于上年的同期水平，从而，导致投资分析家们将公司第四季度的利润增长预期调低到了 16%（他们最初曾经预期 22%）。剩下的事情就是顺理成章的了，经历了三次重创之后，德尔克·贾格尔结束了自己在宝洁公司只持续了 17 个月的首席执行官任期。他的职位被 A. G. 雷富礼取代，A. G. 雷富礼上任之后，一直保持着达到或者超过各个时期预期目标的记录。

我们再来看看其他一些不切实际的预期给企业带来毁灭性打击的例子。朗讯科技公司的前首席执行官理查德·麦克金因为其过度乐观的增长故事而“声名远扬”。每当他对外发布了企业增长预期之后，他都要给已经很“虚弱”的企业施压，以完成目标，尽管通信设备行业已经“山雨欲来风满楼”。

在他的统领之下，企业运营的根本发生了越来越严重的偏离，以至于他的个人信誉丧失殆尽，至此，他的增长故事也宣告完结。为了复兴朗讯科技公司的赢利能力，他不断做出新的承诺，但反复流于失败，终于，早就心存不满的董事会对他失去了耐心，并迫使他于2000 年年底辞职。

理查德·麦克金的正式继任者（在过渡首席执行官亨利·沙赫特之后任职公司首席执行官）帕特里夏·鲁索则与理查德·麦克金形成了鲜明的对照，她始终确保绝对客观地评估企业的运作状况，并且一直坚持制定适当的运营目标，以此来恢复企业的信誉，无论她制定的目标看起来多么乏善可陈。她更为脚踏实地的运营策略让企业的运营预期既合理又现实可行。当帕特里夏·鲁索成为首席执行官之后，就像 IBM 公司的路易·郭士纳一样，她认为，朗讯科技公司的最后需要才是一个大胆的企业新愿景，当前的重点是生存。帕特里夏·鲁索认识到，2002 年的朗讯科技公司所面临的中心议题，并不是什么宏伟瑰丽的长期愿景，而是如何引领企业度过那段史无前例的艰难时期，度过本行业那段完全出乎预料的急剧衰退期，无论从深度还是从持续时间来说，那次衰退都是空前的。当时，企业所面临的挑战和当务之急是如何让公司经受运营状况持续低迷的考验，同时“脱生”为一个更精干、更强壮并有能力持续创造价值的公司。在风雨飘摇的行业环境中，帕特里夏·鲁索向公司员工传达出了这个简单但强大的信息：“在这个艰难时期，我对朗讯科技公司的希望就是引领它渡过难关，使公司成为一个更强壮、更精干而且更关注客户的企业。”这个简单的信息让她赢得了朗讯科技公司留下来的 62000 名员工的支持，也使他们承担起了复兴公司的职责。与此同时，通过虽然痛苦但势在必行的大规模削减成本行动，通过对资产负债表的出色管理，通过对生产线的合理化改造，通过对客户的更专注服务，帕特里夏·鲁索的变革策略让她赢得了将企业拉出市场困境的时间，使公司再度成为虽然规模较小但市场定位更为准确的企业。

那么，你如何才能避免陷入设定不切实际预期的圈套呢？“避免陷入这个圈套的最好方法，”吉列公司吉姆·基尔茨说，“就是告诉组织，你知道外界如何看待我们组织，但是，不要马上提出自己的解决方案，这样，你就可以向人们传达出这样的信息：你已经了解了组织的状况，同时，在你觉得还没有成熟解决方案之前，你可以不必马上提出解决方案。”当吉姆·基尔茨来到吉列公司的时候，公司已经 5 年没有完成企业经营目标了，而且连续 14 个季度都没有完成预期。吉姆·基尔茨总结道：“我们决定，直到我们准备充分之前，我们不会和分析家们接触，这个准备过程花了四个月的时间，这么长时间的‘沉默’对华尔街来说可够受的。”

你还要记住，设定适当的预期是很棘手的事情，是需要精妙“平衡术”的行为，尤其对一个新经理而言。“如果你总是不能完成设定的目标，人们会认为你的目标脱离现实。”百事可乐公司的首席执行官史蒂夫·雷蒙德说，“但是，如果你的目标设定过低，比起过高的目标来，情况还要更糟。如果你设定的目标低于组织认为自己可以达到的水平，你会让那些极具潜能的人大失所望，因为他们想取得更优秀的成果。”

简言之，你要清醒地意识到，尽管预期的设定是你领导职责的重要组成部分，不过到头来，你设定的预期是否得当还要靠结果来检验。“当你对公司状况的客观评估和变革的进程进行了充分而有效的沟通以后，你为组织设定的预期应该就是得当的。”西尔斯公司的首席执行官艾伦·莱西说，“如果人们认为你设定的预期目标过低，那么，你的目标可能就是太保守了，所以，你需要及时修正。只要你设定的预期足够大胆、足够有超前意识，同时，时刻让人们了解到企业的现状以及企业的发展方向，那么，你的预期设定工作就应该做得足够好了。”

2. 要么草率决策，要么瞻前顾后、裹足不前

上任后的第一个100天内，你的“重拳”之一就是实施大胆的行动，而付诸行动的频度常常比你预想的还要快。如果你采取的行动是得当的，当然很好。“如果你可以迅速解决某些问题，当然再好不过了，你应该乘胜追击。”西尔斯公司的首席执行官艾伦·莱西建议说。但是，如果你只是为了行动而行动，或者，如果你在行动条件尚不成熟的情况下贸然行事，无疑将事与愿违。艾伦·莱西补充说：“如果你不能兑现承诺，或者，如果你不知道应该如何采取行动，那么，你千万不要自作聪明，不妨花些时间弄清事情的原委，不要草率做出承诺，因为修正错误的成本会非常高。”

与草率行动相对应的是瞻前顾后、裹足不前。目前的企业运营环境自然需要领导者三思而后行，摩拳擦掌的全新董事会、聒噪不止的股东、时刻保持警觉的立法机构都对经理人虎视眈眈，领导者必须反复分析企业所面临的

潜在竞争威胁、新技术发展动向、企业的现金流状况以及供应链是否会中断，等等，因为这些因素都可能导致领导者一败涂地，这也是为什么作为领导者必须有绝对把握的时候才能做出决策的原因。

但是，过度谨慎也会诱发严重的问题，瞻前顾后会让企业延误发展良机，而且会让人们觉得领导者惧怕风险。因为担心做出错误的决策，你可能会“再研究研究”，可能试图得到更多的资源，或者可能想获取更多的信息，以确保万无一失。但是，等你得到了“完美”解决方案的时候，情况可能已经变得面目全非了，或者解决问题的机会已经消失得无影无踪了，从而，你的谨小慎微可能导致你力图避免的更严重的错误发生。

试图寻求完美解决方案的倾向和草率做出判断一样，都是新领导者面临的很有诱惑力的圈套。尽管我们极力主张领导者要积极倾听，要多方收集信息，但是，你不能因此而耗时过长，不能无限期地推迟艰难决策的出台，你必须在“猎物”还没有跑掉的时候“扣动扳机”，尤其是当公司处于危机状况时。“如果你不能快速实施变革，虽然企业可能还不至于‘毙命’，不过，伙计，你会因此而步履维艰。”埃德·布林说。2002 年，当埃德·布林临危受命的时候，泰科国际公司正处于罕见的危机状况中。“尽可能快地收集信息，不过，不必担心你还没有了解到全部事实，事实上，你永远也不会得到全部事实，只要了解到自己觉得足够的情况就可以了，之后，做出决策，并付诸实施。围坐在一起坐而论道，反复分析、再分析，处于危机之中时，人们更容易犯这种错误。”

大部分新领导者都希望抓住时机，都想在企业处于困境时当机立断地做出决策或者做出承诺，但是，“早产的”自信和过度的承诺一样危险。“高级管理团队成员会反复检测和考验你的承诺和决策。”杰夫·柯里恩说，“所以，你要抵御冲动性的诱惑，在没有事实作依据的时候不要轻易承诺什么，你应该让你自己看起来有些‘琐碎’，不妨这么说，‘这听起来是个好主意，不过我刚到公司一个星期，所以，我想，我还得仔细考虑考虑，不过，你们只管把你们的想法说出来’。在上任之后的第一个 100 天期间，甚至在其后的日子里，你总是有机会回头再考虑有关的议题的，而且可以对其再做调整，但是，你一旦做出了承诺又不能兑现，那么，不可避免地，你会给组织和他人带来损害。你手里只有这么多‘王牌’，所以，不要把它们浪费在冲动性的行为上，尤其是在上任的早期。”

我们总是对这样的领导者推崇备至：在动荡的环境中，他们可以游刃有余地同时处理多项危机，他们可以将重大议题驾轻就熟地把玩于股掌之间，他们在一分钟内可以做出十几项决策，他们只要花上几秒钟的时间就能抓住那些别人百思不得其解的复杂问题的主旨……不过希尼·芬克斯坦说，这完全是“幻象”，是骗局。

领导者如果过快地解决企业的重要议题，那么，他们解决非主流议题的机会就会受到制约。过快解决问题的最危险陷阱之一，就是领导者无法从管理团队的其他成员那里获取足够的信息，这样，你不但要面临获取信息不足的风险，而且你还剥夺了他人参与管理的权力。“在倾听他人的声音之前做出决策或者形成定论几乎是致命的错误。”亨利·沙赫特说，“在危机状况下，我认为，过快地决策会加剧问题的严重性，而不会得到更可靠的解决方案。即使最终你回过头来做出了与最初决策完全一样的决策，不过，这种决策过程的重要性并不亚于你的决策结果。”

在收集信息和反馈的同时，你要相信自己的判断力，自信可以最大限度地提高你及时做出正确决策的胜算，所以，你既不能草率下结论，也不要优柔寡断。

3. 自以为无所不知

上任早期，新领导者面临的另一个陷阱就是认为自己无所不知。惯于草率做出决策的领导者通常是那些对自己判断的正确性笃信不疑的人，他们觉得自己无须借助其他信息就可以做出正确决策。但是，实际情况是，刚愎自用的领导者常常并不能意识到自己的无知。不能认识到并承认自己并没有所有问题的解决方案——你也几乎不可能拥有所有解决方案——那么，自然而然地，你就将其他新观念拒之门外了，此外，你也失去了获得那些可能会让你有新发现、可以让你制定出新解决方案的宝贵信息的机会。

自以为无所不知还会不可避免地很快导致领导者与同事和员工的疏远。他们会觉得你是“拍脑袋行事”的人，是感情用事的人，是难以相处的人，而且会觉得与你共事不可靠。我们认识的一位高级经理人用一种令人难以料想的方式管理一家广受赞誉的全球知名企业，按照管理团队资深成员的说法，他“一定要在任何会议开始后的五分钟之内就向与会者证明，他是会议室里最聪明的人”。

匆忙下结论所导致的更严重问题是，你会为此陷入“过度承诺但不能兑现”的恶性循环，就像我们前面描述的第一个陷阱一样。“如果你在新职位上不过只是工作了一两个月，那么，你就不太可能完全了解企业的真实运作状况。”杰夫·柯里恩说。

即使是那些从企业内部提拔上来的领导者，或者曾经在本企业工作过的领导者，也要三思而后行。2002 年 1 月，当帕特里夏·鲁索再度来到朗讯科技公司的时候，应该说她对企业已经很了解了。毕竟，她职业生涯的大部分时间是在朗讯科技公司和其前身美国电话电报公司（AT&T）度过的。即使算上她在柯达公司担任总裁和首席运营官的 10 个月时间，她离开朗讯科技公司的时间也不到两年。“当我回到朗讯科技公司的时候，我有意识地假设自己对企业一无所知。”帕特里夏·鲁索说，“很显然，我的这种态度让很多人大感意外，他们本来以为我刚一到任就会发号施令的。但是，我认为，在对企业的哪些方面已经发生了重大变化、哪些方面基本维持原状做出我自己的判断之前，我能做的，就是有意识地保持沉默并积极倾听。经过了这个阶段之后，我才将管理团队召集到一起，共同研讨企业的运营状况，并最终共同确定了我们的五大首要议题。”

因此，你要谨记一个关键点：将自己上任后第一个 100 天时间的大部分要用来倾听，而不是用于宣讲；要用来学习和了解情况，而不是用于说教；要用于观察，而不是匆忙下结论；要用于收集信息，而不是用于传播你自以为是真理的东西。

4. 和过去的“光荣”藕断丝连

莎士比亚说，过去只是序幕。但是，很多领导者之所以在上任早期就遭受了挫折，是因为他们还在活灵活现地表演着过去。那些过去曾经受到系统培训的领导者，以及那些依靠自己的声誉在市场领先的公司中平步青云的领导者，经常流露出对过去的“依恋”，有时候，他们并没有意识到自己流露出了那种倾向，他们只是频繁地谈到过去，这种行为给人留下这样一种印象：他们的前雇主比目前的新雇主更优秀，或者让人们觉得，他们为就任目前的职位感到懊悔。新领导者的这种行为和心态会把自己与新组织割裂开来，会让新组织的人感到厌烦，从而制约他们上任后第一个100天有效开展工作的能力。

对过去地位和身份的依恋可以从很多方面表现出来，不过，无论是哪种表现方式，都会产生消极影响。有些领导者会把他们以前办公室的装备悉数带到新公司中，让人们觉得他们的新办公室更像一个“散发着腐朽气息的王陵”，从而心生厌恶。一家大型传媒公司就发生过类似的事情，一位曾经在白宫任职的人来公司担任高级经理职务，下属们挖苦他说，除非坐在他与一位美国总统握手或者他与一位外国元首握手的画像前，否则，这个新头儿浑身都觉得不自在，虽然不过是个笑话，但背后却隐藏着真实。在这个例子中，下属们的评论表明了他们是如何看待他的——善于自我炫耀的、充满对权力和声望渴望的机会主义者。上任不到一年，他就被迫离开了公司，这个结果并不让人觉得奇怪。

最后转化为有利影响的例子，是艾伯森超市连锁店的首席执行官拉里·约翰斯顿，他在这家价值高达350亿美元的“王国”任职两年以后，《华尔街时报》的一篇文章写到，他的办公室就像他在通用电气公司工作29年取得的成就的纪念馆：他的办公桌后面是一张装裱精美的杂志广告，广告吹捧的是通用电气公司一个医疗设备企业，他曾经帮助那个企业起死回生；办公室里还有一张他正在通用电气公司颁奖宴会上微笑着的照片，等等。尽管拉里·约翰斯顿的办公室布置方式很常见，而且也可以理解，不过，对前雇主的赞美还是在某种程度上触怒了艾伯森公司的员工。听到这样的反馈以后，拉里·约翰斯顿很注意在谈话中尽量不要再反复提到通用电气公司，不久，他谈到通用电气的情形就显著减少了。

比你如何布置办公室更重要的，是你如何借鉴你在以前公司中获取的经验，如何将他们按照目前的独特环境、文化、语言和企业的运作方式进行有针对性的调整。当然，你之所以在现企业中位高权重，很大程度上得益于你以往的优秀表现，为此，你才被安置到目前的新领导职位。但是，如果在新组织中照搬照抄你在以前的组织中屡试不爽的管理程序和管理语言，一定会让你从新职位的宝座上跌落下去。

为了佐证这个观点，我们可以看看这个例子：我们曾经说过无数次从那些非常知名的“学院派公司”——比如，通用电气公司、百事可乐公司、宝洁公司和美国运通公司——聘用新首席执行官的风险。很多公司的董事会和负责公司首席执行官聘任工作的经理不愿意从这类公司直接聘用首席执行官，而更愿意聘用这类公司经理人的前搭档，因为这些人已经离开了这类公司并在其他公司工作过，所以，他们把老方法全部带到新组织的可能性和意愿都要小些。

没有落入这种圈套的领导者就是丹·柯沛敏，他在通用电气公司工作了17 年以后离开了公司，并成了价值 24 亿美元的柯达医疗影像系统公司的总裁。他对通用电气公司给他的潜移默化影响非常留意，并尽最大可能避免把这种影响带到新公司来。

“我向自己保证，我提到通用电气公司的次数一星期不能超过一次。”丹·柯沛敏说，“上任的第一个星期，我允许自己多说几次，因为我知道，人们会提出与通用电气公司有关的问题，但是，自那以后，我一直信守自己的诺言。我不想成为通用电气公司的什么人，我就是我，是丹·柯沛敏，而且我想尽快成为柯达公司的一员。我向人们逐渐灌输我对柯达公司的信心：我谈到柯达公司无与伦比的研发能力，谈到我们的知识财富，谈到我们的全球化品牌，谈到我们在医疗诊断成像领域的百年传奇。我花了很多时间向人们传达出这样的信息：我非常尊重柯达公司，而且我并不想把柯达医疗影像系统公司‘克隆’成通用电气公司。”丹·柯沛敏的这些行为大大激发了柯达医疗影像系统公司管理团队的深深自豪感，并一直保持到现在。

生活在过去的另一种方式就是陷入前任的传奇故事中不能自拔，还有一种方式就是，新领导者完全沉溺于前任留下来的财务计划和企业战略中，不能尽快摆脱它们的影响。前任留下来的财务计划是最有破坏性的，杰夫·柯里恩告诫说。“不要陷入采纳他人预算的圈套，”他说，“即使董事会向你施压，要你固守某项财务计划。你需要用几个月的时间自己评估制定预算的前提，预算是假设的产物，需要深思熟虑地制定。你需要花些时间认真考虑预算的制定标准，需要仔细考虑推动企业发展的驱动因素，之后，你还需要花些时间考虑必须投入的人力资源和物质资源情况。你可以让自己对董事会做些让步，”他总结说，“你可以暂时牺牲自己的一点威信。如果知道你想搬用其他人的预算，连上帝也会阻止你的。6 个月以后，当你拿出深思熟虑的预算案时，董事会早就忘了你曾经‘拂逆过他们的好意’了。”

5. 炫耀“皇帝的新装”

我们都知道那个皇帝的故事，他声称他有一个用“虚无”织成的华美袍子，当他在朝中煞有介事地展示他的“华服”时，没有一位大臣敢于表示异议。只有当这位皇帝走出宫殿，向公众炫耀他的“锦衣霓裳”的时候，才有一个小男孩脱口说出了事实，这个孩子惊叫道：“可是皇帝根本没穿任何衣服呀!”

其实，“皇帝的新装”式的昏热病可能发生在任何企业，可能发生在任何领导者身上。我们经常见到的事实是，你在组织中的职位越高，人们越不可能向你直言相谏。如果你身居高位，你的见解会变得“更深刻”，你讲的笑话也会“更有趣”，人们通常会觉得你就是“智慧的源泉”——至少当人们站在你面前时，他们会表达出这种赞美。但是，这种隔绝状态会导致领导者对自己的判断失真。

更糟糕的是，与他人之间的隔膜还会阻碍领导者获取诚实的反馈信息。当我们还是婴儿的时候，我们就“知道”用哭声来吸引母亲的注意，但对成人来说，人们总是想方设法寻求领导者的赞许，并尽量避免让领导者不高兴。所以，很多人不愿意对领导者表示异议，不愿意将坏消息传递给领导者。即使人们将坏消息告诉了领导者，坏消息的“浓度也被冲淡了”，而且人们还会推迟把坏消息传递给领导者的时间，这时候，坏消息的影响也成了强弩之末，它的严重性和紧迫性都已经大打折扣了。结果：领导者常常是最后一个听说坏消息的人。

“我是最后一个了解到奔腾处理器危机所带来的影响的人。”安迪·格鲁夫在《只有偏执狂才能生存》中写道。让他懊悔的是，这位英特尔公司的前首席执行官发现，像大部分首席执行官一样，他也安居于“防御严密的宫殿”中，从外界传来的消息，也就是从一线传来的信息要经过好几个层次的“过滤”才能传到自己耳朵。“听到了不绝于耳的大量批评以后我才认识到，有些事情已经改变了——我们必须适应新环境了。”他回忆说。

“身居高位，任何事情都有与你隔绝的倾向。”安进公司的首席执行官凯文·夏尔说，“你总是被想讨你欢心的人包围着。为你工作的人之所以能来到你身边，至少说明他们深谙与老板相处之道。对企业的运营状况你会经常一无所知。所以，如果你不能打破自己被隔绝的状态——比如，你可以通过坚持每周五走出去与销售代表交流而与隔绝状态抗争——那么，你将永远都是‘孤家寡人’。”

当人们与一位新老板会面时，没人愿意让自己与某些坏消息扯在一起。但是，如果你得不到精确的反馈信息，得不到诚恳的建议，你就不能制定出优秀的企业战略。吉姆·基尔茨建议说，这一根深蒂固问题的唯一解决方案就是：“你一定要告诉人们，你宁可得到坏消息也不愿意一无所知，同时，你可以向人们承诺：如果人们能在你必须将坏消息告知他人的前一天将消息告诉你，他们会得到‘一颗金星’的奖赏。”

6. 窒息异议、排除异己

在《五种非凡的职业模式》（*The Five Patterns of Extraordinary Careers*）一书中，詹姆斯·西特林和理查德·史密斯谈到了“慈善的领导者”，这样的领导者对周围人成功的专注不亚于对自己获得成功的专注。我们研究结果表明，在我们接触的总经理中，有 90% 的人是慈善的领导者，只有 4% 的人将自己的成功置于优先地位。

领导者——无论是新领导者，还是老领导者——所面临的最主要圈套之一，就是不能理解并得当地使用这种成功模式。尽管我们在本章讨论的新领导者身上的大部分缺陷，都是没有慈善心肠的领导者处世风格的外在表现（比如，我们称之为“海盗”型风格和“唯利是图”型风格），不过，或许领导者的最大缺陷就是营造“窒息异议、排除异己”的工作环境。

那些惯于剿灭不同意见的领导者会“远离是非”，他们将自己与发现问题、解决问题的机会割裂开来。他们营造的工作环境令人惊恐，工作于其中，让人觉得自己在被人操控，这种环境让大部分富有才智的员工深受压抑，而且最终会被“扫地出门”，那些犹疑不定的员工则面临着两种苛刻的选择，领导者会对他们说：“我就这么干，要么你走人！”通常，只有那些能力平平的员工能在这种环境中承担职责。

最显著的例子之一就是美泰公司的吉尔·巴拉德。1998 年，《商业周刊》

一篇充满溢美之词的封面文章，将吉尔·巴拉德描述为“富有魅力的、光芒四射”的女性，而且看起来“更有好莱坞的风范，而不是商界人士”。很多与她共事或者与她在商场上竞争、对垒的敌手都认为，她是一个凶猛的竞争者，对流行文化、时尚、商业包装和市场运作拥有敏锐的感觉。他们还都认为，吉尔·巴拉德的平步青云之路——从 1981 年一位年薪 38000 美元的经理，到 1997 年被聘任为价值 48 亿美元的公司的首席执行官——表明，她治理公司的策略像她与竞争对手打交道的手段一样凶悍。率直的沟通风格加上斗志旺盛的天性，吉尔·巴拉德在美泰公司富有好斗色彩的企业文化氛围中如鱼得水。她的一位前老板告诉《商业周刊》，美泰公司“一直是一个人们彼此之间充满竞争的企业——简直就像一个鲨鱼池塘，人们被扔进池塘里，看看他们能不能游得足够快以保住性命。对吉尔·巴拉德来说，这可是再适合不过的环境了”。

1990 年，首席执行官约翰·阿莫曼（John Amerman）任命吉尔·巴拉德为美泰玩具公司美国运营部的总裁，其后，1992 年，吉尔·巴拉德又被聘任为公司首席运营官。没过多久，吉尔·巴拉德就找到约翰·阿莫曼，要继任他首席执行官的职位。吉尔·巴拉德终于如愿以偿，坐上了公司首席执行官的宝座，外界对这次领导职位的转换描述为“冷酷无情的动荡”。上任以后，吉尔·巴拉德通过消除异己以及胁迫员工的手段，将自己的意愿强加给公司和她的下属们。一位前市场部门经理曾经讲过这样一则故事，开会期间，吉尔·巴拉德要了一杯水，当秘书把水拿给她时，吉尔·巴拉德看了看那杯水，不耐烦地叫道：“最好别是杯自来水。”根据达特茅斯塔克商学院的希尼·芬克斯坦的研究，更有胁迫意味的是，如果吉尔·巴拉德认为公司的高级总经理与自己就管理公司的方式存在重大分歧，她会把他们“剔除”出去。吉尔·巴拉德曾经在很短的时间内就解雇了好几位总经理，并最终迫使六位直接下属“因为个人原因”而辞职。

这类的故事在公司中屡见不鲜，在为公司带来财务灾难的对“学识公司”的收购以后——吉尔·巴拉德在这桩购并案中立下了“汗马功劳”——美泰公司董事会终于受够了，2000 年，吉尔·巴拉德被迫辞去了公司董事会主席和首席执行官的职务。

7. 死于“救世主综合征”

在吉尔伯特（Gilbert）和沙利文（Sullivan）的轻歌剧《艾俄兰斯》（*Iolanthe*）中，国王介绍自己的那个唱段所表达的意蕴与有些首席执行官的情况很相似：

> 法律是所有完美事物的
> 真正化身。
> 它没有错误，没有瑕疵，
> 而我，伟大的君王，就代表法律。

当代的领导者承负的压力非常巨大，他们常常成为“企业的责任一肩挑”理念的牺牲品。他们要为工作在自己“羽翼之下”的员工负责，要为他们的生计和道义负责；他们要为企业的战略、运作以及财务表现负责。他们在自己的职业生涯中一直信奉哈里·杜鲁门总统的那句名言：“我负责！”

所有这些责任感都很值得称道，也毫无可指摘之处，但是，如果承担这种责任感的行为脱离了适当的背景，那么，一位新领导者很可能会迷失在“救世主综合征”的沼泽中。

“救世主”型的领导者确信，他或她就是组织的化身，他或她自己一个人要对组织的成功负责。极端的情况是，他们分不清自己的身份与企业身份之间的界限。有些领导者认为，他们可以凌驾于约束他人的规则之上，他们甚至认为自己高于法律。尽管这种错误不太可能在领导者上任以后的第一个 100 天内出现，但是，导致这种错误发生的早期原因——唯我独尊——则可能引发毁灭性的结果。我们不妨来看看声名狼藉的丹尼斯·克茨洛斯基落败的过程，他被控欺诈（不过尚未定罪），他和公司的首席财务官一起从泰科国际公司骗取了 6 亿多美元，其中的大部分用于个人挥霍。当然，最为沸反盈天的花销就是丹尼斯·克茨洛斯基为妻子在意大利撒丁岛举办的生日晚会，公司为这个晚会支付了 200 万美元的账单。丹尼斯·克茨洛斯基的律师声称，因为在晚会上公司谈成了生意，所以，这部分费用理应由泰科国际公司来承担。

尽管在绝大多数情况下，领导者并没有犯下渎职罪，但是，“单打独斗、单枪匹马”的管理行为依然是危险的陷阱。如果你像“一只孤独的狼一样”运作企业，拒绝向他人寻求帮助，不让他人参与，那么，你无疑将错失获取宝贵信息和反馈的机会。即使你的管理没有出现任何偏差，排拒他人的帮助迟早也会让你“弹尽粮绝”，从而给组织造成更深的伤害。此外，你的这种管理行为还会让你的下属觉得自己参与管理的权力被无端地剥夺了，他们会觉得你有意疏远他们，会觉得你认为他们无能。正如吉列公司的吉姆·基尔茨指出的，“你自然可以领导他人，但是，归根结底，毕竟是公司的其他人来实施你的战略的”。

8. 看错了权力的真正源泉

最成功的商界领导者一个共同的特质，就是对组织不成文的规则了然于胸，用丹尼尔·戈尔曼（Daniel Goleman）使其流行开来的短语来说，就是他们都有很高的**情感智商**。这种情感智商必不可少的一个方面，就是精确判断企业权力真正源泉所在的能力。

罗伯托·郭思达，这位备受尊崇的首席执行官在可口可乐公司任职长达16年，直到1997年10月因为罹患肺癌去世，他就有一种娴熟运用公司权力真正源泉的神奇能力。人们说，罗伯托·郭思达每天都会分别给沃伦·巴菲特和赫伯特·艾伦（Herbert Allen）打电话，这是可口可乐公司两位最大的股东，也是董事会成员中最善于思考的领导者。在电话中，罗伯托·郭思达会告诉他们公司的几个关键运行表现指标与公司的夙敌——百事可乐公司——相比的最新结果。这种简单的沟通让沃伦·巴菲特和赫伯特·艾伦对公司的运营情况了如指掌，此外，罗伯托·郭思达还通过这种方式获得了两位富有传奇色彩的投资家和实力异常强大的金融家的支持。

有时候，居于主导地位的投资者甚至整个董事会会给你某些特定的授权，但是，如果公司权力的真正源泉正在其他地方“喷涌”，那么，你要小心，不要操之过急。正像我们在第五章谈到的，美国奥委会董事会聘用富有企业变革经验的诺曼·布莱克担任首席执行官，其目的就是为了在2002年奥运会之前对组织实施根本性的变革。尽管诺曼·布莱克为此竭尽全力，而且也一直遵循变革的行动计划——正是这一计划，让董事会最终选定了他，但是，诺曼·布莱克没有获得运动员、运动员的父母和教练的支持，这种情势使他的努力成效大打折扣，并直接导致他几个月以后就离开了奥委会。

在领导者上任的早期，“勘测”公司权力真正源泉的所在是至关重要的，但是，当你引领企业前行的时候，随时对其进行客观评估也很重要。让我们看看托马斯·米德霍夫（Thomas Middlehoff）在贝塔斯曼公司的经历吧。贝塔斯曼公司是德国传媒业巨头，1996 年，托马斯·米德霍夫被聘任为公司的首席执行官。使托马斯·米德霍夫声名日隆并最终抵达公司顶级领导职位的，是他在 1994 年做出的向互联网新贵——美国在线富有远见的投资决策。随着这项投资的价值增长到数十亿美元——公司在合资企业“欧洲美国在线”中占有 50% 的股份，后来，单单是这部分股份的出售就为公司带来了 70 亿美元的收入——公司和托马斯·米德霍夫的成功都达到了令人难以望其项背的高度，同时，公司也成为巧妙利用互联网强大动力的少数几个全球性的传媒企业之一。托马斯·米德霍夫还通过一系列其他运作（既有资产的购并，也有资产的转让），通过大胆实施将这个著名的分权制公司改造为集权制企业的战略，通过继续引领企业向数字领域的进发，他的成功越发显赫。

2002 年 7 月 28 日，公司的一项举措震动了整个传媒界，这一天，贝塔斯曼公司董事会在一次特别董事会议上接受了托马斯·米德霍夫递交的辞呈，并任命一位公司“老兵”甘特·迪伦（Gunter Thielen）担任首席执行官一职。起初，这次领导职位的更迭令人难以置信，因为公司的发展正如日中天，而托马斯·米德霍夫也被公认为公司的成功立下了汗马功劳。但是，随着公司的发展，托马斯·米德霍夫与公司权力的真正源泉越来越疏远，作为全球最值得推崇的首席执行官之一，托马斯·米德霍夫渐渐以为，他就是公司权力的源头。但是，企业的现实表明，贝塔斯曼公司依然还是一个家族企业，而且是“很德国”的家族企业。莫恩家族以“族长”莱因哈德·莫恩（Reinhard Mohn）为首领，依然拥有贝塔斯曼公司 75% 的股份，而他们对托马斯·米德霍夫大胆的全新发展策略感到不安，尤其是当托马斯·米德霍夫试图引领这个长期私有化的公司走向上市之路的时候。托马斯·米德霍夫在德国的电视节目中谈到了自己的观点，他说：“通过上市来加快公司的发展，需要管理层必须有足够的灵活应变能力。”很显然，莫恩家族已经看到了那些上市传媒企业的市场表现（当时，它们的股票价格正在很低的区间运行），因此，他们想暂缓实施公司上市计划。媒体还广泛报道说，托马斯·米德霍夫让公司更“美国化”而且更引人注目的倾向一直遭到莫恩家族的鄙视，他们更愿意固守传统的欧洲式价值观。托马斯·米德霍夫对最后结局的总结确实一语中的：“公司股东对公司中期和长期发展的观点与我的观点大相径庭，在这种情形下，除了辞职，我别无选择。”

9. 打错了仗

在第四章中，我们主要论述了确保新领导者上任后的第一个100天大获成功的关键程序之一——制定战略议程。作为领导者，你的战略议程主要用于确定上任初期的工作框架，用于正确确定需要优先处理的议题，这些工作框架和首要议题将指导你和管理团队的短期工作，以确保你在新职位上有一个良好的开端。然而，对新领导者而言，上任初期的一个重大错误就是选错了工作重点，用更生动的说法就是“打错了仗”。

哈佛大学的校长劳伦斯·萨默斯在自己的痛苦经历中学到了这一课。“我得说，我学到的最重要一课就是不要发动‘无谓的战争’。”他说，“比如说，神学院的院长想聘用一位院长助理，而就我所知，那个人并不称职。院长找到我谈了他的想法。两年以前（当时，正是劳伦斯·萨默斯的上任初期），我对他说，‘他不称职，聘他作你的助理是个大错误，我不想让你那么干。’之后，他悻悻然地走开，而且教职员工中又出现一个新的流言版本——那个新来的校长是个蠢货。今天，遇到同样的情况我会说，‘如果我是你，我就不会聘他做助理，不过，这件事是由你负责的，所以，如果你想聘任他，那么只管去做好了。’”

“我并不觉得我那么做是在推卸责任，但是，我还是会说，你自己决定吧，只要你有‘发动战争的充分理由’，*而且*我会在任何时候都对他人表示亲善。”

新领导者倾向于全神贯注于那些问题频出的领域，并致力于找到解决那些问题的方法，当然，这种态度很值得推崇，但是，如果以牺牲你在强势领域的持续成功为代价，那么，上述取向就不足取了。丹·柯沛敏进入柯达公司以后，就非常巧妙地避开了这个陷阱，他为我们提出了很有帮助的建议：“你来到企业以后，如果你发现公司的增长正在经历艰难时期，你当然应该花费很多时间给予关注，但是，与此同时，你不要忽视了公司可靠收入的来源问题，很可能，公司的财源也正面临着重重问题，作为新领导者，关键是要保证所有环节同时保持良好的状态，换句话说，你要将大量的时间投入到确保企业成功的所有关键环节上。”

同样，这个忠告也适用于人员的管理。很自然，你会集中精力帮助那些表现最差的人提升能力和表现，但是，你必须记住，同时你也要关注那些表现优秀的人，要花气力留住他们、激励他们和培养他们，你花在“好孩子”身上的时间应该和花在“有问题的孩子”身上的时间一样多。

据此，很多领导者将精力完全集中于“大事情”上，而忽视了“小事情”的存在，但是，“小事情”有时候可能会转化为“很不小的事情”。劳伦斯·萨默斯坦承，当他成为哈佛大学校长的时候，他根本没在意诸如准时、尽快给重要的人回信以及及时回电话一类的小事情。“上任之初，我有一种心态，那就是受到众人瞩目才是更重要的，在集会中露面才是更重要的，而不是留意那些‘琐碎’的事情。”他说，“但是，这种心态对新领导者来说都是一个‘黑洞’。事实告诉我，如果我当初坐在桌前及时回信，很可能，我的工作效率也会更高。”

10. 诟病你的前任

无论你是从前任手中接过组织的管理职责，还是从企业的创建者手中接过帅印，新领导者容易陷入其中的第十个也是最后一个陷阱就是贬损自己的前任。无论在什么情形下，我们给新领导者的建议都是：要对前任的历史地位和任期表现表示尊重和宽容，无论你的感觉是什么。

“新首席执行官可能犯很多愚蠢的错误，”惠普公司的前首席执行官卢·普雷特说，“但是，他们最容易犯的错误，就是对前任的每个失误都横加指责。或许，这是人类的天性使然，不过，这么做确实是很恶劣的行为。”他补充说，“他们可能忘了，当他们到任的时候，企业中的几乎每个人都曾经在老首席执行官的领导下工作过，而且有些人对老首席执行官很可能还保有某种程度的忠诚。”

企业管理权从企业创建者转移到首席执行官的过程取得空前成功的例子，

就是1998年2月梅格·惠特曼（Meg Whitman）从eBay创建者和董事会主席皮埃尔·奥米迪亚（Pierre Omidyar）手中接过企业统驭权的过程。除了公司在线拍卖运作方式的强大影响力、公司无与伦比的品牌价值、富有创新意义的顾客反馈评级系统、强大的技术平台、向诸如汽车和房产等贵重商品交易的挺进以及公司扎实稳妥拓展国际市场的策略以外，梅格·惠特曼在eBay取得成功的重要因素之一，还在于她对皮埃尔·奥米迪亚的"拥抱"。梅格·惠特曼没有陷入新领导者要将企业的创建者排斥出去的老套，相反，她要确保自己成为皮埃尔·奥米迪亚的伙伴。她的这种举措是以公司文化和企业战略的深厚积淀为基础的。

与此相似的，1998年5月，《读者文摘》聘任汤姆·里德担任公司创建以来的第五任首席执行官。当时，公司的运营状况极度窘迫：公司股票的价格下跌了40%，公司的利润萎缩80%多，过去两年来，公司的年销售收入增长一直陷于停滞状态。汤姆·里德的前任乔治·格伦埃（George V. Grune）是公司的过渡首席执行官，同时，也是公司的前首席执行官，在《读者文摘》公司历史上，乔治·格伦埃是第三任首席执行官，他最初于1984年2月被聘任为公司的首席执行官，1994年8月，他将这一职位转到了詹姆斯·谢德特（James P. Schadt）名下，1997年8月，他再度担任过渡首席执行官一职。

就像任何进入麻烦重重公司的新领导者一样，汤姆·里德不可避免地也要应对很多常规挑战，比如，企业的竞争地位、财务表现、企业战略以及组织建设等，但是，与此同时，汤姆·里德还要对付另一个重要议题：那就是当时全国范围内最复杂同时也是受到最多抨击的公司治理结构。这种效能低下的治理结构是公司历史的产物，作为一个家族所有同时也是由家族运营的企业，《读者文摘》一直是由创办者迪维特·华莱士（Dewitt Wallace）和莉拉·华莱士（Lila Wallace）来掌控的，他们去世以后，因为没有继承人受让公司，所以，公司的全部所有权被转到了一个名为华莱士基金（Wallace Funds）的信托资产管理公司名下，这个公司享有《读者文摘》每年带来的数百万美元利润，这些利润使华莱士基金成为纽约文化界的最重要捐助人，华莱士基金慷慨捐赠的对象包括纽约共同图书馆、大都会博物馆和纽约交响乐团。尽管《读者文摘》公司在20世纪80年代和90年代早期运作良好，公司的治理结构也相得益彰，但是，当公司的增长陷于停滞、公司股票价格大幅度下跌的时候，公司统驭高层受到的压力很快就传递到了公司运营的最前线。在公司的董事会中，华莱士基金占有三个席位，但是，最成问题的是前首席执行官乔治·格伦埃对公司的影响，因为他还是华莱士基金的董事会主席。

并不奇怪，1998 年年初，当公司对外招聘正式首席执行官的时候，大部分候选者都说："如果乔治·格伦埃离开公司董事会和华莱士基金董事会，我想，我会很乐意去公司工作的。"但是，汤姆·里德则持有完全不同的观点。他曾经告诉我们说，"首先，任何认为撵走乔治·格伦埃以后才能来《读者文摘》公司任职的人都想错了，他们不但是在和自己的职业生涯开玩笑，而且即使他们来了也会一败涂地。我的策略就是'拥抱'乔治·格伦埃。"

在汤姆·里德任职首席执行官四周年的庆典上，他回忆说，他来到《读者文摘》工作是他有生以来最为明智的决定之一。他说："乔治曾经取得过传奇般的成功，他对企业了如指掌，而且深深关切着企业的成功，他全身心地支持我们。"

作为一位经理人，当其前任依然参与公司运营事务的时候，有些问题就会随之暴露出来。你说出的每项建议，你提出的每项变革提案，都可能被你的前任解读成对他们以前工作的不言明批评。一位进入"《财富》500 强"公司分支机构工作的总裁就曾经和我们谈到过这种情形："当你说，'我想，我们需要改变这些事情。'而我的前任会理解为，'你是说我以前做得不对，是这个意思吗？'"

最后，作为新领导者，你还应该谨记"千里之堤，溃于蚁穴"、"小不忍则乱大谋"的道理。当一家"《财富》500 强"公司聘任一位以大胆变革著称的知名经理人担任首席执行官一职时，所有人都希望企业会因此而实施重大变革。但是，这位新首席执行官在推出令人振奋的变革措施和全新的市场战略之前，却因为表现出对前任的不敬而铸成了大错。他的一个行为激怒了公司员工，这位首席执行官为了显示与过去决裂的决心，将董事会会议室悬挂的企业创建者画像换成了自己的画像。

尽管我们不能说悬挂自己的画像就是新领导者最普遍的错误，但是，我们希望你也会认同这样的判断：这种行为确实可以入选新首席执行官的十大错误之列。

最后的陷阱：上任后第一个 100 天的大获成功并不能确保以后的持续成功

即使你成功地绕过了上述十个陷阱，你依然需要清醒地意识到，新领导者也可能落入最后的圈套不能解脱：上任后第一个 100 天的大获成功并不能确保以后的长期成功。

1997 年 10 月，当迈克尔·阿姆斯特朗（C. Michael Armstrong）进入美国电话电报公司担任企业首脑之后，他在初期取得的成功确实可圈可点、轰动一时。迈克尔·阿姆斯特朗在美国电话电报公司任职一年以后，我们曾经对他进行过访谈，他向我们披露了他上任早期的计划和行动策略的细节。在正式上任之前，他已经对公司的状况和高级经理人的情况进行了非常深入而刻苦的研究，卓有成效的准备工作使他与公司的管理团队水乳交融，而且大大促进了战略议程的拟定进程。上任初期，他没有公开发表过任何大胆的“宣言”，而是与公司管理团队继续协作，用 90 天的时间共同制定企业战略；除了公司的重要客户以外，公司以外的任何人都没见过他，他没有召开过新闻发布会，没有发表过演讲，也没有与证券分析家们会晤过。迈克尔·阿姆斯特朗与公司管理团队一道，对公司内外环境进行了具有根本意义的判断和预测，比如，信息业、娱乐业和通讯业在行业和技术上的集约化趋势，长途电话业务的收益和价格的下降趋势，消费者对简化购买服务程序和简化偿付服务费用程序的需求，以及美国电话电报公司的品牌影响力等，这些判断和预测就是他们制定企业发展计划的基础。随后，迈克尔·阿姆斯特朗对外发布了公司将通过线缆向消费者提供电视信号、互联网接入和本地电话服务一揽子产品的发展远景，从华尔街到公司各地的员工，大家一致认为这个计划足够大胆，而且很容易理解。之后，他又果断而迅速地推出了大胆转变公司运营业务的交易策略，比如，购并了有线电视运营巨头 TCI（TCI Communications）公司和第一媒体集团（MediaOne Group），投资者对这些举措反响热烈，到 1999 年 5 月，公司股票的价格翻了一番，为公司增加了 920 亿美元的市值。

但是，他们并没有就此驶向持续成功的幸福彼岸，尽管他们破浪前行的气势毋庸置疑，尽管迈克尔·阿姆斯特朗作为舵手信心十足，事实证明，他们的战略存在缺陷，而且执行不力，此外，公司的系列购并进行得太快，代价也太过高昂了，系列购并包括 120 亿美元收购快达通讯公司（Teleport Communications），480 亿美元用于购并有线电视运营巨头 TCI 公司，540 亿美元购并第一媒体集团，所有这些购并都是在迈克尔·阿姆斯特朗到任一年内完成的。2004 年年中，《华尔街日报》的一篇文章写道，迈克尔·阿姆斯特朗的败走麦城成了“被广泛议论的失败首席执行官的经典案例”。尽管人们对他的表现和功过是非尚有争议，尤其是考虑到美国电报电话公司在市场中受到的压制和压力来自竞争夙敌世通公司——惊天欺诈案的制造者，但是，迈克尔·阿姆斯特朗留给我们的教训依然是：他摔倒在打破这家备受尊敬公司运营统一性和连贯性的策略上。

总 结

确保持续成功的下一个步骤
——下一个100天

1204小时，也就是72240分钟，或者大约400万秒。

在你承担新领导职责的第一个100天的有限时间里，你应该完成什么工作呢？你应该如何让这个令人激动不已、心荡神驰的起跑阶段为你取得“马拉松”全程的胜利奠定基础呢？我们希望用本书为你一层一层地构建上任以后第一个100天工作的金字塔，同时，为你奔跑途中的陷阱插上警示标记，从而使你为上任后的第一个100天、接下来的100天以及其后的很多100天积聚动力，做好充分的准备。

安进公司的首席执行官凯文·夏尔对新领导者上任的初期有个很客观的观点：“上任后的第一个100天只是个开始，此间，你实在很难完成很多工作。”毕竟，只有三个月的时间，不过一个季度而已，这么长的时间还不足以让你准确评估并变革公司的管理团队，不足以彻底了解企业、客户和公司面临的竞争现实，并据此为企业制定出清楚的战略议程，同样，这么短的时间不足以让你全面理解公司文化，你对企业文化所能实施的变革也是很有限的，更不用说在这段时间内完成以上所有的工作了。

那么，三年来，我们从对一千多个最受瞩目的领导职位转换——包括最成功的转换和一败涂地的转换——的研究中得到了什么结论呢？尽管还没有哪一本“指导手册”可以确保领导职位转换的成功，不过，在领导职位更迭的过程中，确实有某些普遍的原则、策略和行为方式可以指导新领导者及时把握某些独到的机会，使上任后的第一个100天大有斩获。

对有些领导者而言，他们上任早期的着眼点就是积蓄力量，保持良好的势头。从安进公司内部按部就班地继任了公司首脑职位的凯文·夏尔回想自己上任初期的经历时说："我想，我上任以后第一个 100 天工作的得分是'B+'或者'A-'。在此期间，我没有做任何力所不逮的事情，不过我们说到做到。公司高层管理团队精诚协作的状态，让我和公司都感到欢欣鼓舞。我们不断吸引优秀人才加盟。我们完成了一个重大的企业并购项目，并且成功地将购并的企业整合进来，当然，我们还要看它将来的财务表现如何。公司董事会坦率、开放，而且能力超群。我想，我们依然保持着强劲的发展动力，我觉得我们将来也不会失去它的。"但是，凯文·夏尔再一次指出，在他担任要职的初期，考虑到公司强劲的发展态势，考虑到公司长期凭借药物研发推动企业发展的历史，他们所能做的也就只有这么多了。

另外一些领导者在上任后的第一个 100 天内，关注的重点是设定企业的运营标准以及设定得到各方认同的发展预期。"你要想方设法做好每件事，因为差不多所有的事情从某些方面来看都会有特别的意义。"美国外展训练协会的首席执行官约翰·里德建议说，他曾经在几家制造业公司担任过领导职务。"在制造业工厂里，当你和车间工人谈话的时候，你的身体语言和眼神的交流像你的口头语言一样有意义。在外展训练协会也一样。在我上任以后的第一个 100 天快要结束的时候，如果我和组织中的人交流，他们会很清楚我要和他们谈些什么。我和他们交流的内容可能是，'你的这个计划可靠吗？你们这个部门赢利吗？这个计划的质量可靠吗？客户对你的工作满意吗？'你希望人们会这样想：'里德来了，他会问我什么什么问题，我最好准备好答案。'"

还有一些新领导者，正如 GlobalSpec 的首席执行官杰夫·柯里恩谈到的，他们的精力主要用于让组织"承担起责任来，让自己也敢于负责"。他接着说，"很显然，你应该已经对管理团队进行过客观的评估了，对他们的优势和劣势应该已经了如指掌了，你应该很清楚哪些方面需要进一步改进了。你必须要处理好这些议题，因为它们是其他所有环节的驱动因素。对公司财务表现中存在的问题，你应该自己做出判断，如果需要，你还应该就企业的增长、发展前景和面临的风险重新做出判断。如果你对企业发展的前提、发展前景和指导原则需要重新做出判断，那么，你上任后的第一个 100 天是个绝好的机会，因为在此期间你拥有承担责任的有利条件，而且对完成使命充满信心。"

"上任后第一个 100 天即将结束的时候，"杰夫·柯里恩继续说，"你应该可以向公司清楚而完整地表述企业希望达到的目标了，据此，企业美好的愿景就可以从一个'宣言'细化为更有操作性的环节了，比如，'这是我们要做的工作……这些是我们的观点……这些是确保我们未来成功的关键因素……’在这些具体化的环节中，有丰富的战略手段，这些环节可以引导人们关注组合策略和手段的运用。如果你刚刚到任一周，那么，你很难得到这些成果，但是，上任十四个星期以后，很显然，你就应该可以做到这一步了。”

我们看到，新领导者上任以后，第一个 100 天的工作可以归结为这样的状态：有如此之多的事情需要关注，而时间又如此之短暂。领导者必备的一个专业素养就是同时采取多项行动，而且要成为“综合者”、“排序者”、“合成者”、“方向设定者”、“激励者”和“执行者”，要想成为这种总揽全局、驾轻就熟的领导者，不可避免地，你需要从各个方面精准地评估你所面临的形势，并有针对性地调整你的计划。

上任初期，你的工作范围在很大程度上取决于你所面对的具体情况。如果你和埃德·布林、吉姆·基尔茨、威廉·施莱耶或者特里·塞梅尔一样，也是从组织外“空降”到组织中来处理危机的领导者，那么，快速、果决地采取引人注目的措施可能就是最恰当的行为方式。但是，如果你是从企业内部升迁到首脑职位的领导者，而且企业的运营状况相对良好，就像杰夫·伊梅尔特、凯文·夏尔、迈克尔·埃斯丘以及史蒂夫·雷蒙德的任职经历一样，那么，在推动企业稳健发展、在公司管理团队实施变革、引领企业向新的战略方向进发以及重建企业文化等方面，你可能需要更审慎的行为方式。无论你面对的是哪种情况，我们确信，只要你能遵循本书详尽论述的指导思想和行动原则，你都能在新领导职位上开拓出崭新的局面，都能收获取得长期成功所需的动力。

我们确信，很多首席执行官、董事会成员以及我们访谈过的其他高级经理人也同样笃信不疑的是，新领导者上任以后的第一个 100 天是至关重要的时期。当你承担新的领导职责的时候，你只有一次机会可以给他人留下第一印象，而他人会将这个印象保留很长时间。但是，即使是在同一个职位上，就像杰夫·伊梅尔特谈到的，你注定还会经历很多个“第一个 100 天”，每当你面临企业运营环境的重大变动时，无论是出现了一个新的竞争对手，还是新出台的法规改变了行业格局，或者新技术、新的管理体系的应用，你都有机会展示自己新的领导风格和行为风格。

“组织一直会评价你的作为，”盖普服饰公司的首席执行官保罗·普雷斯勒回忆说，“人们会评价你的每一个行动和你说过的每一句话。在上任后的第一个 100 天内，你的行为会为你如何运作企业设定基调。我不能武断地说如果你在上任后的第一个 100 天一旦‘摔跤’就是致命的，但是，如果你想从失败中‘恢复元气’，肯定要花费相当长的时间。”

你在上任后的第一个 100 天的行为，对奠定你作为真正领导者地位的基础具有潜在的影响力。即使在此期间你只能为完成最终的目标实施有限的初步行动，人们也会对是否追随你做出自己的判断和决定。

但是，也很重要的一点是，你要时刻记住，这个时期不过只是“一步”而已。杰夫·伊梅尔特说，他在通用电气公司的职业生活中，不但有过很多个第一个 100 天，就是在成为首席执行官以后，他也同样经历了很多个第一个 100 天。

每一位首席执行官，每一位经理以及每一位职业管理者都会有很多个第一个 100 天，因为这就是我们现在生活于其中的世界。作为领导者，你必须一次又一次向他人证明你的能力。但是，就像好钢一样，每一次“淬火”都会让你更强劲、更有柔韧性，更能从容应对上任后第一个 100 天、接下来的 100 天以及其后的很多个 100 天所面临的挑战。

我们衷心希望你在追求持续成功的跋涉中一路走好。

附 录

史宾沙管理顾问公司为新领导者上任后第一个 100 天提出的八点计划

最大限度地把握上任后第一个 100 天呈现在新领导职位面前的机会，并为长期的持续成功集聚动力。

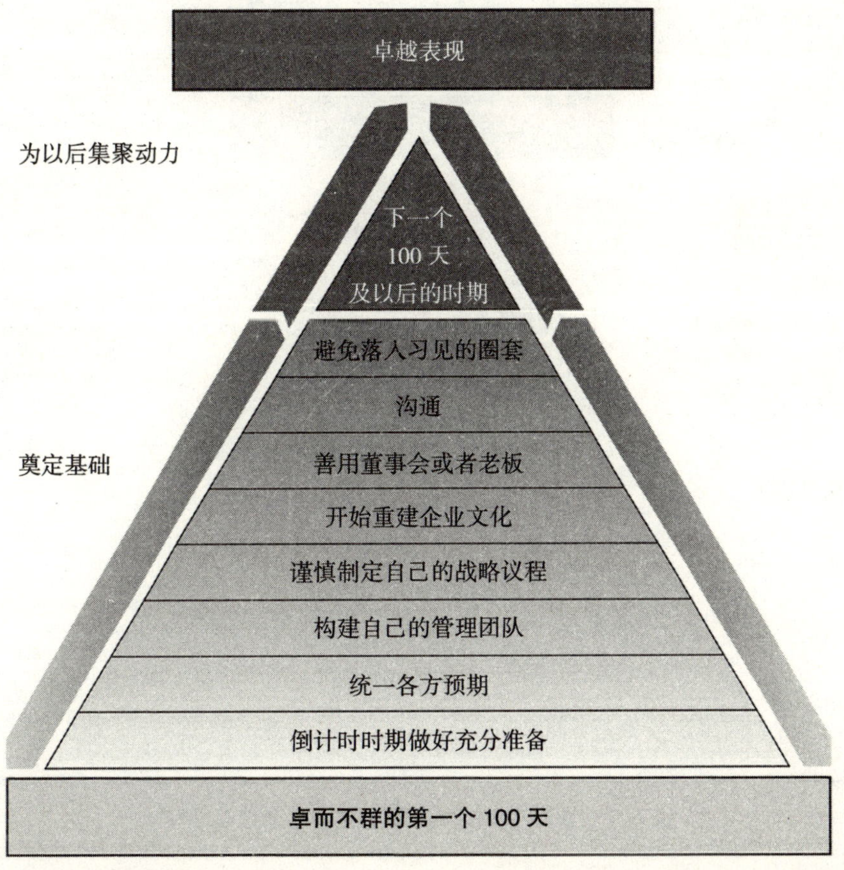

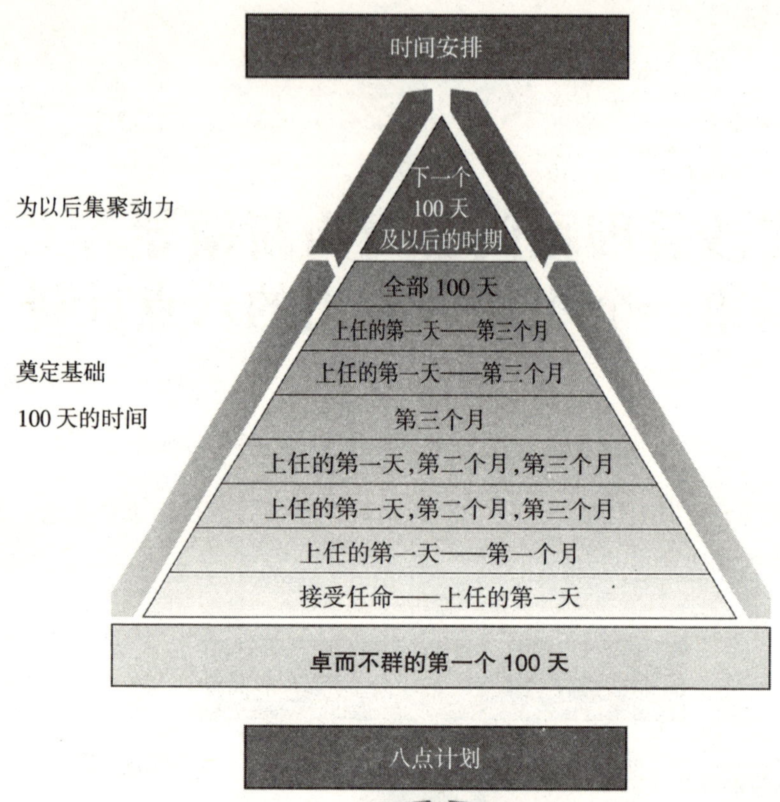

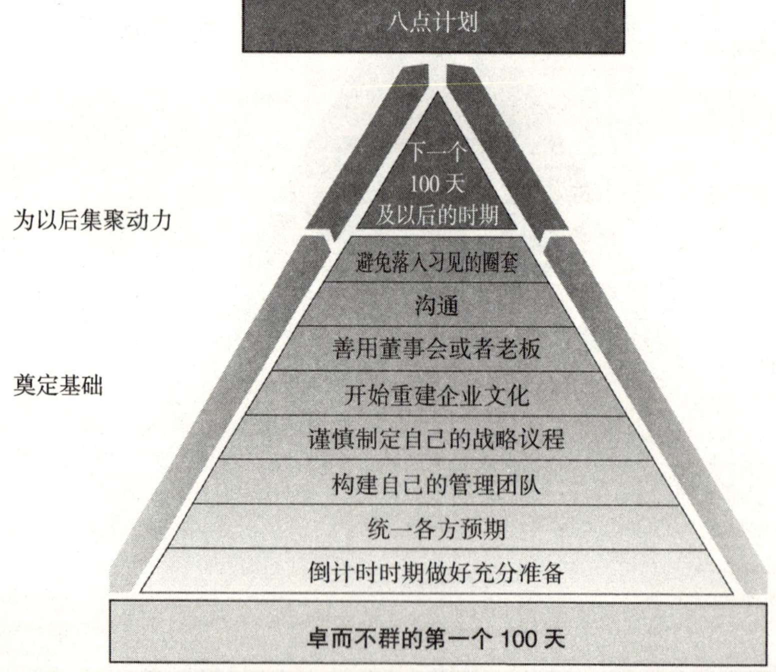

有几个步骤可同步进行，还有一些步骤要连续进行

执行要点概述

- 走向新的领导职位以后，遵循八点计划开创一个良好的开端有助于你取得长期表现卓越的目标，同时有助于你取得持续的成功。
- 将“金字塔”模型作为你的指导原则，以期在上任后的第一个 100 天内完成重大行动。
- 在此期间，灵活性是至关重要的，所以，你需要根据情况的变化调整计划。

第一点：在上任前的倒计时准备期做好准备

行为	注释
有效计划；准备学习。	做好“功课”；察看公司、行业、竞争压力、财务表现以及市场状况。
确定要向重要“盟友”提出的问题，并尽可能与最聪敏的观察者交流。	最好的问题可以引导出最好的答案。
与高管层、董事会或者老板、员工、老同事、客户、供应商、证券分析家、值得信赖的心腹知己以及投资者会晤、交流。	为与重要“盟友”和未来的同事建立牢固关系奠定基础，同时，获取宝贵的信息。
将任务和约略的时间安排拟定成你的“第一个百日计划”。	你一旦开始新工作，奔涌而来的信息和频繁的行动会让你很难静下来思考和制订计划。
客观评估你的学识、能力和经验的欠缺和断层。	确定确保新工作的成功你还需要什么样的专业知识和特别的训练。

续表

行为	注释
为即将面临的繁忙工作安置好家庭，做好个人“后勤”工作。	在自己的掌控范围之内，最大限度地减少他人的干扰；让自己埋头于为上任后第一个 100 天的工作所做的高效准备中。
明智地计划如何支配时间。	全神贯注于首要的议题；抵御自行解决首先遇到的问题的诱惑；即使每周工作 6 天，每天工作 14 小时，你也不过只有 1204 小时的时间可资利用。
开始为上任以后的第一个 100 天写日记并保留下来。	如果对组织而言你是个“新来者”，你会生发出某些最鲜活的想法；如果在此期间你没能抓住它们，它们将一去不复返。今后，当你心境平和的时候再重新浏览自己的日记。
做好体能上的充分准备。	到任以后，你永不会有这么从容的时间的，所以，不要延迟或者忽视你的体能状况和健康状况——你的精力和体力很快就将受到检验。

你真正开始履行职责之前的数天，对你未来的成功极其重要。其实，你开始在新职位上实施行动计划的第一天并不是“第一天”，在那之前，你应该一直在积极备战。

——丹·舒尔曼，首席执行官，美国维京移动通讯公司

第二点：统一各方预期

行为	注释
彻底弄清领导者聘用委员会或者董事会对你即将赴任的职位的期望。	无论是在他们遴选领导者的过程中，还是在你上任的早期，你都要确保自己与他们就重要目标达成共识。

续表

行为	注释
向公司管理团队自我介绍。大部分员工都会暗自思忖："这个新来的老板对我是不是好事呢?"	做好回答下列问题的准备：我是谁？我的背景是什么？我为什么要来到这家公司？我希望取得什么成功？我希望怎样与他人协同工作？
就你的管理哲学、职业背景、运营企业的原则和对企业的预期进行广泛而有效的沟通。	上任初期召集的管理会议不只是见面会和欢迎会，要充分利用这些场合进行交流，为接下来的数周的沟通设定基调。
要提出很多问题，要倾听，反复进行。	不要做"无所不知"的领导者。上任的第一天以至于上任后的第一个 100 天都不足以让你拥有所有问题的解决方案。
为积极地倾听制定日程，就重大问题深入进行一对一的交流。	像作为一个"传播者"一样地当一个信息的"接收者"。要倾听和学习。人们希望被人倾听，渴望他人听到自己的声音。
综合你了解到的信息，并将其反馈给组织以及那些你会晤、交流过的人。	通过以备忘录、企业内部互联网以及演讲等方式告诉他人你了解到的情况，并开始制定战略议程。

经证实，有助于"积极倾听"的提问

在"一小时会议"中，向每一位高级经理提出的典型问题：

- 哪五个最重要方面我们一定要保持下去？为什么？
- 我们需要变革的三个重要方面是什么？为什么？
- 你们最希望我做些什么？
- 你们对我的什么行动最表关切？
- 你们对我有什么建议？

仔细记录你得到的答案，综合你了解到的信息，并将其反馈给管理团队或者组织。

作为一个新人，我意识到，每次与一位美泰公司员工第一次偶然碰面都让他们很紧张，我觉得我有责任采用一切手段来减少这种紧张情绪。让我吃惊的是，我发现，无论在什么情况下，我只要能意识到自己对公司的员工和企业文化缺乏了解——实际上，就是在某些情形下让员工当我的“老板”——我都能获益匪浅。

——鲍勃·埃克特，董事会主席和首席执行官，美泰公司

第三点：构建你的管理团队

行为	*注释*
判断你是否拥有一个足够强大的管理团队可以让你实现自己的抱负。	对一位新领导者而言，构建一个强大的管理团队，是推动战略议程的贯彻、执行所能采取的最佳首要步骤。
管理团队的成员应该有相似的价值观和同样的工作激情，但是，他们在能力上应该形成互补。	管理团队的组建要满足公司应对挑战的需要，要确保你的能力得到最大限度的发挥，要能反映出你想让组织上下持有的价值观，要能反映出你想在组织上下贯彻的工作标准。
除非公司处于千钧一发的危急时刻，否则，要避免到任伊始便做出重大的人事调整。	你要认识到，人们都有很大的潜力，如果你给他们适当的机会，如果你设定明晰的期望值，如果你让他们承担起责任，人们大都能表现优秀。
组建自己的“智囊团”。	你需要与值得信赖的、足智多谋的而且拥有特殊判断力的人共同研讨相关事务和策略。
清楚表述运营目标以及渴望得到的成果，鼓励坦率的、开放性的对话。	你召集的早期管理会议会为以后的会议设定基调。

续表

行为	注释
要认识到，你的前任在组织中可能依然拥有强大的影响力，你要对前任的工作表示感激，在某些情况下“拥抱”你的前任。	尽管因为你从前任那里传承来的麻烦让你想将他或她从组织中排挤出去，或者对她或他的能力鞭挞、指责，但是，这样做很可能会导致人们对你毫无益处的怨怒。
探寻激励每个人的方法。	卓越的领导者会根据被管理者的情况调整自己的管理风格，而不是用一套“放之四海而皆准”的管理方略套用在任何管理团队上。

整个管理团队都要“从零开始”。那些以往表现优秀的管理团队成员需要再次证明自己的卓越能力，而以前表现不尽如人意的成员则应该把握住重新表现自己的良机。新领导者上任后的最初几个月，要找到一条精准评价自己周围优秀人才的途径。不要贸然下结论，但是，你需要判断自己是否已经拥有了让自己充满信心的管理团队，因为你不可能独自完成企业运营的工作，从根本上说，你必须在自己周围团结一批精兵强将。

——乔治·泰姆克，克莱顿、杜比利尔和赖斯公司（Clayton，Dubilier&Rice）合伙人，金考公司的前董事会主席

第四点：制定你的战略议程

行为	注释
与管理团队协同制定战略议程，而不是自己躲进“象牙塔”冥思苦想。要从数量上控制议程涉及的议题和需要优先处理的事务，以便于组织记忆。	要在描绘企业引人注目的发展前景和避免过早锁定于发展计划之间达成完美的平衡。

续表

行为	注释
以客户的视角诊断公司（或者部门）的问题，并不断客观地评价公司的运营状况。	利用你的“诊断结果”和来自“盟友”的反馈信息开始制定你的短期战略议程，切记不要过分承诺而不足额兑现。
确定公司的运作机制/运作过程，比如，会议、文件以及记录公司日常运营状况的报告格式。	预想到你的战略议程会遭受抵触，但不要对此持敌对态度，你需要以积极的方式将其他信息整合到你的议程中来，以期得到最大限度的认同。
确保取得一些早期成功。	寻找组织中的纰漏并尽快给予修复，以迅速建立起作为领导者的威信。

在吉列公司，我上任一年以后，只有当我们完全弄清了此后五年应该如何运营的时候，我才觉得踏实了……一个领导者必须为解决组织中的显要问题立即采取行动，但是，制订一个富有洞见的企业战略计划则至少需要三四个月的时间。

——吉姆·基尔茨，董事会主席和首席执行官，吉列公司

第五点：开始重建企业文化

行为	注释
弄清“这儿是怎么运转的”的问题：了解新组织的企业文化，对企业文化需要什么程度的变革做出判断。	很多新领导者之所以在企业文化的变革中败北，是因他们没能在征服企业文化的顽固性上取得进展，而在错误的方向上走得太远。
不断探寻企业信息的非正式传播网络、拥有重要影响力的人、决策做出的程序和规程，探明作为组织神经系统的不成文的和不言而喻的习俗和惯例。	开始评估企业文化的切入点是观察组织的硬件设施、倾听和学习。在大部分外在表象和普遍现象之中都存在着核心事实。

续表

行为	注释
从董事会成员、公司管理团队、员工、客户以及行业分析家那里搜集他们对企业文化的观点。	随着你对企业文化了解的逐渐深入，优化你提出的问题，提出更能切中要害的问题。
为企业化的转换创造良好条件。采用新的成功测评标准，设定新的期望值，建立新的运作程序，给实施变革的领导者授权，身先士卒。	要认识到，即使你从董事会或者老板那里得到了变革的授权还是不够的，你要弄清组织中其他力量的源泉所在。
面对确实冥顽不化的企业文化，或许，你有必要进行组织结构的变革和人事安排上的变动，但是，实施这些变革时，你要得到组织中重要的权力中心的认同和支持，处理你从组织传承来的企业文化的问题时，你要制订一个得到广泛认同的变革计划。	要让你的第一个变革旗开得胜。在你上任的早期，人们对变革大都持开放态度，但是，你要记住，过多的变革会破坏企业文化，所以，你需要调整好变革的进程，要不断评估组织对变革的耐受程度，要持续获取反馈信息，并将获取的信息整合到变革的进程中去。

这个组织文化的力量非常强大，它发育得非常成熟，那些不能融入其中的领导者迟早要被组织所摈弃……我曾经在商学院学习过如何在必要的时候才把管理的“棍棒”从“橱柜”中拿出来。在我的职位上，事实上并没有什么管理的“棍棒”，也没有隐藏“棍棒”的“橱柜”。

——约翰·里德，总裁，美国外展训练协会

第六点：善用董事会或者老板

行为	注释
理解董事会或者老板直言相告的和未曾说出来的真正动机。	他们的渴望并不只是为股东创造价值，还包括他们的声誉和其他愿望。
启动一个“拉董事会上船”的程序，这个程序和领导者与自己的新经理们讨论完成什么目标的程序相似。如果你不是一位首席执行官，而是一位部门新经理，那么，你需要与你的新老板共同确定处理组织事务的优先次序。	与董事会每一位成员或者你的新老板坐下来，共同确定组织中的最重要议题，并了解他们希望得到的结果。
通过制定切实可行的战略议程，通过纵览全局的敏锐，通过建立有效的沟通程序来树立自己的威信。	了解你老板的真正工作方式，理解董事会文化，并据此调整你的沟通风格和管理风格。
倾听董事会或者老板的声音，并向他们学习，建立定期反馈交流的机制。	如果你的上司是董事会，你应该鼓励董事会议设立“秘密会议”程序，这种会议是指董事会在你不在场的情况下讨论你的表现。
为董事与公司经理人创建互动的平台，邀请董事会成员拜访客户、视察企业，引导他们到重要企业深入调研。	这样可以提升他们评估企业运作状况、为企业战略提供支持以及行使董事会最重要职能的能力，同时可以确保领导职位的顺利转换。

我改变了董事会议的议事日程。每次召开董事会议，我都先用两小时的时间坦率地向董事会报告企业的运作现状，这样做，他们没有余地再说“啊呀，我不知道凯文在想些什么”了。当然，他们确实是我的老板，但即使是这样，我也开诚布公地与他们打交道。

——凯文·夏尔，董事会主席和首席执行官，安进公司

第七点：沟通

行为	注释
了解你的信息受众，以便根据他们对接收信息的准备状态和他们的关切所在有针对性地调整信息的内容和传递信息的方式。	用动人的故事将你的观点和情感联系起来。
有效的沟通远远不只是发布信息，沟通的过程更是一个持续进行的平等交换意见的过程，是一个在形成结论之前持续进行的探究、消化吸收以及适应人们思想的对话过程。	要特别注意你发出的信号。上任的早期，你的每个行为都会被人仔细地观察，无论是外在的清楚信息，还是隐含的信号，都会对他人产生影响。
在各种沟通平台以各种方式反复进行沟通。	这样做可以加强你的信息的影响力，同时，可以大大提高你的沟通效率。
弄清自己运用最自如的沟通场合，并发挥自己的沟通禀赋。	沟通的过程与企业的文化密切地交织在一起，你传递信息的方式会对企业文化产生影响。
在危机状态下，将信息尽可能快地传递出去。	承认情势的危急有助于树立自己的威信。在动荡的局势和员工对稳定的深层渴望之间充当“缓冲垫”。
拥有所有问题的解决方案通常是错误的策略。从一线直接获取信息。	尽管这样做耗时很多，但你会从信誉的提升、人们的信赖和股东的积极参与中获得数倍的回报。

与员工的沟通是我的首要工作，是重中之重。你必须要站在那些没有意识到危急情势的员工角度来看问题，他们了解的只是我知道的情况的一小部分，他们只是对公司的未来隐约感到忧心忡忡。我对公司所面临的困境表述得非常坦率，我告诉所有的员工们我们想完成的目标是什么，我们需要改进哪些方面，此外，我还告诉他们，我们需要一段时间才能完成既定的目标，

所以，需要大家振作精神、重整旗鼓。

——埃德·布林，董事会主席和首席执行官，泰科国际公司

第八点：避免落入习见的圈套

行为	注释
不要设置不切实际的或者不能实现的预期，最终，你的能力是要通过结果来检验的。	当你设置目标的前提脱离现实时，虚妄的预期会造成严重的问题。
不要让自己陷入瞻前顾后、裹足不前的泥沼，不要试图成为“无所不知”的人，不要贸然做出决策。	过度谨小慎微会浪费宝贵的时间，会让人们认为新领导者惧怕风险。那些自以为“无所不知”的人通常并不清楚自己的无知。
不要沉溺于“过去的光荣”里，不要压制不同见解。	过去不过只是序幕而已。排除异己、压制不同意见的领导者会错失防患于未然的机会，并营造出令人畏惧的交流环境。
不要误判组织权力的真正源泉所在，不要“打错仗”。	“勘测”组织权力的真正源泉在新领导者上任的初期是至关重要的。要正确确定需要优先解决的议题，有时候，“小事情”可能会转化为“很不小的事情”。
不要让自己葬身于“救世主”综合征，同时，要避免诋毁你的前任。	你并不是组织的化身。你不能让自己凌驾于约束他人的法规之上。要尊重前任，要审慎处理前任的历史地位和任期的作为，无论你是怎么想的。

如果你可以迅速解决某些问题，当然再好不过了，你应该乘胜追击。如果你不能兑现承诺，或者，如果你不知道应该如何采取行动，那么，你千万不要自作聪明，不妨花些时间弄清事情的原委，不要草率做出承诺，因为修

正错误的成本会非常高。

——艾伦·莱西，董事会主席和首席执行官，西尔斯公司

决定性的理念

八点计划可以凝练为：

- 倾听和学习。
- 少承诺，超额兑现。

我成了首席执行官以后，我遇到了很多“第一个 100 天”！我有处理全球恐怖主义给公司带来的问题的“第一个 100 天”；有在全球斡旋、对话并与政府打交道的“第一个 100 天”，而这类问题是企业从未遇到过的；有被任命为首席执行官的“第一个 100 天”；有行使首席执行官职责的“第一个 100 天”……我想，每一个经理人和每一个首席执行官都会碰到很多“第一个 100 天”，因为这就是世界的现状，我们就生活在这样的世界中……行使领导职责是“考问”自己的艰难之旅，尤其当你想在旅行的全程都一以贯之地勇往直前的时候。在这场跋涉中，你会问自己，我能走多远，我学习的速度有多快，我能提高多少……你之所以担任了领导职责并不是因为你已经知道了什么，能否一路走好，取决于你能多快地学习，取决于你的适应能力。

——杰夫·伊梅尔特，董事会主席和首席执行官，通用电气公司

附　录

加里·库辛为履职金考公司而制订的上任后第一个100天计划[1]

2001年4月

总体目标

关键目标

在新职位上行使职责的第一个100天内，我将：

- 向公司和公司股东做自我介绍。
- 就我对企业绩效表现的期望和其他事宜进行沟通。
- 采取措施以确保企业的核心业务发挥出全部潜能。
- 为企业未来的增长和赢利制订计划。
- 将企业未来的增长和赢利计划与公司和公司股东进行沟通。
- 开始贯彻实施该计划。

① 该计划是2001年4月当加里·库辛成为金考公司的首席执行官最终候选人之一时制订的。

执行概要

- 该文件扼要概括了上任后的第一个 100 天内，我希望能在金考公司完成的重大行动。
  —— 一流的运营目标。
  —— 主要的任务及其完成基础。
  —— 与每一项重要任务相关联的信息的获取。
  —— 完成目标的大概时间安排以及完成目标所需的资源。
- 在这样的领导职位转换过程中，灵活性是关键的成功因素之一，所以，该计划中的时间安排可能需要依情况进行调整。
  —— 但是，我认为，该计划中罗列出的目标应该被视为坚定不移的目标。
- 我认为，金考公司还有创造更大价值的潜能，我上任后的第一个 100 天是重塑公司的良机。

阶段，目标

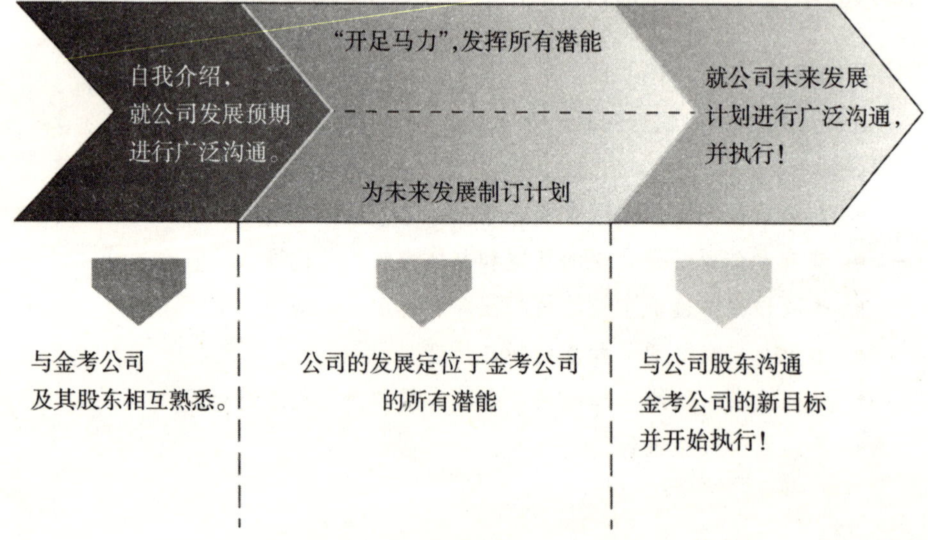

目标细节

阶段，关键工作

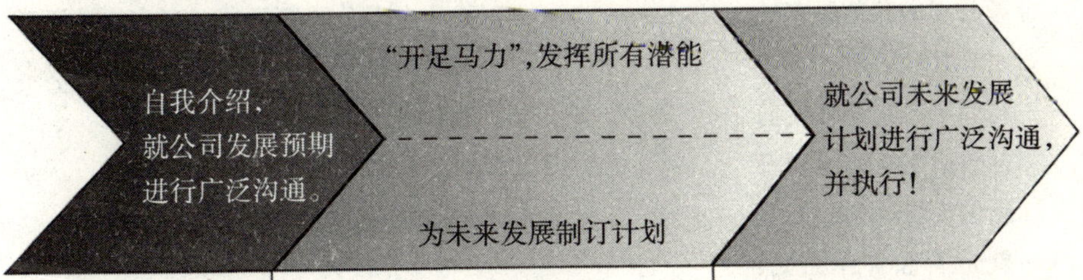

自我介绍，就公司发展预期进行广泛沟通。

"开足马力"，发挥所有潜能

为未来发展制订计划

就公司未来发展计划进行广泛沟通，并执行！

- 仔细翻阅关于公司、行业和竞争者的资料。
- 与金考公司的高管层、最大的客户、投资者和金考公司的其他股东进行面对面的交流。
  ——与以上各方面就他们的短期期望和迫切议题进行双向沟通。
  ——就运营和合作原则、期望进行沟通。

- 分析业务流程的特点。
- 分析金考公司的管理费用构成。
- 分析产品线的赢利能力，确认最佳营业模式。
- 分析金考公司的覆盖范围，制定发展计划。
- 分析信息系统的运作 能力。
- 分析市场战略和产品结构。

- 重新定义金考公司的使命和发展目标。
- 分析新产品和开发新客户的机会。
- 分析国际业务的运作状况。
- 制定新的企业战略和企业运作计划。

- 与金考公司的高管层、最大的客户、投资者和金考公司的其他股东进行面对面的交流。
  ——与他们就公司的发展新方向、对面的交流、能力、新的组织结构和新战略进行沟通。

自我介绍，就公司发展预期进行广泛沟通。

（行动项目，行动要达到的目标）

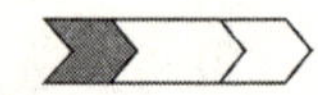

行动项目	*行动要达到的目标*
• 仔细翻阅关于公司、行业和竞争者的资料。	• 成为服务业的专家，成为业内极富竞争力的企业。
• 与金考公司的高管层、最大的客户、投资者和金考公司的其他股东进行面对面的交流。 ——与以上各方面就他们的短期期望和迫切议题进行双向沟通。 ——就运营和合作原则、期望进行沟通。	• 与金考公司的管理层和公司股东建立良好的 关系。 • 统一金考公司管理层、客户、投资者和其他股东的期望，对企业的绩效表现和运营原则达成共识。

自我介绍，就公司发展预期进行广泛沟通。

（需要获取的信息）

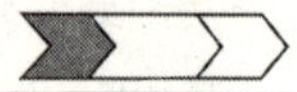

需要获取的信息

- 任何有关金考公司所处行业和竞争态势的汇编信息。
- 典型客户的背景信息，典型业务的经济指标，典型员工或者希望聘用的员工信息，核心业务的经济指标。
- 金考公司资金配置细目信息。
- 基础设备投资细目历史信息。
- 与投资者和合作伙伴（比如，美国在线公司）关系基础的信息和关系状态的信息。
- 目前的组织结构信息。
- 高级经理人的背景信息和对其表现评估的信息。
- 按照交易额罗列 25 个顶级客户。
- 客户满意度的历史信息。
- 客户满意度的调查结果。
- 员工满意度的历史信息。
- 金考公司目前的使命表述、运营原则信息，等等。

“开足马力”，发挥所有潜能

（行动项目，行动要达到的目的）

行动项目	*行动要达到的目标*
• 分析业务流程的特点。	• 确立最理想的营业时间，检验“吸引力核心”概念。
• 分析金考公司的管理费用构成。	• 确立公司最佳管理费用支出模式和最佳人员配置模式。
• 分析产品线的赢利能力，确认最佳营业模式。	• 找到表现最好和最差的产品及环节，深层挖掘影响表现的根本原因，“去劣存优”。
• 分析金考公司的覆盖范围，制订发展计划。	• 制定与公司业务结构相一致的市场战略和新城市市场拓展战略。
• 分析信息系统的运作能力。	• 确定为支持客户/企业运作结果衡量标准所需的信息处理能力，确定基于网络推出产品以及管理产品所需的信息处理能力。
• 分析市场战略和产品结构。	• 弄清、检视公司的品牌战略、价值定位和销售组织的结构。

“开足马力”，发挥所有潜能

（需要获取的信息—1）

需要获取的信息

- 全球市场和特定区域市场覆盖范围图。
- 核心业务在一天中每个小时为企业带来的收入信息。
- 一天中每个小时的机器设备利用情况信息。
- 每台机器的使用成本信息，每页成品的成本信息，典型核心业务的成本信息，等等。
- 公司为各个地区的机构、各个部门以及每个工作岗位支出的管理费用细目信息。
- 各个地区的机构、各个部门以及每个工作岗位发生的生产管理费用细目信息。
- 对产品各个生产工序控制管理的数据。
- 员工激励计划、员工持股以及股权激励计划等的细节。

“开足马力”，发挥所有潜能

（需要获取的信息—2）

需要获取的信息

- 按照产品的年销售收入、成本和赢利能力排序。
- 按照产品的投资回报率排序。
- 按照每平方英尺的年销售收入、每平方英尺的赢利能力和销售额年度增长率为核心业务排序。
- 全球市场和特定区域市场覆盖范围图。
- 企业发展战略和发展计划文件。
- 在册客户名录和客户种类信息。
- 中心数据库收集信息能力描述。
- 各时期运营标准样本和既往的管理报告。
- 信息技术应用说明文件。
- 在线业务的开展情况。
- 目前的市场战略和市场发展计划文件。
- 销售组织结构、考核标准和历史表现的详细信息。

为未来发展制订计划

（行动项目，行动要达到的目标）

行动项目	行动要达到的目标
• 重新定义金考公司的使命和发展目标。	• 就金考公司的业务、竞争者和能力的界定拓展思维。
• 分析新产品和开发新客户的机会。	• 汇集被选新产品，按照推出的优先次序筛选。
• 分析国际业务的运作状况。	• 确定是削减国际业务还是拓展国际业务。
• 制订新的企业战略和企业运作计划。	• 让金考公司全神贯注利用那些自己最具优势的机会，并据此制定资源配置框架方案，据此制定预算和运营目标。

为未来发展制订计划

（需要获取的信息）

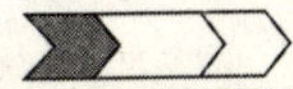

需要获取的信息

- 金考公司的使命描述和发展目标以及目前的企业战略文件。
- 金考公司的五年发展计划。
- 新产品的筛选标准和筛选过程文件。
- 过去 18 个月来提出的需要考虑推出的新产品目录。
- 推出时间不到 12 个月的产品的销售收入占企业销售总收入的百分比。
- 新客户（与金考公司合作不足 12 个月的客户）为公司带来的销售收入占销售总收入的百分比。
- 按照国家划分的国际业务损益情况。
- 国际业务所在国的竞争对手情况分析。
- 建设国际业务中心的战略计划。

就公司未来发展计划进行广泛沟通，执行！

（行动项目，行动要达到的目标）

行动项目	*行动要达到的目标*
• 与金考公司的高管层、最大的客户、投资者和金考公司的其他股东进行面对面的交流。 ——与以上各方面就金考公司的新发展方向、组织新结构以及企业发展新战略议题进行双向沟通。	• 确保公司的所有员工和股东都能明了、支持金考公司的发展新方向，并与其保持一致。
• 开始执行！	• 让我们开始吧！

时间安排，所需资源

阶段，时间安排

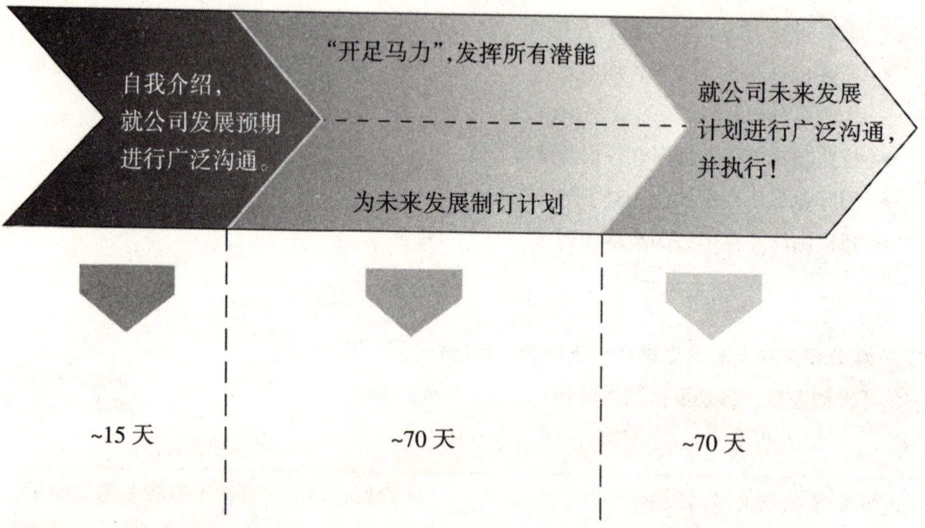

- 该"百日计划"是为重新制定公司战略、运营原则和重建组织结构而制定的。
  - —— 最低限度，该计划也回答了这样的工作是否需要的问题。

- 该计划是资源密集型计划。
  - —— 要完成该计划，需要采集大量的数据，需要进行大量的分析，唯有如此，才能在较短的时间内做出多项重要决策。
  - —— 实施该计划的同时，还必须正常运作企业。

- 在领导职位转换的100天时期内，如果需要，可以考虑寻求公司以外的顾问咨询机构的帮助。

附　录

“成为一个合作者”①

致：新同事
自：罗恩·丹尼尔
日期：1979 年 4 月
主题：成为一个合作者

对我们公司的任事股东而言，给新加盟的同事写信已经成了传统。尽管在这样一个备忘录中加入个人信息是不合时宜的，不过我还是想通过它表达我个人对你们加盟的热烈欢迎。我写这个备忘录的目的，是想告知你们几个我认为很重要的思想，这些思想的大部分是我个人思考的结果，与公司的政策无关，而且，我是将它们当做对你们有价值的思想传达给你们的。

首先一点，我们要讨论一个基本态度，我确信，这个态度会对你们获得工作的乐趣和获得成就感的愿望产生重要影响。我迫切地想让你们从来到这里工作的第一天就把自己当做公司的一个成员，而不是一位雇员，这是你们的机构，在你们的意识里，你们应该认为自己也是这个机构的所有者。从很多方面来说，今后五年，麦肯锡公司都将是你们的利益所在，是你们的信念所系，是你们能力的归属。

① 这是麦肯锡公司的前任事股东罗恩·丹尼尔（Ron Daniel）于 1979 年 4 月写给加盟麦肯锡公司的专业人员的备忘录，本书获准收录于此。我们之所以将该备忘录收入本书，是因为尽管 20 多年过去了，但是，该备忘录不但在麦肯锡公司依然有效，依然至关重要，而且对任何专业机构来说，这个备忘录也有重要的借鉴意义。尽管我们两人因为是麦肯锡公司的前职员，从而认为罗恩的谆谆教诲对我们具有特别重要的意义，不过我们确信，这个备忘录的精髓适用于任何即将开始一项新工作的专业人士。同时，对任何想拥有一个良好开端的新领导者而言，这个备忘录都是一个指导他们如何把握激励团队策略的范本。

其次，你们需要认识到在这个机构拥有一个良好开端的必要性。你们介入的最初几项任务是至关重要的，借助最初的案例研究和处理，你们可以为自己确立在组织内的感召力，通过杰出的表现，你们可以很快在你们的部门甚至在公司范围内赢得声誉。如果你们取得了最初的成功，那么，当你的同事拥有新的工作机会时，你就会成为他们寻求合作的对象，从而，你承担新职责的机会就会不断。当然，你最终也可以消除初来公司时那些不尽如人意的表现，但是，那会花费大量的时间和精力，所以，显而易见的，你最好不要等将来再为自己正名不可，而应该持续为自己的声誉锦上添花。

除了其他传统以外，我们公司还有让职员恪守公司价值观的长期传统，比如，专业的工作策略，“一个公司”的概念，以及致力于高质量完成工作等，都是公司价值观必不可少的组成部分，我希望你们不久就能理解并支持公司的价值体系。在你们的办公室，你们可以找到有关的书面材料，我希望你们仔细阅读，并和你们所在部门的经理、工作团队的伙伴或者公司管理集体的任何成员一起讨论。我们价值体系的另一个部分就是期望——实际上，是责任——期望即使是刚刚进入公司的同事也要畅所欲言，面临困难时要挺身而出，要从一开始就为公司贡献才智，要清楚自己在项目团队中的角色，要清楚并支持我们针对某一个特定客户的工作安排和责任，要用事实和证据向项目领导者或者项目经理的思考结果挑战，要让人们确信我们恪守客户第一的信念。尽管这些行为意味着我们的同事必须有超强的能力，必须有坚定的信念和勇气，尽管我们公司甚至希望刚刚加盟的同事也能恪守这些原则，不过，我们并不是说你们要无所不知、无所不能，不是说你们要在任何情形下都能证明自己能力超群。

毫无疑问，所有加入我们公司的人都是受到取得优异成绩召唤的人，都是雄心勃勃的人，他们中的大部分都有强烈的自我意识，但是，我们公司价值体系的另一个重要方面就是协作的理念。向他人施以援手；尽快建立起协同工作的习惯；当你遇到问题的时候，去问吧；当你踌躇不定的时候，去问吧。非常有意思的是，我们公司中表现最为优异的同事，工作效率最高的咨询顾问，也恰恰是最经常向同事寻求帮助的人，正是这个过程，让强者更强。

最后，我强烈建议你们定期对公司的发展、对自己的工作以及对自己的发展进行预测，过一段时间以后，你们可以对自己当初的预测进行评估，当然，不是每天进行，也不是每个星期都评估一次，或许6个月是不错的选择。你还在继续学习吗？你还在不断应对挑战吗？你从实际上是为他人服务的工作中获得个人成就感了吗?“专业”这个词对你是不是有了某些特殊的、亲身体验到的意味?你从我们的“一个公司”理念中得到了什么好处吗?你喜欢激励同伴、与同伴默契协作并支持同伴吗?你能像诺贝尔生理学奖获得者艾伯特·森特—乔尔吉(Albert Szent - Gyorgyi)一样,绝大部分时间都由衷地投入到自己所做的工作中吗?你尝试过只有你自己才能做到的在你的职业生活和个人生活之间达成完美的平衡吗?20 多年来,对上述大部分问题在大部分时间里我都能回答“是的”。在此期间,我确信,成为这个由才智过人、背景各异、各有所长、兴趣广泛的人所构成的群体的一员确实让我荣幸之至。

我祝你们好运,同时,我希望你们也能像我一样,也在这个群体中享受到激动、兴奋、帮助、温暖和乐趣。

致　　谢

在我们史宾沙管理顾问公司，很多接到新职位任命的高级经理人总是提出同一个问题，他们提出的那个问题就是本书写作的源起。那些即将走马上任的领导者常常按捺不住内心的喜悦私下里问我们："太好了，我马上就要走马上任了。可我该做些什么呢？"回答这个至关重要的问题——也是他们的成败和我们公司成败所系的问题——我们想避开神秘莫测的"秘闻"和常识性的陈词滥调，我们要为在新的领导职位上如何开拓新局面找到马到成功的途径，同时，也要找到让新领导者*一败涂地*的真正原因。这本书是我们两人的第二次合作，我们第一次在《高层启示录：美国最成功的50位商界领导者——你可以从他们那里学到什么？》（1999年出版）上的合作非常愉快，这也是我们再度联手的关键所在。

请允许我们向那些使本书得以付梓的所有人表达衷心的感谢。我们尤其要感谢我们的客户，那些我们曾经与之长期协同工作的客户，感谢我们访谈过的数百位执行官和董事会成员，感谢他们将自己亲身经历的领导角色转换经历与我们分享，感谢他们将自己参与的领导层更迭过程中的经验和缺憾无私地与我们分享，他们对自己成败的坦诚披露是本书的精髓。我们还要感谢始终给予我们支持的史宾沙管理顾问公司的同人们，就是他们，让我们公司成为业界最令人愉快也是最具专业素养的机构。

让我们从为本书作出突出贡献的人中挂一漏万地选取几位代表表达我们的诚挚谢意吧。

我们首先要感谢学识渊博的乔丹·布鲁格（Jordan Brugg）——史宾沙管理顾问公司设在华盛顿特区机构的经理，他热情、聪慧，他无私提供的很多数据和分析成果构成了本书的基础，此外，他还领导了史宾沙管理顾问公司“第一个 100 天的八个计划”的开发，我们希望，他的才学和他为领导者们搭建的架构能够成为读者们的操作指南，而且在未来很长一段时间内，都能有助于领导角色的完美转换。我们非常感谢他为本书做出的宝贵贡献。

艾里·内藤（Ali Naito）——史宾沙管理顾问公司设在康涅狄格州斯坦福德（Stamford）机构的合伙人——也为本书提供了他所有的相关案例分析、数据和图表。艾里·内藤帮助我们构建了研究程序，并确保我们所需的资料能够最有效、最便捷地得到。

我们还要向极顶集团（The Apogee Group）的首席执行官罗杰·弗兰斯基（Roger Fransecky）表达深深的谢意，极顶集团是美国最卓越的高级执行官培训机构之一。罗杰·弗兰斯基帮助我们为本书奠定了理性思考的基础，此外，他还为本书内容的可操作性提供了至关重要的建议。

我们要感谢我们的公司——史宾沙管理顾问公司，感谢她从本项目确立到完成的全程给予我们的帮助。我们特别要感谢戴维·丹尼尔（David Daniel）、代顿·奥格登（Dayton Ogden）、凯文·康奈利（Kevin Connelly）和马诺洛·马奎兹（Manolo Marquez），他们为我们所从事的研究项目给予了不可或缺的支持。另外，史宾沙管理顾问公司网站的编辑阿拉斯泰尔·洛夫（Alastair Rolfe）让我们获益匪浅。最后，感谢我们的行政助理卡伦·施泰内格（Karen Steinegger）和黛博拉·奥尔顿（Deborah Alton），对你们的感激之情真是难以言表，感谢你们为本书的不倦传扬和提供的后勤支持。

将这样一个极富挑战性的项目写成一本妙趣横生的书实在不是作者自己能够独立做到的，本书的情况也一样。所以，我们要感谢凯瑟琳·弗里德曼（Catherine Fredman）——与安迪·格鲁夫合著畅销书《只有偏执狂才能生存》（*Only the Paranoid Survive*）、与迈克尔·戴尔合著《戴尔战略》（*Direct from Dell*）的优秀作家，凯瑟琳·弗里德曼帮助我们架构了本书的结构，而且为每章列出了大纲，她还将一千页访谈手稿锱铢必较地进行了逻辑严密的处理，并帮助我们将这些资料整合到本书不同的初稿版本中。她对我们思想的浓缩和升华、对我们将数百个零乱的思路系统化起到了至关重要的作用。凯瑟琳·弗里德曼对本书的另一贡献是她有如受到神谕一般为本书想到的名字——《现在你是头了——该怎么办?》

我们还要感谢我们的编辑，皇冠出版公司（Crown Business）的约翰·麦哈尼（John Mahaney）。我们从其他作者那里听到过很多故事，他们为编辑并不真的帮助他们编辑长吁短叹。令人喜不自禁的是，约翰·麦哈尼完全不是那样，我们曾经和出版业的一位专业人士谈到过约翰·麦哈尼，他说："你们只要对他实话实说就可以了。"好的，对于与他合作的感受，我们也不妨实话实说，这就是我们对他的感觉：我们好像给了他一大块泥巴，通过他的编辑，他给我们展现了对"这块泥巴"如何削除、如何添加、添加到什么地方的精确指导，当我们按照他的指导"雕琢"完以后，我们的那块"泥巴"被神奇地塑造成了美轮美奂的雕像。当我们觉得自己的工作已经足够完善、准备止步的时候，当我们为自己的才思志得意满的时候，约翰·麦哈尼总是把我们再度引向深入，而且每次都能启发我们迸发出新的思想火花，都能让我们将本书的架构处理得更完善，也都能让我们的表述更动人。我们还要感谢约翰·麦哈尼领导的编辑团队，感谢团队成员塔拉·吉布雷德（Tara Gibride）和莎娜·德雷斯（Shana Drehs），她们是我们完成本书的优秀伙伴。

我们要感谢我们的朋友和知音——塞格林文化经纪公司（Sagalyn Literary Agency）的瑞夫·塞格林（Rafe Sagalyn），作为我们的出版经纪人，他和我们已经成功合作了 8 年，他确实是业界的典范。他坦诚、率直和诚恳的反馈，他不可思议的老道经验，以及他的真诚合作，在本书的写作过程中都发挥得淋漓尽致。能与他合作我们深感自豪。

最后，我们要感谢我们可爱的家庭成员——盖尔（Gail）、奥利弗（Oliver）、莉莉（Lily）、特迪·西特林（Teddy Citrin）、萨利·内夫（Sally Neff）、戴维（David）、马克（Mark）、布鲁克（Brooke）、贝利（Bailey）和斯科特（Scott），感谢他们给予我们的坚定支持。由于研究执行官项目本身的需要，本书的大部分内容是在深夜、周末和假期完成的。三年来，我们的家庭给了我们太多的关爱和支持，它们做出了太多的牺牲。

关于作者

托马斯·J. 内夫是美国史宾沙管理顾问公司（Spencer Stuart）的总裁，他 1976 年进入该公司。1979 年到 1987 年间，他一直负责管理这家全球性的管理顾问机构。托马斯·内夫主要致力于物色首席执行官、高级经理人和董事会成员的猎头服务，并为领导层的转换提供顾问咨询服务。他在公司内首创了董事会服务项目，同时，还创办了由资深首席执行官构成的顾问咨询委员会。此外，他在公司的专家项目委员会担任了 10 年的领导职务。

托马斯·内夫被《华尔街日报》称为“首席执行官第一号猎头”。托马斯·内夫是个“多面人”，曾经是《商业周刊》的封面故事的主人公，曾经出现在《纽约时报》的《星期日商业》版面，他还多次在美国有线新闻网（CNN）和财经新闻电视网（CNBC）上露面。

托马斯·内夫曾经为下列著名公司提供过非凡的首席执行官猎头服务：美国电话电报公司（AT&T）、纽约的联邦储备银行（Federal Reserve Bank）、吉列公司（Gillette）、IBM 公司、朗讯科技公司（Lucent Technologies）、纽约证券交易所（Prudential Insurance）、《读者文摘》等。

托马斯·内夫获得里海大学（Lehigh University）工商管理硕士学位和拉费耶特学院的理学士学位。他曾经在美国军队当过军官和侍从武官。

詹姆斯·M. 西特林负责运营史宾沙管理顾问公司面向全球技术企业、通讯企业和传媒企业的管理顾问服务，是公司董事会的成员。他还是公司董事会服务项目的成员。他在史宾沙管理顾问公司工作的 11 年期间，为雅虎、美国在线、摩托罗拉公司、美国电影协会、柯达公司以及美国外展训练协会等“猎取”了首席执行官。他曾经为墨西哥政府和欧盟提供过咨询服务，同时，詹姆斯·M. 西特林还为 20 多家全球性企业提供过领导力、管理和职业发展咨询。